YI NENGLI PEIYANG WEI HEXIN DE
GUOJIMAOYIZHUANYE JIAO XUE YANJIU (2014)

以能力培养为核心的
国际贸易专业"教""学"研究(2014)

主 编：沈晓平 崔玮 郑春芳

知识产权出版社
全国百佳图书出版单位

图书在版编目（CIP）数据

以能力培养为核心的国际贸易专业"教""学"研究.2014/沈晓平，崔玮，郑春芳主编.
—北京：知识产权出版社，2015.11

ISBN 978 - 7 - 5130 - 3828 - 7

Ⅰ.①以…　Ⅱ.①沈…②崔…③郑…　Ⅲ.①国际贸易—教学研究—高等学校—文集
Ⅳ.①F74 - 42

中国版本图书馆 CIP 数据核字（2015）第 236371 号

内容提要

本论文集分为上下两篇。上篇是专业教师对于国际贸易专业建设、课程改革、课堂教学和人才培养等方面的研究与探索。下篇是本专业学生的部分学术论文。一方面显示了教师教学研究的成果，另一方面充分展示了学生的科研能力。

　　责任编辑：张水华　　　　　　责任出版：孙婷婷

以能力培养为核心的国际贸易专业"教""学"研究（2014）

沈晓平　崔　玮　郑春芳　主编

出版发行：知识产权出版社 有限责任公司　　网　　址：http://www.ipph.cn

社　　址：北京市海淀区马甸南村 1 号　　天猫旗舰店：http://zscqcbs.tmall.com

责编电话：010 - 82000860 转 8389　　责编邮箱：miss.shuihua99@163.com

发行电话：010 - 82000860 转 8101/8102　　发行传真：010 - 82000893/82005070/82000270

印　　刷：北京中献拓方科技发展有限公司　　经　　销：各大网上书店、新华书店及相关专业书店

开　　本：787mm×1092mm　1/16　　印　　张：16

版　　次：2015 年 11 月第 1 版　　印　　次：2015 年 11 月第 1 次印刷

字　　数：260 千字　　定　　价：49.00 元

ISBN 978 -7 -5130 -3828 -7

前　言

北京联合大学商务学院是一所以培养国际化应用型商科人才为己任的地方经管类院校。作为国际高等商学院协会（AACSB）会员，学院秉承"践行社会责任，推动应用创新，培养商界骨干，服务区域发展"的使命和"国际视野、应用为本、经管综合、能力为重、全面发展"的人才培养理念，以强化学生能力培养为主线，借鉴与吸收国外先进的教育教学经验，不断深化教育教学改革，取得了较大的成效。本书是我院国际经济与贸易专业依托校级专业综合改革试点项目，以强化学生的跨文化交流能力、商务实战能力、自主学习能力、团队协作能力和创新创业能力为核心，在"如何教""怎样学"上积极开展研究与实践的阶段性成果。

2012 年和 2013 年，我们已经连续出版了两部论文集。本书是在前两部论文集的基础上，对专业教师教学研究及学生开展科研活动成果的进一步展示。上篇为国际贸易专业教师在培养方案、课程建设、人才培养模式、教学方式改革和教学团队建设等方面的研究成果；下篇为国贸专业 2011 级和 2012 级学生在中外贸易竞争力比较、FTA 原产地规则、重要产品贸易分析、中国文化产业化等方面撰写的学术论文，以及北京市"启明星"大学生科技项目的部分阶段性成果和学生参加学科竞赛的部分获奖作品。

本书由本人和国际经济与贸易专业的崔玮、郑春芳共同策划、组织与安排。本人与崔玮教授负责总体设计、策划与组织；专业负责人郑春芳教授负责教师教研论文的统稿；学科负责人崔玮教授负责学生学术论文的统稿。此外，在本论文集的编写、出版过程中，还得到了各级领导的大力支持与帮助。在此一并致谢！

希望本书的出版能进一步推进我院国际经济与贸易专业的人才培养质量的提升，促进"教""学"相长，也希望本书能让有兴趣的读者开卷有益。

书中不妥之处请批评指正！

北京联合大学商务学院 副院长　沈晓平

2015 年 3 月

目　录

上篇　教师教学研究论文

下篇　学生学术研究论文

上篇

教师教学研究论文

基于 AOL 的国贸人才
培养方案修订及课程改革研究[1]

郑春芳[2]

2014 年 11 月 5 日，北京联合大学商务学院获得 AACSB 认证资格，正式进入初始认证环节，标志着商务学院开启了迈向国际化的新起点。在此背景下，2015 版国际经济与贸易专业人才培养方案的制（修）订的总体原则和思路与以往相比有了不同的约束：不仅要面向社会人才需求、体现学院特色，还要满足经济与贸易类本科国家标准，更要体现学院 AACSB 国际认证确定的"践行社会责任、推动应用创新、培养商界骨干、服务区域发展"使命。学习目标课程图谱是承接学院认证使命和本科培养方案之间的关键环节，而教学质量保障体系（AOL）则是践行使命、实现学习目标，促进教学质量持续改进的重要保障。因此，研究基于 AOL 的国际贸易专业人才培养方案修订及课程改革具有非常重要的意义。

1 人才培养方案修订和课程改革的能力原则

AOL 的主要目的是教学质量的持续改进，而持续改进的目标和方向是实现支撑学院使命的学习目标图谱确定的"5 + 2"能力群（见表 1）。也就是说，学院确立的 5 个商科人才通用能力和国际经济与贸易专业确定的 2 个专业能力，是指导国际经济与贸易专业人才培养方案修订及课程改革的原则。

---

❶ 本文是北京联合大学人才强校计划人才资助项目（Funding Project for Academic Human Resources Development in Beijing Union University，项目编号为 BPHR2014F03）的成果。

❷ 作者简介：郑春芳（1974— ），女，博士，副教授，北京联合大学商务学院国际经济与贸易教研室主任，从事国际贸易理论与政策、文化与教育服务贸易方面的研究。

1.1 基于市场调研确立的两种能力

国际经济与贸易专业需要培养的核心、特色能力有哪些？回答这个问题需要进行广泛的市场调查。我专业采取调查问卷的方式开展了针对毕业生和用人单位的能力调查。根据 120 份毕业生问卷和 36 份用人单位问卷反馈的结果，企业和毕业生都认为综合素质、业务能力最重要（见图 1 和图 2）。

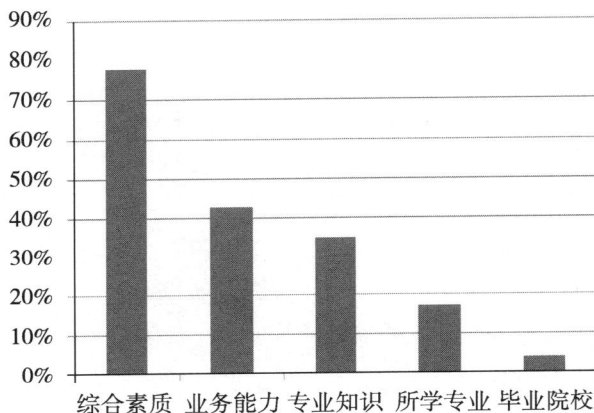

图 1 企业看重的大学生能力排序

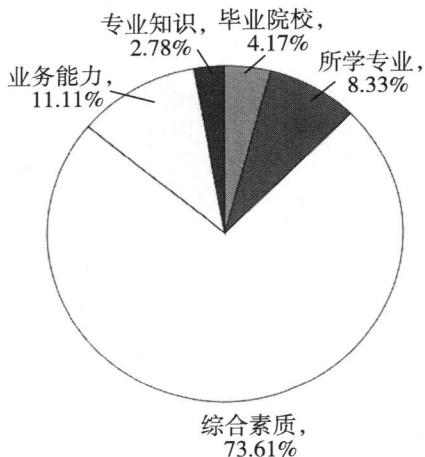

图 2 毕业生认为重要的能力排序

在综合素质排序中，企业和毕业生都认为勤奋、吃苦耐劳的精神，良好的人际沟通能力及团队合作精神是前三个最为重要的精神和能力（见图 3 和图 4）。

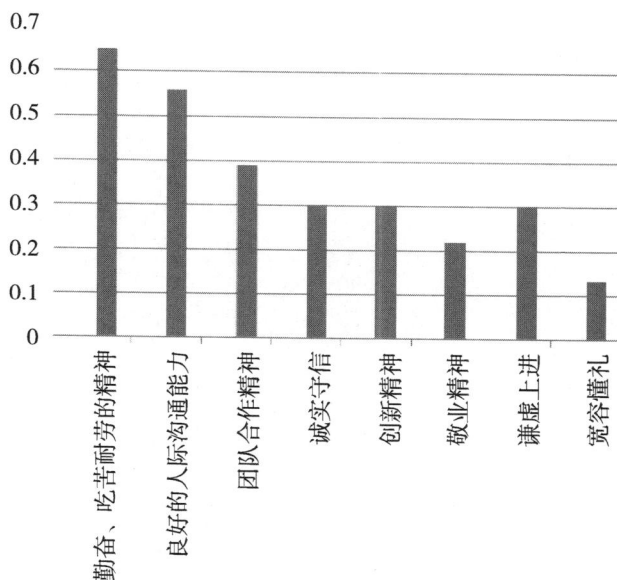

图 3　企业看重的大学生综合素质排序

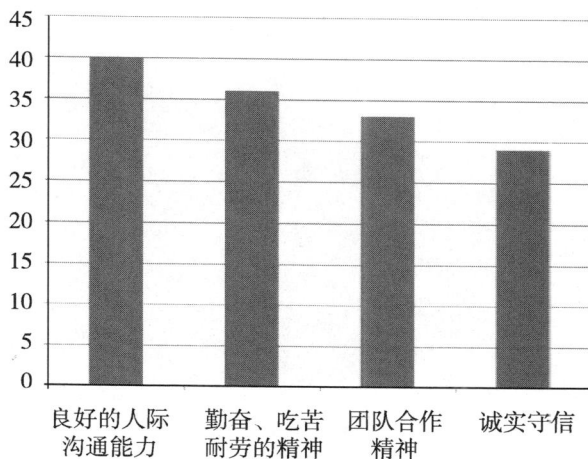

图 4　毕业生认为重要的综合素质排序

调查问卷显示，企业和毕业生都认为良好的英语能力最为重要，扎实的专业理论知识和专业能力第二重要，企业认为毕业生的业务实务能力重要性排第三，而毕业生认为沟通能力第三重要（见图5和图6）。

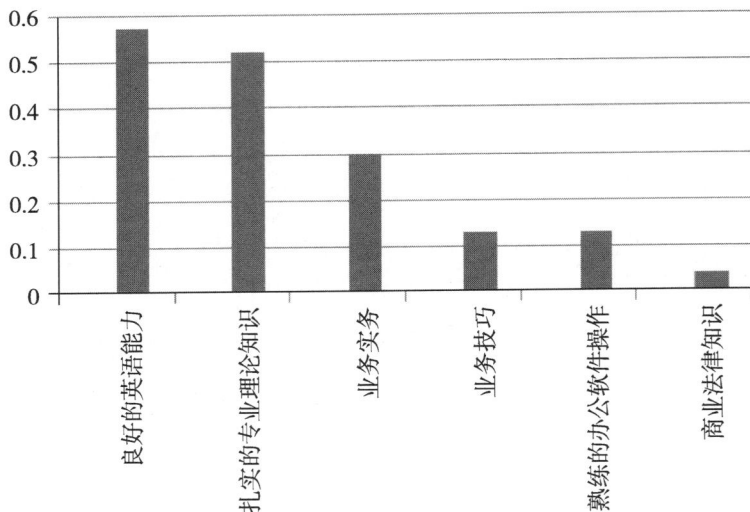

图5　企业看重的专业基本能力

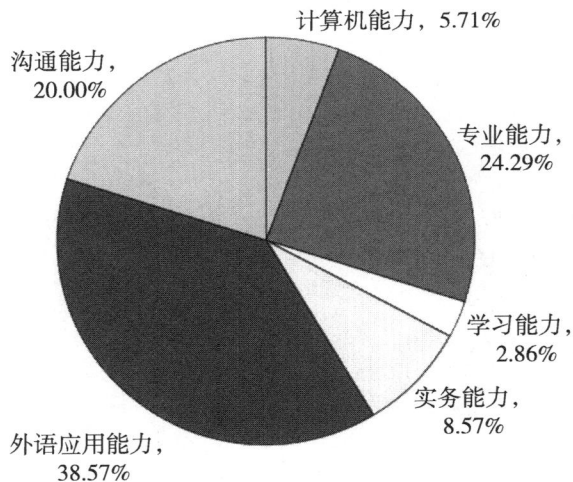

图6　毕业生认为重要的专业基本能力

调查问卷的结果显示，企业看重的前三种专业核心能力分别是国际贸易业务能力、良好的英语沟通能力和基本专业知识；毕业生认为重要的专业核心能力前三种排序是专业英语能力、专业知识和人际沟通能力。可见，毕业生和用人单位对国际经济与贸易专业人才能力培养的认知基本一致（见图7和图8）。

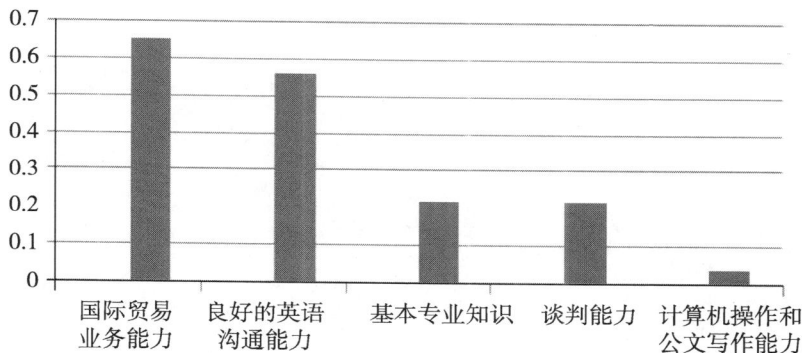

图7 企业看重的专业核心能力

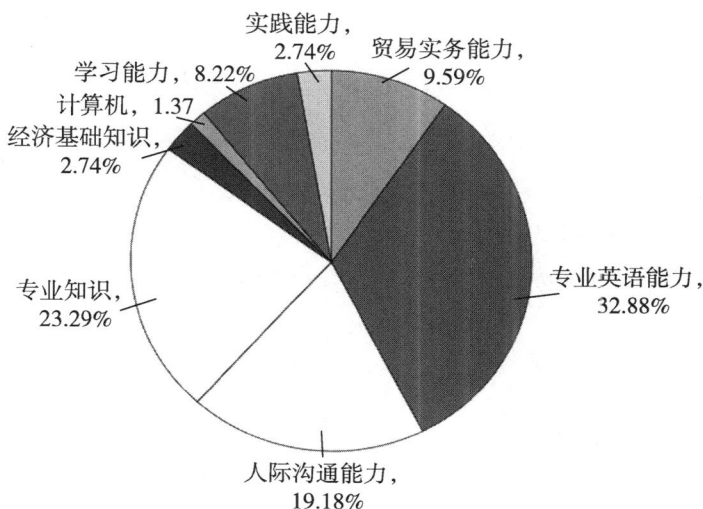

图8 毕业生认为重要的专业核心能力

在分析市场调研结果的基础上，结合经济与贸易类本科人才培养国家标准，本专业确定培养学生具有对国际经贸环境进行分析与决策和具有国际贸易业务运营与管理两种能力（见表1）。

1.2 基于 AACSB 认证确立的 5 种能力

结合学院 AACSB 认证确定的使命，学院确立了课程体系学习目标中的 5 种能力（见表2），所开设课程须支持某一种或几种能力的培养，同时，一种能力需要几门课程来实现其培养意图和目标。

表1　国际经济与贸易专业培养本科人才两种核心能力

1. 具有对国际经贸环境进行分析与决策的能力	1.1 理解相关国际贸易理论，理解各国对外贸易政策、对外投资政策
	1.2 能够运用理论分析政策、规则等的变化对国际贸易的影响
	1.3 能够对国际市场状况进行综合性的分析
	1.4 能够为企业的国际市场经营决策提供支持
2. 具有国际贸易业务运营与管理能力	2.1 理解国际贸易实务操作的相关贸易规则与惯例
	2.2 能够建立国际贸易业务联系，并进行有效的国际商务沟通
	2.3 能够顺利履行国际贸易合同

表2　北京联合大学商务学院学习目标中的 5 种能力

1. 具有自觉的伦理观念和良好的职业道德	1.1 理解伦理道德的概念及相关理论
	1.2 理解和掌握商业伦理的范畴及构建，了解商科从业人员所应具备的职业道德素养
	1.3 掌握商务领域的相关法律、法规和制度
	1.4 树立商业伦理思想、坚定职业道德信念
2. 具有善用现代信息技术和方法分析解决问题的能力	2.1 熟练掌握常用办公软件的基本操作，能够运用现代信息技术进行信息收集与处理
	2.2 掌握定性分析商务问题的相关方法
	2.3 掌握定量分析商务问题的相关方法
	2.4 能够运用恰当的现代信息技术和定性、定量方法分析解决商务环境中的一般问题

3. 具有组织管理能力与团队合作精神	3.1 掌握组织管理知识，能进行组织设计、组织沟通，建立良好的组织环境，具有良好的沟通、表达和社交能力
	3.2 能够发挥自身作用，实施组织职能，能够有效激励团队成员，具备良好执行能力
	3.3 具备良好的个人修养和亲和力，并促进团队整合与合作，积极参与团队成员间的协同合作
4. 具有国际视野和跨文化交际能力	4.1 能够运用英语进行口头和书面表达及日常交际
	4.2 具有识别国际商务活动中文化多样性的意识
	4.3 理解国际政治、经济、社会等因素影响商务活动的作用机制
	4.4 能够识别分析国际政治、经济、社会等因素对商务活动的影响
5. 具有批判性思维能力	5.1 能够对经济管理理论知识和实践活动进行定义、划分、特征总结
	5.2 能够为分析论证找到可靠、有效的证据
	5.3 能够通过分析论证做出理性的判断
	5.4 能够对论证过程及内容进行科学严谨的表达
	5.5 能够对评估过程及结论进行自我审查、反思、校正

2　基于 AOL 的国贸课程改革思路

2.1　课程与 AACSB 学习能力目标的支撑关系

基于市场和 AACSB 认证的学习能力目标确定后，其实现主要依托课程体系的设置。支撑 AACSB 的各种学习能力目标的相关课程见表 3。

表 3　学习能力目标与核心课程关系

1. 具有自觉的伦理观念和良好的职业道德	思想道德与法律基础、思想政治理论课综合实践、管理学、会计学、商业伦理
2. 具有善用现代信息技术和方法分析解决问题的能力	大学生计算基础、ACCESS 数据库应用、微积分、商务研究方法、宏观经济学、微观经济学、金融学、统计学、市场营销学

3. 具有组织管理能力与团队合作精神	大学生心理素质教育、管理学、商业伦理、市场营销学
4. 具有国际视野和跨文化交际能力	大学英语、商务英语、宏观经济学、市场营销学、世界经济概论、国际贸易理论、国际服务贸易、国际金融、跨国公司经营与管理、国际市场行情分析、国际商法、国际商务函电与谈判、国际商务沟通实训
5. 具有批判性思维能力	毕业论文、管理学、宏观经济学、微观经济学、金融学、市场营销学
6. 具有对国际经贸环境进行分析与决策的能力	市场营销学、世界经济概论、国际贸易理论、估计服务贸易、国际金融、跨国公司经营与管理、国际市场行情分析、国际商法、专业综合实践
7. 具有国际贸易业务运营与管理能力	大学英语、商务英语、国际商法、国际贸易实务、国际结算、国际运输与保险、海关实务

2.2 培养方案修订、管理与学习效果保障

明确了学习目标后，能否达到预期的学习目标则需要指定过程规范，度量学习效果（设计评价体系、保留能反映学生能力的证据或者说评价数据），定期审视和讨论，分析并找出其不足，以促进后续连续发展和持续改进，形成一个连续发展和持续改进的良性机制。

2.2.1 培养方案的内容要与认证学习能力目标相呼应

培养方案的内容要与认证学习能力目标相呼应，也就是说，认证学习目标要通过培养方案实现。目前，2013 版国际经济与贸易专业本科培养方案确定了 10 个能力目标，分别是具有较好的人文社会科学素养、较强的社会责任感和良好的职业道德；具有从事国际经济与贸易专业相关工作所需的数学等自然科学知识、经济管理知识；具备较为扎实的经济学学科基础知识及国际经贸专业基本理论知识，了解专业前沿发展现状和趋势；具有综合运用所学科学理论和技术手段分析并解决国际经贸相关问题的基本能力；掌握专业基

本技能和国贸实务操作、国际市场调研分析、国际商务沟通及商务运作等专业核心应用能力，具有一定的创新意识和创业思维；了解我国对外经贸的方针、政策和法律、法规，熟悉通行的国际贸易规则和惯例；掌握文献检索、资料查询及运用现代信息技术获取相关信息的基本方法；具有一定的组织管理能力、较强的表达能力和人际交往能力以及在团队中发挥作用的能力；具有适应发展的能力和终身学习能力；具有较强的英语应用能力，具有一定的国际视野和跨文化交流及合作能力。可以看出，2013 版培养方案中的能力目标与认证确立的学习能力目标基本吻合。

2.2.2　教学方式方法、学习效果与质量保障

在教学中，能否通过师生互动合作的方式提高教学效果，能否通过加大学生对学业的参与度，能否对学生进行及时有效的反馈等教学方式方法的努力，同时辅以对教学的质量管理、监督和激励机制，是确保教学效果的持续改善、保障教学质量的重要环节。

2.2.3　学生的学术与职业发展

学生对学业的投入程度如何？学生间能否进行互助式学习？学生的学术道德观念能否确立、学术道德规范是否掌握和熟练运用？学生的学术生涯启蒙如何进行？学生的职业发展如何在早期得以规划成型？此类问题，都是启发和引导我们修订培养计划和课程改革的思路。

3　基于 AOL 的国贸课程改革尝试与探索

沿着 ACCSB 认证使命、学习能力目标、培养目标内容、课程体系设置、课程设计的思路，国际经济与贸易专业课程改革的具体做法如下。

3.1　开设跨专业选修课程特色模块，培养学生的专业核心能力

在 2013 版开设的 5 个专业模块的基础上增加了 4 个跨专业课程模块。原来的 5 个专业模块为：国际商务（人力资源管理、战略管理、国际商务）、市场营销（消费者行为学、市场调查与预测、网络营销）、财务管理（财务会计、审计学、财务分析）、金融学（证券投资学、金融模拟交易、金融衍生工具）、信息管理与信息系统（管理信息系统、数据分析与预测、电子商务网站

建设）；增加的 4 个跨专业课程模块为：金融学（证券投资学、金融模拟交易、期货交易）和跨境电商（跨境电商、全球供应链管理、数据分析与预测），以提高业务实操能力；商务沟通模块（经贸期刊原文宣读、经贸英语听说、英语谈判实操），可以增强学生的沟通能力；国际规则模块（海商法、比较商法等），以扩大学生的国际视野。

3.2　改变实践课程的教学方式，提高学生的投入程度

为提高学生的投入程度，按照 1∶1.5 的课内学时与课外学时比例，改革原有的集中实践课程，将时间内容分散到 16 个教学周的课外实践作业环节进行。具体有两个思路：一是充分利用北京的大型会议，如将为期一周的科博会、暑假期间的 CBD 商务节、为期一周的京交会分别融入《专业认识实习》和《国际服务贸易》课程的课外 1.5 倍学时中；二是组织学员级别的学生大赛，为参加全国专业大赛做准备。如组织学院级别的大赛组织选拔赛，为全国教学指导委员会组织的大赛做准备；组织国际经济与贸易专业论文大赛，为"启明星"项目申报做准备；以全国市场营销大赛要求为模板做策划案，纳入《国际市场行情分析》的实践 1.5 倍课外学时；等等，通过各种方式提高学生的参与度。

3.3　尝试开设新生研讨课，引导学生的学术和职业发展

尝试开设《新生研讨课》，替代原有的《专业导论》。据美国 621 所大学的调查问卷结果显示，62.4% 的《新生研讨课》是拓展性、适应性研讨课，27.4% 是内容统一的学术研讨课；63.5% 的《新生研讨课》是为了形成学术技巧，59.6% 的《新生研讨课》是让学生适应校园资源与服务，39.8% 的《新生研讨课》是为学生自我探索与个人发展的目标；《新生研讨课》主要有学术技巧、校园资源、时间管理、学术计划与咨询和批判性思维 5 个主题。有 89.9% 的被调查学校的《新生研讨课》有教学人员指导，46.8% 的大学要求所有大一新生参加《新生研讨课》，54.3% 的学校授课班级规模小于或等于 20 人。通过《新生研讨课》，50.6% 的被调查学校提高了学生对学校的满意度，45% 的学校实现了师生课外互动，36% 的学校有效提高了学生的学术能力。有鉴于此，国际经济与贸易专业拟开设面向大类分流前学生的研讨课，

小班授课，同时取消原有的《专业导论》课程，以利于学生形成学术技巧。

3.4　细化课程考核方式，记录结果，持续改进

无论是 AACSB 认证使命，还是学习能力目标都需要依托课程设计、课程的实施得以实现。在这个过程中，课程的考核方式、记录数据、分析数据及持续改进是使命得以实现的保障。国际经济与贸易专业首批选出《国际贸易实务》和《宏观经济学》两门课程，依据其支持的学习目标、能力目标设计评价标准和具体的评分标准，每个学期记录具体体现能力培养的具体分值，分析不足。这样，经过几年的持续记录，将形成有效的分析数据库，以便持续改进。

国际贸易人才需求新特征及课程体系构建

崔　玮❶

摘要： 随着外贸企业所面临的内外部环境的变化，企业对于国贸人才的能力要求也发生了相应的变化与提升。企业既要求毕业生具有国际市场营销、客户开发与维护、贸易运营、商务谈判等专业核心能力，同时也更加看重毕业生的人际交流、团队合作、独立工作、适应环境与应变、持续学习等通用能力。然而，目前大多数院校的课程设置仍无法满足上述能力培养的要求，需要更加注重学科/专业基础课程的开设，英语应用能力及客户开发能力的培养，并通过构建"课、证、赛"融合的实践教学体系等全面提升国贸人才的核心竞争能力。

关键词： 国贸人才；课程设置；国贸核心能力；岗位类型

近年来，我国对外贸易稳步发展，到 2013 年中国已经成为世界第一大货物贸易国，外贸的发展势必带来对外贸人才的强劲需求；同时，新外贸法的实施使得外贸经营者的范围不断扩大，外贸经营权的门槛不断降低，也使得外贸企业对外贸类人才的需求持续增长。但是，2008 年金融危机以来，外贸企业所面临的内外部环境发生了较大变化：国际市场需求持续萎靡，人民币升值，国内产能趋于过剩，出口产品同质化严重，厂家恶性价格竞争，市场混乱无序等。这些变化使得外贸企业特别是中小型外贸企业面临严重的经营压力与危机。与此相对应，外贸企业对人才需求特征及能力要求也发生了变化与提升。

---

❶ 作者简介：崔玮（1970—　），女，经济学博士，副教授，北京联合大学服务经济与贸易研究所所长。研究方向：国际服务贸易、国际贸易理论与政策。

1 国贸人才需求总体情况

1.1 国际商贸骨干人才需求不断增加

中国对外贸易的发展，以跨国企业为主导的贸易格局的形成，创造了大量的国际商务就业机会，意味着对国贸人才的需求不断增加。所需求的不仅是高端的商务人才，更需要懂经济、英语好、业务能力强、善沟通、肯吃苦的一线操作型人才，高端管理层的决策也需要一批踏实能干、懂专业的员工去执行和实现。

1.2 服务业对国际化人才需求增长

随着我国产业结构的优化升级，现代服务业的发展为专业人员创造了更多的就业岗位，并为基层人员的职业发展提供了更大的发展空间。金融服务业、物流业、电信软件业的发展不仅为国际服务贸易的发展打下了良好的产业发展基础，也有力地促进了国际货物贸易发展，国内外市场的一体化发展需要更多的国际化人才。

1.3 制造业对国际市场拓展人才需求强劲

从高端制造业的发展来看，其国际化发展趋势不仅需要研发人员，还需要懂产品、懂市场的国际贸易人才为其开拓国际市场。特别是目前制造企业面临复杂的国际市场环境，危机与挑战使得企业对外贸人才能力的期望值提升到了一个新的高度。

2 国际贸易人才岗位需求

中小型企业仍是提供外贸工作岗位的主要来源，这些企业可以分为三种类型：具有国际业务的生产制造型企业、外包服务企业、第三方外贸代理企业（包括国际货运代理、报关行等）。这些企业所需要的一般性外贸岗位类型主要包括出口营销管理、国际商务谈判师、外贸经理、外贸业务员、跟单员、单证员、报关员、报检员，以及国际货代业务员等。

具有外贸人才需求的三类企业中的具体岗位类型及职业成长如表1所示。

表1　外贸岗位类型与职业成长

企业类型	涉外生产企业		外包服务企业		第三方外贸代理公司		
岗位类型	生产或外贸跟单	外贸业务	单证处理	外贸商务处理	单证处理	报关、报检	国际货运代理
职业成长	跟单助理	外贸业务助理	单证助理	外贸商务助理、助理文秘	单证经理	报关经理	货代经理
	跟单业务组长	外贸业务组长	单证组长	行政主管	单证助理	报关助理报检助理	货代助理
	跟单经理、高管	外贸业务经理	单证经理、高管	行政经理	单证组长	报关组长	货代组长

资料来源：郭泉，林雨．独立院校国贸专业人才需求和专业建设研究［J］．商，2014（10）。

通过对拜耳生物科学中国有限公司、北京优艺时尚商贸有限公司、中国电子口岸数据中心、中国农业银行等具有国贸人才需求的30家各类型企业进行的问卷调查显示，企业对国贸毕业生所提供的岗位主要包括：①业务部门操作人员（占70%），如采购专员、出口营销业务员、报关报检员、单证员、银行国际结算部人员等；②业务部门管理人员（占5%）；③办公室基层人员（占20%）；④财务人员（占5%）。调查结果说明，企业特别是中小型企业为国贸毕业生提供的工作岗位主要仍是一线业务操作岗位。

3　企业对国贸人才的能力需求

企业对国贸人才的能力需求一般被分成两大类，一是一般能力，即经济管理类学生都应该具备的通用能力，二是与国贸专业密切相关的专业能力。国贸核心能力及关系如图1所示。

```
┌──────────────┐                          ┌──────────────┐
│   通用能力    │                          │   专业能力    │
└──────────────┘                          └──────────────┘
```

┌────────┐ ┌────────┐ ┌────────┐ ┌────────┐   ┌────────┐ ┌────────┐ ┌────────┐ ┌────────┐
│团队合 │ │独立工 │ │适应环 │ │人际交 │   │国际市 │ │客户开 │ │贸易业 │ │商务谈 │
│作能力 │ │作能力 │ │境与应 │ │流能力 │   │场营销 │ │发与维 │ │务运营 │ │判能力 │
│   │ │   │ │变能力 │ │   │   │能力   │ │护能力 │ │能力   │ │   │
└────────┘ └────────┘ └────────┘ └────────┘   └────────┘ └────────┘ └────────┘ └────────┘

```
(  经营管理基本能力素质  )          (  国际贸易知识集成能力  )
```

```
┌────────────────────────────────────────────┐
│      企业需要外贸人才具备的核心竞争力        │
└────────────────────────────────────────────┘
```

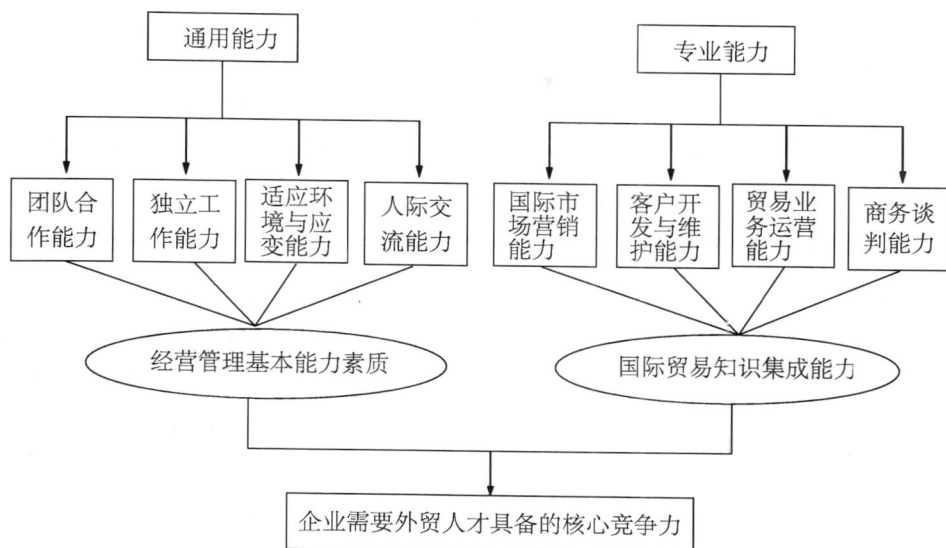

图1 国贸人才核心能力要求

3.1 通用能力

企业调研显示，人际交流能力、团队合作能力、独立工作能力、适应环境与应变能力、持续学习的能力以及良好的职业道德等经管类学生的一般能力得到了企业的高度重视，其重要程度甚至超过了专业能力。良好的应变能力、团队合作能力、独立工作能力、分析判断能力和环境适应能力以及交际能力是一名国际贸易业务人员完成工作的关键，无论是建立与维护客户关系、开拓市场、商业谈判，还是贸易运营都依赖于业务人员具有这些良好的个人能力。此外，调查中，企业都谈到了毕业生的职业道德问题。在实际工作中，很多企业都遇到过毕业生离职带走客户资源、泄露企业机密的情况，因此，企业对于毕业生良好的职业道德特别看重。学生诚实可靠、吃苦等基本素质也成为企业选择员工的首要考核指标。

3.2 专业能力

3.2.1 国际市场营销能力

国际贸易从业人员需要灵敏把握市场信息，并进行有效的沟通协调。外贸业务涉及海关、物流等方方面面，需协调好各方面关系；同时，每个国家的市场需求千差万别，外贸企业职员必须灵敏捕捉不同国家和地区的市场信息，并运用规范的市场调查方法对国际市场进行定量分析，且能够不断积累国际营销经验，在激烈的市场竞争中把握商机，在国际推广方面运用各种营销渠道、专业手段来吸引国际买家的眼球。

3.2.2 客户开发与维护能力

能够运用各种方式推广和宣传公司产品与品牌；充分利用国外常用搜索引擎、国外社交和数据网站、B2B 网站等互联网渠道开发潜在客户并达成交易；能够熟练运用英语与客户进行有效的沟通，跟进及反馈客户咨询，提升客户满意度；能够有效处理与反馈客户投诉并及时向客户推荐新产品。

3.2.3 贸易运营能力

主要指实际业务操作能力。企业选用国际贸易专业人才时，不仅仅注重学历，更注重其实践操作技能和经验，以及对所在行业是否了解。企业希望毕业生进入企业后，不需要大量培训就能够从事一些较为简单的专业工作，满足企业对基层人才的要求，然后在工作中不断提高自己的业务操作能力。良好的外语应用能力也是进行贸易运营的基础。出于与海外客户沟通联络的需要，外贸业务人员必须具备较高的外语水平和外语沟通能力，包括口语、听力及写作能力。外贸业务员、跟单员等直接与国外客户打交道的人员更要熟练运用英语。

3.2.4 商务谈判能力

要求谈判人员具有综合且全面的国际贸易相关知识与业务背景，熟悉国际贸易实务、政策、法规与国际惯例，能够熟练运用英语进行书面与口头沟通与交易磋商，并具有国际商务谈判经验与技巧。

4 国贸专业培养模式和课程设置与人才需求的差距

从目前外贸人才培养模式和课程设置情况来看，仍然是较多地沿用外贸跟单员的培养模式和课程设置方式，主要以实务操作型能力培养的课程为主，外贸类人才培养出现了滞后经济发展和企业需求的现象。高校培养出来的外贸毕业生往往只能从事外贸跟单员或者外贸助理的工作，即只能负责订单的执行和具体的出口流程操作，而缺乏客户开发、市场开拓的能力，离真正的外贸业务员的要求还有一段距离。

表2　国贸专业能力与当前课程设置的对应关系

专业能力	能力描述	课程设置
国际市场营销能力	1. 定量的市场调查与分析能力 2. 市场拓展能力 3. 制定营销方案的能力	国际市场营销 市场调查与预测 国际市场行情分析 跨国公司经营与管理
主动式客户开发能力	运用各种方式推广和宣传公司产品；充分利用互联网渠道开发潜在客户并达成交易	、
被动式客户开发能力	1. 对外营销型国内外展会运作 2. 付费 B2B 平台操作 3. 付费广告推广操作	电子商务
客户维护能力	1. 客户沟通与服务 2. 客户投诉处理及反馈 3. 及时向客户推荐新产品	国际市场营销
商务谈判能力	1. 熟练运用英语进行口头交流的能力 2. 商务函电写作能力 3. 商务谈判能力	商务英语 外贸英语 国际商务谈判 国际贸易实务
国际贸易业务运营能力	1. 审单、审证能力 2. 制单能力 3. 价格核算与报价，报价单及合同制作 4. 生产跟踪、发货、报关与报检	国际贸易实务 报关与报检实务 国际货物运输与保险 国际结算 国际贸易流程综合实训

从上表可以看出：①对于学生客户开发与维护能力的培养存在很大的不足，特别是主动式客户开发能力，在目前的课程体系中很少涉及，而这是一

名国际贸易业务员所必须具备的基本能力，也是目前企业所急需的国贸人才必备的能力要求；②对于国际市场营销实操能力的培养存在较大的缺陷。当前课程体系中虽然包含国际市场营销、跨国公司经营与管理等课程，但仍是以理论知识的讲授为主，学生缺乏真实案例学习、实践操作训练与企业实际业务的参与，对于国际市场的分析、市场开拓缺乏经验与实际操作的能力；③运用英语进行书面语口头交易磋商的能力培养也存在一定的不足。虽然大多数院校都开设了专业英语、商务英语等课程，但英语的应用能力很难单纯依靠一两门课程来培养，而且，国际商务谈判能力还需要商业经验、专业知识与外语运用能力的有效结合，目前的课程设置还无法满足这一能力培养的要求；④课程体系中对于贸易业务运作能力的培养较为重视，开设的课程比较全面，因此，毕业生能够较好地满足单证员、跟单员等岗位的要求。

5　国贸课程体系构建的基本思路

5.1　注重学科/专业基础课程的开设

通过调研，我们发现国贸专业的就业面是很广泛的，很多类型的企业在人才招聘时并没有特别的专业要求，只要是经管类专业都可以。但企业很看重毕业生是否具有扎实的专业基础、良好的综合素质及持续学习的能力。从国外院校的培养方案来看，同样非常重视学科专业基础课程，这类课程所占的比重都较大。为了扩大学生的就业领域，提升其未来职业发展的能力，应当在学分允许的范围内合理地开设学科、专业基础课程，重视学生通用能力的培养。

5.2　全面提升学生的英语应用能力

用人单位及毕业生的相关调研都反映出英语应用能力对于从事国贸相关工作是非常重要的。而目前学生的英语应用能力与企业及未来工作岗位的要求差距仍很大。因此，应加大专业英语课程比重，特别是外贸英语听说的训练，形成英语四年不断线，公共英语＋商务英语＋外贸英语＋全英语课程，一步步逐渐深入，全面培养学生英语的听说读写能力。在英语课程开设上也要做到理论课程与实践课程相结合，如在开设《专业外语》《外贸函电》《国

20

际商务谈判》课程的基础上，开设《外贸口语听说》《商务沟通实训》课程，训练学生写作外贸函电及用英语进行商务谈判。《外贸口语听说》这类课程必须小班授课，由多名专业教师共同承担，从而使每位学生在课上能够得到充分的英语听说训练。

此外，全面开设全英语教学班，通过师资培训和全英课程建设，最终实现所有课程以全英语授课。

5.3　注重学生客户开发能力的培养

将在实际业务中进行客户开发时经常使用的方式，包括 B2B、B2C、C2C 平台的操作、国内外重要搜索引擎的使用技巧、国内外重要的社交网站与数据库的使用、网站的优化技巧、网站相关知识、SEO 技巧、图片处理技巧、产品翻译知识技巧等纳入外贸类课程，可以将这些培养和锻炼学习业务开发能力的知识和实践综合为一门课程，在网络实训室进行授课和实践操作训练。

5.4　系统开设实务类课程

调研结果显示：企业最需要的主要是基层业务人员。我们通过问卷调查了解到企业目前最需要的岗位类型，结果发现，绝大多数企业都选择了"基层业务人员"。因此，可以得出结论：一名掌握了本专业基本业务操作技能、踏实肯干、兢兢业业的毕业生是能够受到企业欢迎的。因此，对于定位于培养从事外贸实践业务人才的院校来说，课程体系中仍须体现外贸业务运营能力的培养。因此，仍应系统地开设实践性业务课程，对外贸业务运行中的关键环节进行学习，开设《外贸函电》《国际商务谈判》《国际货物运输与保险》《国际结算》《海关实务》等课程，这也是我专业不同于中国人民大学、对外经贸大学等研究型大学的地方。这些课程不仅有利于提高学生从事外贸业务的能力，而且可以帮助学生选择最适合其从事的职业，帮助学生获取相应的资格证书，满足外贸公司、国际货代、报关企业等对人才的需求。

5.5　构建"课、证、赛"融合的实践教学体系

充分利用校内外多种教学资源，构建"课、证、赛"紧密融合的教学体系，充分体现应用性人才培养的专业特色。

第一，对实践课程进行整合和优化。将教学内容有部分重合的《国际结算实训》与《国际贸易流程综合模拟》等集中实践课优化整合为《专业综合实训》。同时，优化该课程的教学与训练内容，更好地开发、利用国贸实验室实训软件的功能；开设"国际商务函电""外贸口语训练"等相关训练内容；通过《进出口业务企业实习》课程，使学生在毕业前能够深入企业，参与企业的实际业务活动。将实践教学的内容落到实处，探讨有效的、具体的实践教学方法，制定详细的实践教学方案。通过实践课程的整合优化及教学内容与方法的改革，有效提高实践课程的教学效果，更好地发挥培养学生的实际业务操作能力和专业核心能力的作用。

第二，将职业资格证书纳入课程体系。由于国际贸易业务员、单证员等相关职业资格证书能够在一定程度上反映实际工作岗位对职业技能的要求，因此，课程体系中将职业资格证书考试的核心内容融入相关专业课，特别是实践课程中，同时，开设国际贸易职业资格证书培训的实践课程。每年组织学生考取国际贸易相关职业资格证书，作为创新创业学分。

第三，组织学生参加职业技能大赛。为了更好地推进专业应用性特色的建设，在实践中提高学生的综合能力，组织学生参加学科大赛，如"国际贸易职业技能大赛"，通过与企业联合参赛，在真实的贸易环境中竞赛，使其对学生的专业综合能力与素质的培养发挥良好的作用。

通过实践课程的优化整合、职业证书考试融入课程体系、参加职业技能大赛相结合，构建"课、证、赛"紧密融合的实践教学体系，真正做到对学生实务操作能力的全面培养。

5.6 加强学生综合能力的培养

在对企业的调研中，我们发现企业看重的并不仅仅是学生的专业能力，更看重学生的综合素质，如人际沟通能力、语言能力、计算机能力、吃苦耐劳精神等。这种问题的出现与我国教育体制有关，不是高等教育能彻底解决的问题，在某种程度上，并不是企业不需要学生的专业能力，而是因为学生基本素质的缺失使得企业无法要求学生承担专业工作，也就无从谈起对学生专业能力的要求。如何将学生的这些基本素质培养与专业素质培养有效地结合在一起，通过开设商业伦理课程，开展第二课堂，组织学生参加学科竞赛等方式，是探索培养学生综合素质的有效路径。

参考文献：

［1］郭泉，林雨．独立院校国贸专业人才需求和专业建设研究［J］．商，2014（10）．

［2］胡卫中，韩瑾，张蔚．用人单位对国贸人才的需求及启示［C］．Proceedings of 2010 International Conference on Future Information Technology and Management Engineering（FITME 2010）Volume 3，2010 – 10 – 09.

［3］沈克华．跨国公司主导的国际贸易格局下国贸人才培训服务研究［J］．国际商务研究，2013（9）．

［4］曾欣．国际经济与贸易专业实践教学体系的构建［J］．高教论坛，2010（6）．

经济全球化视角下国际经济与
贸易专业人才培养模式研究

摘要：本文明确了国际经济与贸易专业人才培养模式的基本含义及内容，其主要内容包括培养目标、课程体系、教学内容和教学管理制度等；在经济全球化的发展背景下，国际经济与贸易专业人才应具备扎实的专业技能、与时俱进的创新能力、终身学习的学习能力、积极参与的竞争能力与合作能力；并从差异化的人才培养目标、完善的课程体系建设、校内外实训基地建设及优化师资建设等方面构建了经济全球化视角下国际经济与贸易专业人才的培养模式。

关键词：全球化；应用型人才；人才培养模式

1　问题的提出

伴随我国在 2001 年年底加入世界贸易组织及近年来经济全球化程度的不断加深，中国经济面临着更大程度的开放及更激烈的市场竞争；对外贸易是我国融入全球经济的重要桥梁，高素质的国际贸易人才是推动我国对外贸易活动积极发展的核心力量，高等教育作为培养国际经贸人才的重要基地，新形势下对其人才培养模式提出了新的挑战及更高的要求。如何培养出适合国内外市场需求，促进我国经济可持续发展的国际经贸人才是国际经济与贸易专业在新时期进行人才培养模式改革时亟须解决的问题，也是本文研究的意

---

❶　作者简介：任靓（1979—　），女，博士，副教授，北京联合大学商务学院国际经济系。研究方向：服务贸易、国际贸易理论与政策。

义所在。

2 国际经济与贸易专业人才培养模式的内涵与内容

2.1 国际经济与贸易专业人才培养模式的基本含义

我国教育界对"人才培养模式"问题的研究始于 20 世纪 80 年代，经过 30 多年的探索，在该问题上取得了一定进展，目前关于"人才培养模式"的含义并未形成统一结论，主要界定包括：刘明浚（1993）首次对人才培养模式进行界定，指出人才培养模式是指在一定办学条件下，为实现教育目标而选择或构思的教学样式；周远清（1998）认为，人才培养模式是人才培养目标和培养规格以及实现这些培养目标的方法或手段；龚怡祖（2010）认为人才培养模式是指在一定的教育思想和教育理论指导下，为实现培养目标（含培养规格）而采取的培养过程的某种标准构造式样和运行方式，它们在实践中形成了一定的风格或特征，具有明显的系统性与示范性；教育部在 1998 年下发的《关于深化教学改革，培养适应 21 世纪需要的高质量人才的意见》中对人才培养模式做出了界定，指出人才培养模式是学校为学生构建的知识、能力、素质结构，以及实现这种结构的方式，它从根本上规定了人才特征并集中地体现了教育思想和教育观念。

本文结合上述关于人才培养模式含义的研究结论及国际经济与贸易专业的特点，认为国际经济与贸易专业人才培养模式是指在现代教育理论及教育思想的指导下，按照国际经济与贸易专业的培养目标和我国经济发展对国际经贸人才的需求，以稳定的教学内容、课程体系、管理制度和评估方式，由校内和校外教育教学活动共同构成的实施国际经贸人才教育和培养的过程的总和。

2.2 国际经济与贸易专业人才培养模式的内容

2.2.1 培养目标

人才培养模式的效能主要体现为特定的培养目标，培养目标是教育目的在不同类型教育机构的具体化。由于不同社会层次的人才需求差异较大，故不同类型教育部门的培养目标亦存在较大差异；从事国际经济与贸易办学的办学者要在培养目标上积极贯彻现代教学理念，站在全球化的立场，根据学校类型的不同做好本层次学校在国际经济与贸易专业上的培养目标，通过制定科学、合理的人才培养方案，将课程内容、教学方法及评价机制等有机融合，形成统一、完整的体系。

2.2.2 课程体系与教学内容

课程体系是培养目标的依托，它是培养目标实施的规划方案，主要包括课程观、课程目标、课程内容、课程结构和课程活动方式等；它是不同课程门类的排列，是教学内容和进程的总和；它决定了学生将会获得怎样的知识结构。不同层次和类型的学校应根据学生的特点和培养目标制定科学、合理、稳定的课程体系和课程内容。在该环节应体现出培养目标的区别，即完成创新型、国际型、应用型等人才培养的主要任务。

2.2.3 教学管理制度

高效、有序和科学的教学管理制度是实现人才培养目标的基本保障，是有效连接教与学过程中各个环节的纽带。教育部制定了《2003—2007 年教育振兴计划》，该计划已决定全面启动和实施"高等学校教学质量与教学改革工程"，教育部实施的该项计划是加强和改进高等教育管理的一项新实践。加强过程管理是保证教学质量的有效途径，具有完善的教学管理制度才能从严治教，才能逐步提高日益复杂的情况下的人才培养质量。不同层次和类型的学校应在全球化发展背景下，充分考虑我国国情、地方发展需要及学校的实际办学条件等因素，形成本校国际经济与贸易专业人才培养模式的"特色"，即建立现代化的教学管理理念、管理机制和运行机制，开创有助于培养目标实现且具有自身特色的全面发展道路。

3 经济全球化视角下国际经贸人才的特征分析

3.1 专业技能

随着经济全球化的不断深入，愈来愈多的国家和地区融入到世界经济中，这使得对外经济合作的范围不断扩展，不仅国际市场规模愈来愈大，而且国际市场复杂度愈来愈高，因此，国际经贸人才应具备的能力也应愈加全面。具体而言，国际经贸人才应具备的专业技能包括能够熟练地使用外语进行听、说、读、写方面的交流，对国际市场行情的判断，在全球范围内寻找客户，开拓国际市场，从事国际商务谈判，填制外贸单证，报关、清关，国际结算、外贸函电与契约撰写等；据相关调查显示，外贸企业对国际经贸人才的开发国际市场能力、国际商务谈判能力及单据处理和英文写作能力最为重视。由此可见，具有扎实的专业基础和英语语言的使用能力是从事国际经贸活动的基本要求。

3.2 创新能力

目前，不仅经济全球化程度日益深化，而且计算机网络高速发展，贸易模式不断创新，国际市场商机不断，竞争程度日益加剧，对外贸易企业若要在激烈的市场竞争中立于不败之地，创新能力尤为重要。外贸企业在创新能力方面的竞争主要体现在创新意识和创造能力等；创造能力是个人能力的最高层级，是在人的心理活动的最高水平上实现的综合能力，是指在社会实践中创造出新技术、开发出新产品及提供新服务的能力。创造能力的形成需要有丰富的知识经验作为基础，主要包括敏锐的观察力、精确的记忆力、发散及复合性思维能力、批判能力等，而且创造能力与个人的心理品质、情感意志等因素密切相关。面临激烈的市场竞争，外贸企业对创新能力的重视达到了前所未有的高度，而我国高校的传统教育方式在国际经济与贸易专业人才培养上的运用，使得大量学生只具备应试能力而不具备应用能力的缺陷暴露无遗，这也成为国际经济与贸易专业人才培养必须解决的问题。

3.3 学习能力

如今已是信息更新和知识更新飞速发展的时代，大学阶段学习的知识在人的一生中所需的知识中的比重愈来愈低，由此可见，学习能力对个人发展的重要性不言而喻，即学习能力远比学习知识更重要。目前，国际经济环境变化迅猛，国际贸易知识更新的速度日新月异，新产品、新技术、新规则层出不穷，国际经贸人才若不具备这种终身学习的能力将很难适应从事国际经贸活动的需求。在校期间，要具有较强的学习能力，离校以后，要保持较强的自学能力；在工作中，要尽快适应新环境的变化，积极更新知识结构，不断提高工作技能以满足社会发展需求。

3.4 竞争合作能力

商品经济是竞争型经济，因此，这种环境充满了竞争，竞争意识和竞争能力在此阶段就变得尤为重要。国际经济中更是充满了形式多样、程度不同的竞争，若想在这些纷繁复杂的竞争中取胜，在从事国际经贸活动时不仅要有竞争意识，更要有竞争能力。相对于竞争而言，合作是个体融入社会的必要途径。从人类出现分工以来，合作就相伴相随，随着时代的变迁，合作在人类社会中的作用愈来愈重要，而且，现代社会对个体合作能力的要求愈来愈高，由于个人能力和个人智慧的有限性，如果没有合作将很难在竞争中取胜，甚至合作能力已经成为能否取得竞争胜利的重要因素。在个体劳动占主导的科技工作中离不开合作，在强调全球合作与发展的国际经贸活动中就更少不了合作。

4 经济全球化视角下国际经济与贸易专业人才培养模式的构建

4.1 建立差异化的国际经济与贸易专业人才培养目标

根据对外经济贸易领域的发展需求，目前，可将国际经贸人才划分为四类，即理论研究型人才、实务操作型人才、复合应用型人才及国际商务型人才。这四类人才的培养应分别分布在国家重点院校、一般财经类院校及一般院校等。具体而言：第一，理论研究型人才应由国际经济与贸易专业的国家重点院校来承担，该类人才的特征是具有合理的知识结构、扎实的国际经济与贸易理论知识、通晓国际贸易规则、较强的科研能力和创新能力，这类人才可以在政府机构、科研院所及大专院校从事决策、科研和教学等工作。第二，实务操作型人才的培养应由一般院校承担，这类院校主要包括设立国际经济与贸易专业的综合性院校和地方院校等，这类人才的特征是熟悉国际经济与贸易的理论，熟悉国际贸易实务，并具备相应的职业资格，可以独立开展国际贸易实务方面的工作。第三，复合应用型人才的培养应由重点院校和一般财经类院校承担，这类人才的特点是通晓 WTO 规则，熟悉国际贸易政策法规，能够从事制定对外贸易政策、进行国家层面的国际经济合作、实施贸易救济等工作。第四，国际商务型人才的培养任务应由国际经济与贸易专业的国家重点院校承担，该类人才熟悉跨国经营理论，能够胜任跨国公司的高级管理工作。

4.2 完善课程体系建设

课程体系是实现培养目标的关键，若想培养出符合培养目标的国际经济与贸易人才，需要从不同性质和特点的岗位出发，根据岗位需求，寻找相似岗位的共性与个性，制定出符合相应培养目标的课程体系。目前，我国开设国际经济与贸易专业的院校在课程体系设置方面存在的问题主要集中在课程体系趋同，对培养目标的体现不充分，很难保证培养目标的实现，具体表现为理论课比例偏高、实践课比例偏低，有些院校即使在课程体系中体现出了较高的实践比例，但由于校内实训基地及校外实践基地建设的不完善，也未能将实践环节很好地贯彻实行。可以从以下几方面对我国目前的国际经济与贸易专业课程体系加以完善。

第一，增加课程的国际商务化及国际化程度。国际商务型人才是国际经济与贸易专业人才类型中十分重要的一种，该类人才要从事跨国公司的运营与管理，因此，综合能力对这类人才十分重要，培养国际商务型人才的院校应增加法律、财务、企业管理与运营等方面的课程。此外，经济全球化的不断发展使得英语的交流变得更加重要，提升学生的英语语言能力是提高学生整体能力的关键，为了强化学生的英语能力，相关院校要结合学生的实际英语水平，积极开设双语甚至全英课程。

第二，开设服务地方经济的课程。我国开设国际经济与贸易专业的院校中大多数是地方院校，这些院校肩负着服务地方经济的重任。地方的就业需求体现着地方经济的发展方向，这些院校可以结合相关信息，灵活、及时地开设与当地就业需求相关的行业课程。于企业而言，只懂国际经贸知识或行业知识的人力资源都不是它们需要的人才，即懂经贸知识又懂行业知识的才是企业真正需要的人才。

第三，开设创业课程。为了鼓励经济的健康、持续发展，目前，我国积极鼓励创业行为及小微企业的发展，出台了《中华人民共和国中小企业促进法》和《国务院关于进一步促进中小企业发展的若干意见》等政策，尤其鼓励大学生创业，为了支持大学生创业，国家和政府出台了多项优惠政策，包括融资、开业、税收（如《关于支持和促进就业有关税收政策的通知》）等诸多方面，还提供了创业培训及创业指导等多方面服务。相关院校可以结合国际经济与贸易专业的特征，从课程设置角度增设与创业有关的课程，培养学生的创业精神和创业能力，挑选有明确创业意向和成熟创业思路的学生进行重点扶持和资助。

4.3 加强校内外实训基地建设

国际经济与贸易专业是十分强调实践能力的专业，实践教学环节对于国际经济与贸易专业而言尤为重要。本文 4.1 所述四类人才若能很好地开展工作，都离不开实践教学环节的培养。目前，实践教学环节主要包括校内实践和校外实践两个部分，校内实践主要通过建立国际经济与贸易专业模拟实验室来形成全真或仿真职业环境，对理论课程中与实务有关的知识进行亲自实践，加强对理论学习的同时又提高实际操作能力，这些模拟实验主要包括贸易磋商、单证实训、营销技巧实训等。校外实践是实践环节的重要部分，开设国际经济与贸易专业的院校应积极筹建校外实习基地，尽可能多地与外贸公司、报关行、货运代理公司、生产型外贸公司、银行结算部门等建立长期的校企合作基地，在实习基地，让学生熟悉从建立业务关系到合同谈判和履行的全过程业务，综合培养学生在国际贸易实务、国际市场营销、外贸函电写作、商务谈判技巧、语言表达、处理单证及风险防范和单据制作等方面的能力。

4.4 优化师资队伍建设

目前，我国国际经济与贸易专业的教师以中青年教师为主，这些教师学历较高，理论知识扎实，具有较强的科研能力和知识传授能力，但这些教师普遍没有在政府、行业或企业工作的经验，因此，师资队伍呈现出理论能力有余、实践能力不足的特点，必要的实践经历也会为科研工作提供良好的外部支持。为了解决上述问题，可从以下两个方面着手。

第一，鼓励教师到与国际经济与贸易专业有关的部门进行实习。开设国际经济与贸易专业的院校应在该方面出台相应的鼓励措施，允许中青年教师长期到企业进行锻炼，并建立长期的合作关系以提高教师队伍的实践操作能力；如果师资有限，也可以采用让中青年教师到校内外实习基地进行短期轮岗实习的方式，及时更新教师的理论和实践知识。

第二，建立柔性引进师资政策。通过聘请实践经验丰富而且具有较高文化素养的企事业单位的技术骨干、专家、外贸人才及政府官员等走进理论课堂，以开设定期讲座的形式，为学生介绍实践经验，力争形成稳定的校外师资资源。

5 结论

经济的全球化发展，对国际经济与贸易专业人才有了更高、更全面的要求，为了适应社会发展需求，开设国际经济与贸易专业的各层次院校要结合社会需要、自身办学条件、生源特征等因素，在现代教育理论的指导下，充分运用现代化教学手段和设施，了解新时期国际经贸人才的特征，从建立差异化的人才培养目标、完善课程体系、加强实践教学及优化师资队伍等方面构建全球化视角下国际经济与贸易专业人才的培养模式。

参考文献：

[1] 罗旭娟．国际经济与贸易专业人才培养中外模式比较研究 [J]．经济论坛，2009 (4)：109－111.

[2] 刘喆，刘雪娇．国际经济与贸易专业应用型人才培养的深层思考 [J]．北京工商大学学报，2012 (10)：21－23.

[3] 吕西萍．美国国际贸易人才培养的创新理念及其对我国的启示 [J]．高教论坛，2010 (2)：122－126.

[4] 李艳．国际经济与贸易专业"三合一、四融合"创新型人才培养模式 [J]．对外经贸，2013 (11)：128－129.

[5] 张汝根．服务地方经济的国际贸易本科应用型人才培养模式构建探讨 [J]．经济研究导刊．2012 (26)：251－52.

"课证赛岗"相融合的
国际贸易专业人才培养模式探析

赵绍全❶

摘要：国际贸易专业人才的培养模式历经多年的探讨和实践，已经在很多应用型大学逐步形成了各种体系。但是"课证赛岗"相融合的人才培养模式经实践证明是比较符合国际贸易人才培养规律的模式。但是在实践中，课程设置、专业证书、专业技能竞赛和岗位实习等的具体操作办法和课时比例的分配等，往往很难严格界定和分配。所以本文通过对这几个方面分类剖析研究，从总体课时和比重分配上进行了初步探索。

关键词：课证赛岗位；国际贸易；培养模式

1 引言

人才培养模式是指在一定的现代教育理论、教育思想指导下，按照特定的培养目标和人才规格，以相对稳定的课程体系、教学内容、管理制度和考评手段实施人才教育的合成系统。"课证赛岗"四项内容是与国际贸易专业人才培养目标、教育过程、教学管理和教学方式、方法和手段相适应的专业人才培养模式。对一个应用型大学来说，应把国际贸易专业人员和报关员资格、单证员资格等职业通用标准所对应的知识、技能和素质要求贯穿于国际贸易专业核心课程中，系统地形成课证融合课程体系，做到课程理实一体，课证融合，以赛强技，不断提高学生的职业素养。

---

❶ 作者简介：赵绍全（1976— ）男，讲师，博士。研究方向：国际投资、跨国管理。

2　以岗定课，体现国际贸易职业发展需求

从国家层面上看，中共中央办公厅和国务院办公厅也明确提出"高等院校应紧密结合企业技能岗位的要求，对照国家职业标准，确定和调整各专业的培养目标和课程设置"。所以以岗定课既是应用型大学人才培养模式必然选择，也是国家对应用型人才培养的必然要求。

2.1　以岗定课对国际贸易专业人才培养的意义和必然选择

对应用型大学而言，"学以致用"是其根本目标。"学"是手段和路径，"用"是目的。但是学什么，怎么学才能"致用"是首先要考虑的问题。

2.1.1　实务课程的以岗定课最能体现应用型特色和要求

国际贸易专业的实务课程主要有国际贸易实务、国际贸易单证、国际结算、国际贸易函电、国际商务谈判和报关实务等。这些课程内容的设置和企业岗位实际要求是否一致直接关系到"应用型"培养模式的成功与否。学习内容和实际工作需要脱节既浪费了大量的教学资源，也增加了企业的人力资源培训费用，这最终将导致国际贸易专业毕业生丧失竞争力，进而对这个专业的发展也会产生深远的影响。

所以应用型大学国际贸易专业实务课程设置应充分考虑企业岗位的实际需求，并以此不断调节、优化课程设置和授课内容。比如，随着电子商务和网络通信技术的发展，很多传统的纸质业务都已电子化，还有很多以前需要在营业厅才能办理的业务现在可以直接在网上申请办理，那么这些变化如果不能在课程设置中得以体现的话，学生毕业入职后对电子商务和网络的运用将需要花费更多的时间去培训。要避免这一点，做到课程内容和实际岗位需要一致，可以从以下几个方面入手。

第一，适时了解国际贸易相关国际规则、国际惯例等的变化，力争适时更新教学内容，保持教学内容与实际业务无缝结合。比如，国际贸易术语、跟单信用证统一惯例、WTO 最新规则和国际商法的内容都会随着时间的推移而逐步更新升级。但是教材的出版和这些国际规则、惯例的出台并不能完全同步，所以就会出现教材内容落后于实际的情况，这就需要教研室和任课教师随时关注并随时更新授课内容。

第二，随时了解国际贸易行业发展动态，对新出现的贸易方式、结算方式、操作方式等做到授课内容与行业实际发展相一致。特别是电子商务的广泛运用、网络平台的发展和国家外贸政策的优化，国际贸易行业的传统业务形式正在逐渐发生变化。比如单证的制作、报关报检业务、跨国商务谈判和银行结算业务等都与传统的纸质业务大不相同。这就需要学校在授课和校内实验课环节及时更新内容和实训软件。

2.1.2　国际贸易理论课程的以岗定课也有很强的必要性和现实意义

国际贸易理论课程往往被很多应用型大学赋以较少的权重，其实这是一个误区，因为国际贸易理论课程，如国际贸易理论、世界经济概论、国际市场营销、国际市场行情分析、国际金融、跨国公司经营与管理等课程对树立学生整体专业意识和构建完备的专业知识体系有重要作用。这些课程对学生从国际贸易业务员发展到国际贸易管理人员和国际市场开发人员有着很强的知识储备和升级作用。另外，理论课程在实际岗位工作中能体现更高的社会价值，如对世界宏观经济的分析能力、对国际行情的分析能力、对国际贸易动态的把握和分析能力、对国际金融相关的衍生品业务和外贸跨国公司的管理与经营等都需要较高的理论功底。而这些内容对于刚毕业的大学生而言在实际工作中也许难以立即接触到，所以往往因为强调"应用性"而被很多师生忽略。

另外，国际贸易知识在实践中的运用并不只是体现在国际贸易进出口业务中。国际贸易理论课程的实际岗位价值还体现在诸如国际贸易业务咨询、国际经济咨询、国际企业管理咨询等涉外咨询业务中。外贸咨询业务将来会发展成为一个新兴的外贸分支体系，它的出现和兴起可以为外贸实际业务部门提供智囊支持，增加跨国业务签约和盈利的可能性。所以把国际贸易相关理论课程运用于国际经济贸易咨询业务也是值得关注的专业建设方向。所以，关注国际经济贸易咨询行业的发展动态，了解相关咨询研究部门岗位的实际需求，有针对性地设置相关理论课程，也是实现"应用型"大学专业教学可供选择的道路之一。

2.2　以岗定课的实现路径

以岗定课的实现离不开以下几个环节。第一，行业动态的调研和课程内容的更新。第二，外贸企业实际业务方式的变化和授课内容的随时更新。第三，往届毕业生岗位工作心得感受和回馈建议应及时反馈到课程设置和课堂教学中。第四，国际贸易专业课程设置的科学性和前瞻性，应通过随时与业内专家学者、企业高管和高级研究人才之间的沟通来把握和实现。

3 课证融合，证书反映学生综合素养和职业水平

3.1 国际贸易专业相关证书

一般作为国际贸易专业的学生要考的证主要分为三类：一是语言类的证书。基本的证有 CET4 和 BEC（剑桥商务英语）等。

二是技能类的证书。主要包括计算机类的证书。考试科目有编程类（C、二级 Delphi 语言程序设计、Visual Basic、C＋＋、Java、Visual），数据库类（FoxPro、C＋＋）。

三是职业类从业资格证。与国贸专业相关的从业资格证书主要有：报关员、报检员资格证书、国际商务单证员等。

国际贸易专业的学生在语言方面应达到大学英语六级水平，很多高校的国贸专业都把六级作为毕业学位发放的基本条件之一；关于计算机方面的证书对国贸专业的毕业生而言并无严格要求，但如果取得相关证书（二级以上）可以给予一定的学分奖励；对于专业方面的证书，国际贸易专业可以将某些行业内重要的证书的取得作为专业必修课程或者实训课程成绩，也有学校采用学费奖励的形式鼓励学生取得专业证书。

3.2 课证与专业实训课融合培养国际贸易专业学生的综合素养

依据岗位（群）必备的知识、技能、素养和相应的职业资格标准等，在人才培养方案中突出实践性教学环节，除了在课程体系构建相应的课程模块以外，首先，还应通过职业规划、公共素质、公共技能与职业知识部分课程的教学，使学生对专业有一定的感性认知，并具备一定的基础素养。其次，通过专业课程的开设和实训课程的开展，使学生对国际贸易业务流程有较为全面的理解，使学生具备岗位相应的基本能力。如国际贸易实务和国际结算实践教学中，引入合作企业的真实项目，以行业企业实际需要为基础，由企业主导、教师辅导开展一定时长的项目实训。最后，通过工学交替、顶岗实

习和毕业论文的实施，学生直接进入真实的企业环境中开展综合的实战训练。

4 赛训强技，提升自主学习兴趣

4.1 目前常见的国际贸易竞赛类型

国际贸易专业引入了 POCIB 全国大学生外贸业务大赛，比赛促教，以赛促学。这个赛事模拟了一个真实的动态市场环境，内容涵盖国际贸易实务的各个环节。在比赛环节中，每个学生拥有一个独立核算的进出口企业，通过接近真实的业务操作不断获得实践经验，充分掌握各种业务技巧，尤其是谈判技巧，熟悉客户、工厂、银行和政府机构的互动关系，真正了解国际贸易的物流、资金流和业务流的运作方式，达到全面提高国际从业技能的最终目标。

通过比赛，学生可以提高专业能力和素质能力，教师更加明确教材更新、教学体系、课程机构、教学设备及成绩评价等方面的改革。

目前，国内流行的比赛还有国际商务精英赛（国际贸易赛），其内容包括展台设计、产品推介会和商务谈判三个主要部分。比赛全程采用英语进行，全方位模拟外贸业务的布展、谈判和现场产品发布会情形。学生参与比赛不仅能切实体验实际业务的流程，还能体验专业英语在实际业务中的运用。

4.2 参与比赛的安排与设计

作为应用型大学的学生专业竞赛形式应不同于理论型大学。专业竞赛的举办与参加主要是为了培养和夯实学生的应用性能力。所以应用型大学专业竞赛的安排应包括以下几个方面。

（1）比赛应该做到点面结合。

首先专业竞赛应该在院校范围内普遍举行。其目的是为了让更多的学生通过参与比赛巩固专业知识，在比赛中培养专业兴趣和体会实际业务流程。最后在参选的团队中选出优秀的团队参加全国性的国际贸易专业竞赛。在比赛的过程中，不仅学生的专业素养得到提升，教师的执教能力也能得到提高，教师的视野也会更加开阔。

（2）比赛团队应由跨专业的学生组成。

就国际贸易精英赛而言，会展专业或者艺术广告专业的同学可能更加擅长布置展会；而产品发布会需要较高的英语功底，这方面英语专业的同学也许更合适；对于专业谈判环节，则专业素养和英语水平都比较过硬的国贸专业学生更为合适。不同专业的学生组成的团队更能培养学生的团队精神和激发他们的创造力。

（3）比赛团队成员不仅可以跨专业选择，还可以跨年级选择。

高年级的同学在专业知识和外语水平方面占据更多的优势，可以成为这个团队的领导成员；低年级同学思想活泼，想象力会更丰富一些，所以在展台的设计和情景剧的编排方面更擅长。而且不同年级的同学在一起，在领导和被领导方面存在较少的权威性问题，其凝聚力往往要高于由同一年级学生组成的团队。

4.3 毕业实习和大学生创业

毕业实习一般分为顶岗实习和企业见习，顶岗实习是指大学生在实习期间到企业或公司承担具体的业务工作，要负责完成某种岗位任务，相当于企业的准员工；而企业见习一般指大学生在实习期间到企业参观学习，或从事一些比较初级的事务性工作，并不从事实质性的生产经营活动。就实习效果而言，顶岗实习更能锻炼学生的实际操作能力，但在现实生活中，对国际贸易专业的学生而言得到的更多是企业见习机会。

大学生创业一般分为自主创业和支持型创业。自主创业是指大学生在校期间独立自主开展的创业活动，学校或其他企事业单位并不参与也不提供实质性支持；支持型创业是指大学生创业往往得到其他企事业单位或所在学校或地方政府的支持。比如风险投资往往对大学生创业倍加鼓励，有的大学生因为自身的创业计划极具吸引力，从一开始就能轻松获得天使投资，几轮融资下来，总融资超过千万美元的也不在少数。另外政府和学校相关部门对大学生创业也有很多相关的支持政策，在校大学生无论是何种创业类型，一旦正式启动并取得阶段性成功，学校可进行学分认可、学分奖励、实践类毕业论文认证和其他奖励措施。

5 岗、课、证、赛和实习创业等的学分比例分配

应用型大学对学生的培养，正如上文所说，可以分阶段分步骤从课堂教学、证书考试、比赛参与、实习和创业等几个方面来实施。但是学生在学校学习的总时间是有限的，这些不同的培养模式应分配多少学时和学分，每个

阶段在评价一个学生综合素质方面占多大比重，都是值得研究的问题。

5.1　以岗定课

究竟多少门次的课程设置需要按照实际岗位的要求设置，这需要根据学校和专业建设的实际情况来决定。首先是课程门次的问题，其次是课程内容的问题。在前期调研的基础上，根据企业岗位需求设置课堂教学实务性课程门次和课堂教学内容需要较长的时间来调查和编写教学大纲和计划。课堂教学的内容一方面要依靠学校的教师从专业角度进行研究，另一方面可以咨询企业专业人士的意见，甚至在教材的编写上，学校教师和企业经营管理人员也可以作为共同编写成员。在具体的授课过程中，适当引入企业管理或专业骨干走进课堂，为学生开辟新的授课模式，也许更受学生欢迎。

5.2　证书的数量和质量控制

每个专业领域能提供的专业证书是有限的，哪些证书应该纳入专业教学范畴，应根据学校和专业的实际情况予以确定。不同的证书给予多少学分认可，应根据证书的难度和实用价值予以考虑。就目前而言，国家级证书或国际性证书可以给予3—5分的学分认可，省部级或者地方特色的证书相应降低学分，2—3分即可。校级证书基本不给予学分认可。另外，学校要求的证书数量应予以适当控制，同种级别证书选择一种作为必选项即可。

5.3　学科竞赛的选择和规模控制

对一个专业而言，存在不同级别和类型的学科竞赛。全国性的甚至跨国的比赛、省部级比赛、校际比赛和校内比赛层出不穷。毋庸置疑，参加高级别的比赛并获得大奖不仅让参赛学生受益，也让学校获得声誉，进而会吸引更多学生选择本专业学习，同时还可以提高专业的就业竞争力。对于竞赛的专业符合度而言，一方面应鼓励学生参加专业竞赛，另一方面也可支持学生参加基础学科和综合学科竞赛。不同专业的学生也可以按照规则要求组成团队参加一个专业性的或者综合性的比赛。低级别的比赛可以在规模上让更多学生参与，并通过低级别比赛培养、训练和筛选有资格参加高级别比赛的选手。但是学生的精力和业余时间应合理分配，不能影响正常的教学安排。

应用型商学院国贸专业学生的培养建议

李宝柱❶

摘要： 近年来，国际贸易人才市场需求针对性加强，直接以外贸部门具体岗位的特点对学生提出要求，对学生的知识结构要求有了新的变化。应用型商学院国际贸易专业学生的培养要突出应用型的特色，司时商学院要建立相应的教师培养机制，迎合人才市场的发展趋势，做到专业课程设置与人才市场需求统一。

关键词： 国际贸易；人才；应用型

国际贸易人才逐渐向通用性人才转变，也就是国际贸易的技能不再是国际贸易专业人员所具备的，而是各个专业从业人员都应该掌握的基本技能。同时国际贸易岗位由单一的国际贸易专业向多专业结合的专业转变，即从业者的技术岗位背景尤为重要，这样对学生的学习能力就有了比较高的要求。国贸毕业生就职于中小企业，是当前的大势所趋。

1 人才需求量

虽然每个企业对岗位的人数要求不是很高，但是全国的出口加工型企业的聚集地，对报关员、报检员、单证员的总需求也是很大的。而北京的总部基地，有着文化信息中心的特点，更偏重于外贸综合素质的要求，比如跨国采购总部，跨国公司商务代表处，大公司的商务部门，这些岗位对外语、沟

---

❶ 作者简介：李宝柱（1974— ），男，硕士，北京联合大学商务学院国际经济系讲师，研究方向为国际贸易实务。

通、公关、礼仪等能力的要求高一些。

2 岗位需求情况

企业特别是中小型企业是提供外贸工作岗位的主要来源，它们主要是出口营销、单证处理、报关、报检四项工作，企业对外贸人才的新需求首先表现在不仅要能掌握最新的专业知识，而且要有一定年限的实务操作经验，对大学毕业生的要求是基本的专业技能，通过一段时间的工作可以上手。

具体的岗位是：①通用型岗位。这是国际商务人员的一般岗位。具体包括能与人较好沟通的写作与交流知识的文秘、助理等，如果懂得使用现代办公工具的计算机、网络及办公自动化知识就可以从事商务规划及商务量化测算等岗位；②涉外谈判岗位。能与外商熟练交流的学生，可以专门从事涉外谈判，做专职谈判人员；③涉外经济文化组织的运营管理人员。掌握和理解社会经济文化现象，对各国文化宗教及社会经济状况有较深刻的研究的学生竞争这一岗位是有一定优势的；④国际贸易行业的从业人员，有与外商做贸易或为之提供服务的技能和知识，包括国际市场营销员、进出口业务员，外贸单证员、国际物流师、保险商检员、国际汇兑与结算员等。

3 外贸人才市场缺乏的主要外贸人才类型

（1）出口营销管理人才：对海外市场深入研究，为公司及产品选择有潜力的目标市场，制定有效的出口营销整体策略并贯彻实施。还要负责建立和巩固与国际买家的关系、提高投资回报率等。

（2）国际商务谈判人才：国际贸易的成交金额动辄数百万美元，一个优秀的国际商务谈判师对外贸企业来说是不可或缺的。

（3）外贸经理：需要有丰富项目运作经验和客户资源，能够独立承担外贸业务，统筹各个业务环节，协调多方关系。

（4）跟单员：跟单员是出口合约的执行人员，他们要根据商务合约中出口商品的相关要求，代表公司选择生产加工企业，指导、监督生产进度，以确保合同如期完成。跟单员是联系企业和客户之间的纽带。

（5）外贸业务员：外贸业务员是外贸企业中从事进出口贸易磋商、谈判、签约等工作的人员，有时可能还要兼顾运输、保险、报关、报检等业务。这类人员通常需国际贸易及相关专业毕业，英语流利，有国际贸易经验，熟悉海外市场，熟悉国际贸易整个流程，具备良好的市场开拓能力。

（6）单证员：一笔国际贸易业务需要买卖双方及运输、保险、海关、检验检疫、银行、港口等参与才能实现。各方的权利与义务都要通过各种国际贸易单证来维系，因此单证制作的正确与否、专业与否，直接影响到各方当事人的权利能否顺利实现。取得"单证员资格证"是单证员从业的必要条件。

（7）报关员：报关员是经海关注册，代表所属企业向海关办理进出口货物报关、纳税等事务的人员。

（8）报检员：目前，报检员也已开始实行全国统考。在连续两年的报检员资格考试中，通过率较低。随着外贸量的增长，对持证报检员的需求量也将增加，没有参加"报检员资格全国统一考试"获得"报检员证书"的人员将不具有报检资格，不得从事报检业务。

（9）国际货代业务员：货代员是受国际贸易货主的委托安排货物运输、提供货物交运、拼装、接卸、交付服务及提供报关报检服务的业务人员。

4　商学院培养国际贸易专业要突出应用型特色

（1）突出英语特色

课程设置上本科四年的英语教学，突出听、说、读、写。企业选用国际贸易专业人才时，不仅仅注重学历，更注重其实践操作技能和经验，以及对所在行业是否了解。出于与海外客户沟通联络的需要，这些人员须具备一定的外语水平，外贸业务员、跟单员等直接与国外客户打交道的人员更要能够熟练运用英语。

（2）信息收集分析能力

实训课程要灵活，不局限于课程软件，教师要有教学的灵活性，灵敏把握市场信息以及沟通协调的能力。外贸业务涉及海关、物流等方方面面，且每个国家的市场需求千差万别，外贸企业必须灵敏捕捉不同国家和地区的市场信息，同时协调好各方面的关系。

（3）新技术手段的营销操作能力

企业要求外贸人员能说英语，能翻译文件，但这是远远不够的。现在企业的要求包括了多个方面，比如沟通、开拓、商务谈判、把握商机等能力，有的企业还希望员工拥有广泛的客户资源。这就需要我们国贸专业的教师注重积累国际营销经验，同时设置新知识课程，如阿里巴巴的贸易平台的使用，搜索引擎在国际贸易中的使用，微信等新的传播媒体的使用。

（4）良好的职业道德

通过职业生涯等课程将学生的发展方向和职业价值观在早期树立起来，以优秀的口碑在用人单位和社会上起到良性循环。

现在大部分企业都谈到了毕业生的职业道德问题，在实际工作中，很多企业都遇到毕业生离职带走客户资源、泄露企业机密的情况，使他们对这方面特别看重。现在大多数中小企业的核心业务由亲戚或朋友推荐的人来担当，原因是好的人力资源不愿意来，差的来了以后不听话。

5　商学院建立应用型国际贸易专业的实现途径

（1）学院建立应用型教师培养机制

专业实现应用型，首先要有一支应用型教师队伍。学院要建立学术型教师和应用型教师的培养和考核机制，应用型教师考核重点放在实践应用上。

（2）校企合作联合培养

学院与企业建立长期的联合培养机制，进行双向交流学习。学校派教师进入企业实践学习，学校邀请企业管理人员参与学生培养计划的制订，学校的实习课程结合企业的业务部门共同开发设计。

（3）鼓励教师参加横向课题与行业会议

横向课题是强化教师实践性的重要途径，行业会议可以把握专业发展方向，获得新知识。

（4）建立长期合作的校外教师指导团队

学院建立一支长期合作的校外教师指导团队，把企业从业人员引进专业实践和职业生涯设计课堂里，使学生对本专业的行业认识加深，同时也树立起良好的职业价值观。

目前我国地方性高校
创业教育研究及实践措施

徐怀礼❶

摘要： 目前，我国相当多的地方性大学的学生对于创业教育有着强烈的参与意识。本文借鉴美国的经验，针对我国存在的问题，从创新创业教育理念、加强创业教育研究与专业教育融合、拓展创业教育资金来源、组建学生创业团队和开展各具特色的创业教育实践活动等方面，分析和解决如何加强地方性大学创业教育问题。

关键词： 地方高校；创业教育；创新

在经济飞速发展的今天，我国正面临着社会和经济等各方面的集体转型。而在转型过程中，就业问题不断凸显。近年来，随着大学毕业生的不断增加，大学生就业难的问题被广泛关注。而解决大学生就业压力的途径之一是创业，同时，创业更是促进社会创新的最佳模式之一。但我国大部分高校的创新创业教育还仅仅停留在一种意识的或是感性的层面，缺乏系统化。20 世纪 90 年代以来各高等院校根据实际情况，对创新创业教育模式进行了有益的探索，并取得了丰硕的成果。同时，我们也要积极学习、研究和借鉴美国创业教育的现状和特点，从创新理念、加强研究、拓展资金来源、组建学生创业团队和开展各具特色的实践活动等方面加强创业教育活动，营造良好的校园创业环境，以推进我国的创业教育。

---

❶ 作者简介：徐怀礼（1973— ），男，博士，北京联合大学商务学院国际经济系讲师。研究方向为国际贸易政策、国际投资与风险管理。

1 创新创业教育理念

我国地方性大学对创业教育普遍存在片面认识：一是狭义地理解创业教育，认为创业就是创办企业，创业教育就是教授学生与创办企业相关的知识和技能；二是把创业教育功利化，将创业教育当作缓解大学生就业压力的一种权宜之计而缺乏战略性规划；三是创业教育没有突出地方性大学的特色，忽视了知识、高新技术产品或全新服务在大学生创业中的重要地位，培养的学生其创业内容多局限于做点小买卖，或是简单的加工业。

在创新地方性大学创业教育理念方面，首先要明确创业教育不仅仅是培养企业家，而且是要培养具有首创和冒险精神，具备创业技能和独立工作能力以及具备相应的技术、社交、管理技能的人才。因此，创业教育不应仅局限于创业知识和技能的传授，而应重在通过创业教育实践培养受教育者强烈的创业意识与创业精神，提高学生的创业基本素养，使其具备良好的创业心理品质和社会适应性，从而能够开创自己的事业。其次，创业教育不应当以追求眼前的功利为目的。近几年来，创业教育在我国地方性大学中渐渐掀起热潮，但在基本的价值取向上带有明显的功利性，希望通过创业教育能够立竿见影地培养出大大小小的"老板"，从而缓解学校的就业压力，以至于创业教育采取了一些速成的诸如培训班的形式。

对于这种急功近利的创业教育，美国百森商学院一位教授的观点值得借鉴。他认为，创业教育应当着眼于为美国的大学生"设定创业遗传代码"，以造就"最具革命性的创业一代"作为其价值取向。"设定创业遗传代码"是指经过特有的教育方式，将比尔·盖茨式的创业意识、创业能力和创业个性特质传承给受教育者，并使之内化成一种特有的创业素质。因此，我国地方性大学应树立非功利性的创业教育理念，向学生揭示创业的一般规律，传承创业的基本原理与方法，培养创业者应有的素质。创业教育应突出地方性大学的特色，依托地方性大学强大的学科专业优势，应积极引导学生开展高技术含量的创业，即使是卖猪肉也要卖得和别人不一样。例如，毕业于北京大学的才子陈生卖猪肉成了千万富翁，他认为，"卖猪肉比卖电脑还有技术含量"，自己成功只不过是比别人做事的方式更灵活，而这一切，正是他的母校——北京大学为他带来的最大财富。

2　加强创业教育与专业教育融合研究

创业教育的持久发展离不开研究工作的支持。我国从事创业教育的师资主要来自"负责学生就业"的行政口和"负责商业教育"的教学口，缺乏创业学研究及该领域的专家。创业教育理论研究的匮乏，直接影响到创业教育的教学质量。另外，全国性的创业教育研究学会、学校的创业教育研究中心等学术组织机构尚未建立起来，而且也没有专门的创业学研究期刊，这些都影响了我国地方性大学教师从事创业教育研究的热情，不利于创业教育研究的开展，难以实现"教研相长"。美国的创业教育研究各具特色。卡耐基·梅隆大学以创业研究著称，它使一些博士生、创业教育教师、诺贝尔奖获得者联合起来，进行高质量的创业教育研究；哈佛商学院则针对创业管理建立了完整的资料和案例库，为研究者提供良好的学习研究环境，还发行了创业管理与创业教育的期刊，为研究者提供良好的研究平台；有的大学还设有创业研究会、家庭企业研究所等，开展形式多样的创业教育研究。借鉴美国创业教育研究的经验，我国地方性大学应鼓励教师对创业教育进行理论和实践研究，建立创业教育研究中心等跨学科的学术研究机构，形成稳定的高水平的创业教育教学和研究的师资队伍。另外，可积极创办创业学研究的学术期刊，组织建立创业学研究专业委员会等专业学会，从而提供创业学研究的主阵地，推动创业教育研究的开展。

我国地方性大学开展的创业教育大多是利用课余时间进行的"业余教育"，缺乏规范的学科专业教育，往往采取开设一些零散的选修课，邀请企业家举办几场讲座报告等形式开展创业教育，没有形成系统的创业教育课程体系；更少有学校设立专门的创业学专业，开展创业学研究和培养创业学方向的学生。这就使创业教育失去了学科专业这一最有力的支撑，导致学校开展创业教育缺乏科学系统性。

在创业教育学科建设方面，美国一些大学的经验值得我国借鉴。其创业教育经历了从课程教学到专业教学，再到学位教学的过程。芝加哥大学、麻省理工学院、斯坦福大学等著名的地方性大学，目前都在倾力专注于创业教育领域，形成了富有特色、适于教学与实践的课程体系。美国斯坦福大学有关创业的课程共有 17 门，90% 的学生至少上过一门创业方面的课程，其课程已经涵盖了建设一个企业的方方面面，很好地满足了学生的各种需求，斯坦福大学工学院的技术创业项目（STVP）的目标是促进高技术创业教育，培养未来的工程师和科学家的创业技能。每年约有2000名学生参加斯坦福技术创业项目的课程；仁斯里尔理工学院已有一套成熟的将创业教育贯穿于始终的课程教学大纲。美国许多地方性大学还设有创业学专业，并可以授予相应的学士、硕士和博士学位。哈佛大学、宾州大学、凯斯西部保留地大学等，已经从20世纪90年代中期开始培养创业学方向的工商管理博士；斯坦福大学工学院的STVP设立了创业学专业，开展创业学方向理工科研究生的培养，该方向可以授予哲学博士学位，主要培养未来从事创业教育的师资力量。

3　拓展创业教育资金来源

创业教育不仅需要政策、环境的支持，而且离不开经济的支持。我国地方性大学创业启动资金及后续资金缺乏，难以支持创业实践长期、有效、全面地开展。而美国某些大学的创业中心常常拥有几百万美元的捐赠，其资金通常来源于捐款、申请基金和签订合同服务或外延拓展计划。美国地方性大学除了可以申请政府专门设立的国家创业教学基金外，还可以从创业流动基金中心、国家独立创业联合会、巴布森—考夫曼创业研究基金会等众多社会机构获得经费支持。这些机构提供经费以赞助创业教育竞赛和创业项目、奖励创业优秀学生、开发创业教育课程等。卡耐基·梅隆大学从各种途径募集到资金250万美元，多渠道的资金来源保证了创业中心的正常运作和各种创业实践活动的顺利开展。

我国地方性大学应通过学校、社会等多种渠道设立创业基金，对积极创业的大学生可以提供适当的创业启动资金，对创业取得成果的可给予适当奖励。一方面，各高校应整合校企资源，加强与企业之间的合作，积极筹措创业资金。我们可以提倡复旦大学、上海交大、上海财大等高校的做法，构建"造血"机制，成立经济实体，向社会寻求经济效益。如复旦大学与上海浦东张江高科技园区合作，专门为学生设立了1000万元的创业基金。又如上海交大创业基金总额达1.5亿元。另一方面，学生科技入股、吸引社会风险投资等形式，也是解决学生创业资金的一种新的渠道。1999年11月，中国科技大学的六名学生因为参与计算机"人机语言对话技术"研究并取得创新成果，获得 668.85 万元的技术股权奖励，由此诞生了我国首台能听会说汉语的电脑。除此之外，还可以将部分拨款以借贷的形式提供给学生创业，使之滚动增值，从而使基金得到不断补充和扩大，最终达到自给自足。

4　组建学生创业团队

创业活动的开展，除了需要技术以外，决策、理财、管理、经营、销售和交往协调能力也必不可少。在美国硅谷流传着这样一条"规则"：由两个 MBA 和 MIT 博士组成的创业团队，几乎就是获得风险投资的保证。我国学生创业多是单打独斗，为数不多的创业团队往往是由人际关系出发来寻找共同创业的伙伴，团队成员或是有相似的理念和观点，或是有相近的学科专业背景。创业是一项复杂的活动，尤其是高科技创业活动涉及新技术的开发、产品的研制和生产、销售和推广等一系列复杂的商业活动。大学生由于经验和精力有限，很难凭借个人努力取得创业的成功，因此，团队式创业应成为大学生自主创业的主要模式。

我国地方性大学开展创业教育应当积极鼓励学生组成创业团队。创建团队时，最重要的是考虑成员之间的知识、技术、资源和能力等方面的互补，充分发挥各个成员的知识和经验优势。一个创业团队需要各种才能的成员组成，一个好的项目需要成员之间明确的分工合作。例如，有的成员管理组织能力强，可以主要负责整个项目各个环节的统筹安排；有的成员擅长技术开发，可以主要负责产品的研制与生产；有的成员沟通交往能力强，可以主要负责市场营销、产品推广的工作。这种知识和能力上的互补将有助于强化团队成员间的合作。一般说来，团队成员的知识、能力结构越合理，团队创业成功的可能性就越大。

5　开展各具特色的创业教育实践活动

（1）用自雇型创业体悟创业真谛。第一，创业教育是体悟教育，用自雇型创业体悟创业真谛。但我国的教育制度和独生子女政策使得绝大多数大学生没有做生意的经历。因此，创业教育不妨从自雇型创业入手，体悟创业的真谛。第二，开展自雇型企业社会调查。可以从大学一年级学生开始，组织他们利用寒暑假对社区自雇型企业进行调研，有条件的可以参加实践。第三，开展自雇型勤工俭学。由于自雇型创业相对比较简单，大学生可以把以打工为基本形式的勤工俭学活动变为自雇型创业活动，按照自雇型企业的运作方式进行勤工俭学，体悟"低买、高卖、讲信誉"的生意经。

（2）以创业为导向的专业教育。将培养专业型创业者作为大学专业教育的目标之一。在专业教育中鼓励、指导大学生发挥专业优势，创办那种只有专业的人才能做得好的那类"高门槛"的生意。具体实施内容包括：

第一，"学专业想创业"实施创业为导向的专业教育。在专业教育中，增加以专业型创业为导向的专业课程的教学内容。鼓励和指导学生查阅与专业型创业相关的中外资料，收集、积累和掌握专业型创业的各种相关信息，包括行业准入制度、法律法规、行业标准、市场环境和价格等。

第二，"学专业找商机"发掘专业领域中的商机。在掌握专业型创业的各种相关信息的过程中，时刻留意专业领域中的自雇型创业机会，特别是那种专业性较强、门槛较高、投资在 2 万—30 万元人民币之间的商机，对其进行深入的研究，发现利润点，设计出获利的商业模式。

第三，组织专业型创业实习。利用专业实习的机会，对自雇专业型创业的商机进行实地考察，向业内人士请教，请他们介绍"行规"（包括潜规则），并与他们建立联系，鼓励学生利用寒暑假进行全方位、多地点的实地考察，获得第一手资料和体悟。

第四，开展专业型创业讲座。请校内外专业造诣较深的专家，从自雇专业型创业的角度分析专业领域内的商务链、价值链和创业商机。

第五，进行与专业相结合的创业培训。请有经验的专业教师参与创业教育培训，请专业型创业的校友介绍成功经验。显然，专业型创业定位使得各专业都商机无限，因此，淡化了专业的冷与热，甚至淡化了大学的重点与非重点之分。无疑，这有利于我国稀缺的大学资源的有效利用。

总之，我国政府、高校乃至全社会已日益认识到创业教育的重要性，地方性大学作为高层次、创新型人才培养的基地，开展创业教育的关键在于充分发挥自身的优势，从创业教育的理念、方法和实践等各个环节突出地方性大学的特点，使创业教育有一个高的起点。

参考文献：

[1] 王彩华，李福杰. 美国高校创业教育的经验及其启示 [J]. 理工高教研究，2008（10）.

［2］胡敏，陈立俊．基于 SWOT 分析的大学生创业现状及创业教育对策研究［J］．教育探索，2008（11）．

［3］刘帆，陆跃祥．中美两国高校创业教育发展比较研究——基于统一标准［J］．中国青年研究，2008（5）．

［4］岳晓东．大学生创新能力培养之我见［J］．高等教育研究，2004（1）．

［5］曹胜利，雷家骕．中国大学生创新创业教育发展报告［M］沈阳：万卷出版公司，2009．

［6］吴金秋．高校推进创新创业教育的理念定位［N］．中国教育报，2010－08－14．

［7］殷朝晖．研究型大学创业教育研究［J］．研究生教育研究，2009（4）．

关于翻转课堂在高等教育中应用的再思考

张宇馨 ❶

摘要： 翻转课堂成为目前教学改革的热点，它将学生置于学习的中心，在现代信息技术的配合下，重新设计课内课外内容，提高了课堂效率。然而，翻转课堂的完美运行对学生、教师、信息网络技术和评价体系提出了更高的要求，如果无法保证这些基本要求，翻转课堂将无法保证教学效果。本文认为高等教育的部分内容并不适合于翻转课堂，因此在教学中一方面要有选择地使用翻转课堂方式，另一方面要借鉴翻转课堂的精髓来提高教学质量。

关键词： 翻转课堂；局限性；自主学习

1 翻转课堂简介

国外研究表明，最早的翻转课堂来源于西点军校，学生在课前学习教师发放的资料，教师课上时间主要用于进行批判性思考和讨论，并开展小组合作解决问题，以提高学生的实战能力。在漫长的教学改革中，不断有教师对课堂教学进行改进以提高教学质量。然而2011年，一场偶尔发起的、主要针对中小学生的视频教学——可汗学院，即萨尔曼·可汗的免费视频网站，在全球掀起了一轮翻转课堂的热潮，最早在美国中小学获得认可，并在全球范围内迅速推广，成为全球热议的教育改革和创新话题。

所谓翻转课堂（inverted classroom or flipped classroom）并没有权威定义，

---

❶ 作者简介：张宇馨（1972— ），女，博士，教授。研究方向：国际贸易理论，跨国公司与FDI。

但大多数学者的解释是，教师重新调整课堂内外的时间和学习方式，并通过多种方式将基础知识的传授从课堂转移到课前或课后，课堂内的时间主要用于知识重点的讨论和应用，从而帮助学生获得对知识更深层次的理解和应用。这种教学模式不可避免地引发教师的教学模式、学生的学习模式、教学管理模式和评价模式的深刻变革。

2 翻转课堂运行特点

一般来讲，学习过程可以分为两大部分，第一部分是知识的认知和传递，第二部分是知识的理解应用。传统的课堂教学方式过多注重了知识的传递，在有限的时间尽可能地传递更多信息，而将知识的吸收消化、理解应用通过作业、实验、考核等方式变成学生的课后任务，然而，由于学生能力所限，他们对知识的理解和应用并不是十分到位，无法实现真正的教学目的。而翻转课堂在一定程度上克服了传统教学方式的缺陷。

2.1 学生真正成为学习的主体和中心

在教育过程中，学生应该是学习的主体和中心，所有的教学活动都应以学生为中心，以提高学生的学习能力、创造能力和知识水平为目标。但目前大多数的课堂教学仍以教师为主，教师在课堂上进行高效率的知识传递，然后由学生在课后进行复习巩固，学生在课堂教学中处于被动地位，课后真正对知识进行理解和吸收时，却无法与教师实现有效沟通。

翻转课堂的最大变化就是不再以教师为中心，真正强调学生的自主学习，学生可以自由控制其学习速度和学习效率。学生在先进信息技术的帮助下，在课前利用互联网获取优质教学资源，进行自主学习；然后再充分利用课堂时间，将课堂变为知识讨论、理解和应用的场所，就知识的应用与教师进行有效沟通和交流，以便消化吸收知识。

2.2 教师的作用得到了更大发挥

在翻转课堂中，教师任务更为繁重，但教师的传道授业解惑功能得到了最大的发挥。教师要精心安排组织教学内容，重新安排知识结构体系和授课方式及内容。教师面临挑战，不仅是对各种教学软件的熟悉和使用，对课堂内容的简化和提炼，更多的是教师思维的转变。

首先，教师要花大量的精力和时间自行设计录像视频内容，视频内容要包括本节重点、难点，要将 45 分钟的课堂讲授时间转化为 10 分钟左右的知识点讲解，帮助学生完成对基本概念的学习和认知。视频内容不仅要与教学目的和教学内容吻合，还要考虑教学视频的视觉效果、互动性、时间长度等，甚至还要考虑让学生参与到视频的制作中，以保证视频内容可以充分有效地传递信息，并足够引起学生的兴趣。

视频上网后，教师除了通过网络不断回答学生提出的基本问题外，还要准备好上课所需的材料或研讨题目。课堂教学主要集中精力组织学生开展各种活动，给学生更多的沟通时间，使学生可以针对学习内容进行反复交流讨论，以达到扩展和加深对知识的理解与认识。锻炼学生的小组协作能力、团队意识、对知识的理解和应用，甚至要求学生将所学知识推广应用到新的领域，扩展其适用范围，并获得较为严密的逻辑思维能力。由于学生小组工作节奏不一样，课堂教学进度需要综合考虑所有小组的进展情况，适当调整教学内容。在对个别学生进行辅导的同时，还要保证其他学生的课堂时间没有浪费掉。

2.3 打破了对学习空间和时间的限制

翻转课堂打破了传统教学方式对学生时间和空间的限制，学生可以根据自己的时间，随时随地利用教学资源进行学习，不必担心错过教师讲解的内容，不必担心无法跟上教师的节奏，学习过程相对轻松。学生对其感到困惑的地方和感兴趣的内容可以进行反复学习，有任何疑问或见解，可以在课堂上与教师和其他同学进行讨论。课后复习中，课前学习的教学资源也可以重复使用，保证了学生可以随时获得教学内容，使学生可以根据自己的学习习惯高效率地获得知识。

2.4 网络资源成为翻转课堂的重要组成部分

在翻转课堂中，学生的课前课后学习主要依靠老师事先录制好的视频进行。为了更好地为学生提供知识传递，更好地帮助学生实现自我学习，更好地帮助学生理解课程内容，需要建立一套新的教学体系，学生登录网站看视频做练习，可以随时发邮件进行提问，教师在后台查看学生的学习数据，以监测学生的学习动态，并通过网络及时回答学生的问题。

3 翻转课堂的局限性

在翻转课堂获得好评的同时，细究其教学模式，可以发现，它和传统教学方式一样，仍有着不可逾越的局限性。它的完美实施需要一系列的前提条件，如果不具备这些前提条件，翻转课堂带来的益处根本无法实现。

3.1 对教师能力有了更高要求

如上所述，翻转课堂最终益处的实现与教师对课堂内容的把握和整体教学方式的设计密不可分。教师不仅要精通自身专业，还要花费大量精力用于制作视频内容，不仅要保证视频内容的学术性、准确性，还要保证视频内容的趣味性；而课堂讨论内容的设计，不仅不能脱离学生的认知水平，还要保证能真正实现知识的应用性。这对教师业务能力是一个新的挑战。

3.2 对学生提出了更高要求

翻转课堂并不是现代教育的救星，它的设计是让学生成为学习的中心。翻转课堂中的个人课外学习和课内互动小组学习是相互补充的，只有这两部分学习都可以顺利进行时，翻转课堂的教学效果才可以实现。这个学习过程得以实现的前提是学生可以主动进行学习。学生要积极主动参与视频观看，参与课堂讨论；学生要具有较强的责任心，保证自我学习的质量；学生要有较强的自制力，可以在规定的时间内完成个人课外学习；学生要有较好的交流沟通能力，在课堂讨论中可以自信地表达观点和看法，有正确的自我评估，有面对反对意见的包容和自我反思，具有灵活的知识和高效解决问题的能力。

其实，如果一个学生具有如此好的素质，不论何种教学方式，学生都可以学到知识的真谛。

3.3 对学习环境的要求较高

一方面，翻转课堂不仅仅是一个提前录制视频的工作，它的生存发展高度依存于互联网的普及和计算机技术在教育领域的广泛应用。但并不是所有的学生都有实施翻转课堂的工具和学习基础，并不是每个学生都能支付得起可以下载视频进行学习的现代工具。对于贫困学生来讲，这是一个沉重的负担，如果是利用学校机房，机房的一系列限制可能会给学生带来更多的不便，如果不能及时学习视频，会使得学生的学习成绩出现很大的差异，从而进一步拉大学生间的差距。

另一方面，翻转课堂对信息技术提出了更高的要求，学校提供的各种设施必须与之配套。以中国的大学为例，许多学校目前使用 blackboard 系统进行网络学堂的管理，而网络学堂对上传的视频大小有严格限制，许多精美的录像根本无法上传至网络学堂，教师只能利用 U 盘或 QQ 将视频内容转发给学生，但沟通却不得不通过 blackboard 来做，学生不得不多渠道地获取信息，容易造成混乱。

3.4　视频不可能代替教师

翻转课堂的一个重要组成部分就是事先录制好的视频，虽然视频可以代替教师的部分工作，很多案例表明，视频的存在只是帮助学生在初学、复习时可以重新获得教师的演算推理过程，况且视频内容大约只有 10 分钟，它不可能完全替代教师，必须有教师和学生的真实互动环节，才能保证学生知识的获取。

3.5　仍存在教与学的不同步

在录制视频过程中，如果仅仅是把课堂内容变成视频搬到网上，其实和传统课堂一样乏味，因此，需要加入一些相关元素，如允许学生提问，互相解决问题，或是网上测试等。但即使如此，翻转课堂中学生和教师的互动仍然不可能同步，学生对知识的理解仍有偏差。传统课堂中，教师可以当场解决，并通过各种方式考核学生对知识的理解。例如，在讲课过程中强调重点，然后随即抛出案例进行讨论，确保学生理解知识难点，这是一个一气呵成的过程。但在翻转课堂中，知识的传递和案例的理解是分开进行的，对学生的冲击力不是很强，或者学生早已忘记了其疑惑和想法，有时，如果学生对视频内容不感兴趣，或是不看，或是快进错过了知识点，课上讨论根本无法进行，更谈不上教与学的同步和课堂教学的深化。

4　翻转课堂在高等教育中的应用

翻转课堂中目前较为成功的案例主要是美国中小学的实践，个别美国大学的课程亦在原有实践的基础上，开始实行翻转课堂的教学方式。中国的中小学亦在模仿实践，但目前还没有成功案例，至于其在高等教育中能否取得较好的教学质量，还有几个因素需要考虑。

4.1　教学内容的适用性

为了帮助学生集中精力观看视频，翻转课堂中的视频内容一般在 10—15 分钟，内容只能精不能多，这种方式适用于中小学的循序渐进方式。对于大学教育来讲，一次课程约 2—3 个小时，几乎是一章的内容，不可能仅使用短短的十几分钟视频完成教学内容的讲述。如果只是死搬教学模式，十几分钟的视频要通俗易懂，要支撑 2—3 个小时的课堂讨论是不太可能实现的。而目前的教学方式，课上讲重点内容，课下学生通过习题、作业来巩固应用知识，较为符合大学的教学内容。这也比较适合大学生的特点，大学要培养的是学生的学习习惯和思维方式，这种习惯和思维方式是不可能通过课堂讨论获取的，课堂讨论需要有思辨，需要有思考，需要有表达，而讨论的要点必须自己静下心来，通过自己的思考去获取。

4.2　教学课程的特点

最早的可汗学院视频是对小学数学的推导，对中小学的理科知识来讲，很多教学内容只须讲清楚一个概念、一个公式即可，部分内容可以通过视频进行，但大学的理科知识不可能在一个视频中完成。文科类课程中，会涉及许多学科内容，需要教师与学生进行思想交流，情感沟通才能起到良好的教学效果，真正的课堂讨论也不可能建立在几个简单的观点论述上，需要学生做大量的阅读工作，才能进行探讨争论，简单的视频教学不可能完成这些知识的积累。强行推广只能迫使教师简化教学内容，反倒无法完成教学任务。

4.3　其他因素

目前中国的大学教育中，首先要遵守教育部的教学大纲，以及教育部和大学名目繁多的评估方法，而且我国的许多课程是大班上课，几百人的大课根本无法实现互动讨论，教师根本无法控制课堂，直接降低了个性化学习的质量，许多学生感到被忽视或放纵。更为重要的是，对于翻转课堂教学效果的评估体系根本不存在，如果无法设计有效的翻转课堂评估体系，我们就无从了解翻转课堂的真实意义。而从教与学的成本来看，教师和学生需要花更多的时间与精力完成相应的教学任务，是否达到预期效果，还是一个未知数。

因此，对于大学教育来讲，要关注翻转课堂的最新进展，学习提取其教学模式中的精髓，即给学生更多主动的时间和方式去学习，关注学生知识的理解和应用，我们目前的网络课堂、幕课等都已经提供了较好的渠道供学生去主动学习，但不要强求一定在教学中使用翻转课堂。

参考文献：

［1］宋艳玲，孟昭鹏，闫雅娟，从认知负荷视角探究翻转课堂——兼及翻转课堂的典型模式分析 ［J］. 远程教育杂志，2014（1）：105 – 112.

［2］白聪敏 . 翻转课堂：一场来自美国的教育革命 ［J］. 广西教育，2013（2）：37 – 41.

［3］郭际 . 翻转课堂：中美教育环境差异下的困扰 ［J］. 中小学信息技术教育，2014（1）：72 – 76.

［4］张金磊，王颖，张宝辉 . 翻转课堂教学模式研究 ［J］. 远程教育杂志，2012（4）：46 – 51.

［5］卜彩丽，马颖莹 . 翻转课堂教学模式在我国高等院校应用的可行性分析 ［J］. 软件导刊，2013（7）：9 – 11.

［6］宋朝霞，俞启定 . 基于翻转课堂的项目式教学模式研究 ［J］. 远程教育杂志，2014（1）：96 – 104.

分类培养视角下经济学课程的教学实践

邓晓虹❶

摘要：本文首先介绍了分类教学研究背景及其视角下的教学目标。然后主要从教学内容、教学方法和教学手段三大方面着手，阐述了分类培养视角下经济学课程教学实践改革。教学内容方面，在学生掌握基础理论和知识的基础上，结合各自专业有所侧重授课。教学方法方面，实行模拟法、启发式、探究式、讨论式和参与式教学，加大实战模拟、案例分析和案例跟踪。教学手段方面，综合使用网络学堂和上网浏览手段。对不同专业、不同就业导向、不同层次的学生进行分类和分级，采用不同的教学内容和教学方法。最后，进一步思考经济学课程教学实践，提出面临的新问题。

关键词：分类培养；经济学课程；模拟法

1　研究的背景

经济学课程是国家教育部规定的高等学校财经类专业的十门核心课程之一，管理学、国际贸易和国际金融等学科的学习必须利用经济学的最基本概念体系、原则规律和研究方法。但现有条件下，经济学课程授课存在着授课方法单一、不同专业不同层次的授课内容类似等问题。在此背景下，改革经济学课程传统的培养方式与教学方式，针对不同专业不同层次进行分类培养、分级教学是有重要意义的。对市场营销、国际贸易、国际金融等专业的学生

---

❶　作者简介：邓晓虹（1977—　），女，博士，北京联合大学商务学院国际经济系讲师。研究方向：国际贸易理论、金融服务贸易。

和对就业导向不同的学生进行差别化教学，逐步形成具有较强特色的分类培养模式，实现"至能致用"。

国内关于经济学课程教学改革的研究很多，其中有些教师建议改革教学方法，利用案例情景，引导教学（邢丽娟，2014；张会清，2014）；有些教师建议采用问题导向性的教学模式（路继业，2013；王文胜，2014）；也有教师认为课程改革要基于应用型人才培养模式（徐艳兰等，2013）。

关于分类培养、分级教学的教研论文较多（朱若羽，1999；黄远梅，2009；赵桂龙，2012 等），但应用于经济学课程教学改革的论文非常少。

综合现有的研究可以看出，实行分类教学模式实际上就是对教学模式的最优化选择的尝试，其目的是通过对教学过程的控制，建立最优化的教学过程，以达到教学效果的最优化和学习效果的最优化。

2　分类培养视角下的教学目标

按照大学生培养目标的不同，通常分为学术型人才、应用型人才和复合型人才，学术型、应用型和复合型人才并没有一个明显的界限划分，学术型人才强调和偏重于学术理论的创造，应用型人才强调和偏重于新知识的应用，复合型人才强调和偏重于理论与实践的有机统一。

在人才分类培养的过程中注重不同层次间的衔接：一是加强与研究生教育相衔接，强调在加深基础知识、专业知识的基础上，重在培养学生掌握前沿学科知识、较好运用恰当的现代信息技术和定性方法分析解决商务环境中的一般问题和批判思维能力，为学生将来深入的学习打下良好基础；二是加强与社会经济发展相衔接，探索不同专业需求、与就业创业相适应的人才培养模式，以社会需求为导向的专业技术知识，重在动手操作能力、应用知识能力的培养，侧重于实践操作，通过网络条件下的模拟操作来让学生掌握实践应用技能。

经济学课程的具体教学目标是在学生对经济学的基本问题和基本观点有了比较全面的认识的基础上，通过先进的教学思想和教学方法，培养学生的经济思维能力和必要的专业技能，培养学生具有善用现代信息技术和方法分析解决问题的能力，掌握定性分析商务问题的相关方法，能够运用恰当的现代信息技术和定性方法分析解决商务环境中的一般问题；培养学生具有国际视野和跨文化交际能力，理解国际政治、经济、社会等因素影响商务活动的作用机制；培养学生具有批判思维能力，能够对经济管理理论知识和实践活动进行定义、划分、特征总结，能够为分析论证找到可靠的证据，能够通过分析论证做出理性的判断，能够对论证过程即内容进行科学严谨的表达和修正。在全球经济一体化的背景下，经济学的学习不再是孤立的和封闭的，更需要培养学生的国际化视野和跨文化交流的基本素质和能力。

3 分类培养视角下的经济学课程教学实践

首先分析学术型人才、应用型人才和复合型人才的培养定位，接着对不同专业、不同就业导向、不同层次的学生进行分类和分级，采用不同的教学内容和教学方法。将理论钻研型人才与实践应用型人才分类培养，既适应了部分学生进一步深造对专业理论知识的需求，又满足了部分学生直接毕业参加工作对实践技能的需要。

分类培养视角下的经济学课程教学实践主要从教学内容、教学方法和教学手段三大方面着手。

3.1 教学内容方面

经济学课程包含宏观经济和微观经济两个方面，涉及消费者行为理论、生产理论、厂商理论、国民收入核算理论、国民收入决定理论、经济周期理论与经济增长理论、宏观经济政策等内容。

在学生掌握基础理论和知识的基础上，授课内容结合各自专业有所侧重。以市场营销专业为例，讲授微观经济学内容时强化消费者行为理论、供求理论、弹性理论和市场结构理论，侧重培养学生微观业务的实际操作能力。如将学生分组模拟不同厂商，制定采购原材料、市场营销和战略规划。讲授宏观经济学时，结合微观模拟规划，强调规划制定受政府的财政政策和货币政策调控影响，政府根据产品市场和原料市场的价格涨幅得出 CPI、PPI 数据，同时依据 GDP 等数据判断通货膨胀和经济周期，在此基础上，政府通过收集货币市场的 M1 和 M2 数据，并采取相应的财政政策和货币改策对经济进行调控。结合宏观背景，调整以前的采购原材料、市场营销和战略规划。

这些内容在不同程度上构成了其他经济学科的理论基础，如管理经济学、市场学、金融学、国际贸易学等，便于学生日后学习专业课程。

3.2 教学方法方面

教学方法方面，实行模拟法、启发式、探究式、讨论式和参与式教学，加大实战模拟、案例分析和案例跟踪。

3.2.1 模拟法

模拟法就是营造真实的经济环境，让学生体会现实生活中的企业、政府、消费者之间的经济行为，集实战性、操作性、体验式于一体，通过情景模拟、角色实践的方法让学生体验微观经济的运行与宏观经济调控。

采用经济学沙盘实验课程，将学生分组，模拟不同企业做决策。学生在初期制定本期的决策，包括生产、运输、市场营销、财务管理、人力资源管理、研究开发、战略发展等方面，并在规定时间内输入计算机。模拟软件根据各公司的决策，依据模拟的市场需求决定各公司的销售量，并给出各公司的经营结果。软件模拟后各公司可以及时看到模拟结果。然后，各公司再根据上期经营状况，做出下一期的决策，直到模拟结束，按照多项指标加权平均评出竞争模拟的优胜者。

通过组织学生参加经济学沙盘实验课程或全国企业竞争模拟大赛，旨在为学生创造一个接近现实的教学实践模拟课程体系，提高学生的专业水平和社会实践能力。通过计算机在互联网上模拟企业经营所需要的市场经济环境，以及经营过程中的各种决策变量（包括生产、营销、财务、人事等方面）和现实环境中不可避免的偶然因素，促使学习讨论经营规则，解读基础数据，认识、了解宏观经济和微观经济要素构成，理解厂商和政府的关系。

3.2.2 案例法和讨论式教学

题目以具有代表性的典型案例和实事热点为主，如 iPhone 6 上市前的消费者行为分析、市场供给调研、上市后的市场跟踪。教师提前布置案例，学生课下准备，在课堂分组讨论。在教师的指导下，学生进行有针对性的分析、审理和讨论，做出自己的判断和评价。教师归纳学生的意见，并阐明自己的观点，这拓宽了学生的思维空间，增加了学习兴趣，提高了学生的能力，提高了学习的效果。

3.2.3 论文式教学

论文式教学法主要用于理论部分，包括基础理论和应用性理论。课上先向学生介绍论文的写作方法和要求，要求学生认真完成课程小论文。学生需要通过世界银行、国际货币基金组织、外汇管理局等网站，搜集某国某一时期政策出台的背景数据、财政政策、货币政策等数据。在此基础上，掌握运用 AS – AD 模型分析各国宏观经济作用机制，分析并评价某国某一时期宏观经济政策对商务活动的作用、机制及效果。

对每篇论文，细化打分点，教师认真评阅，并在课堂上做论文评点。这种方法，有利于理论钻研型学生对理论深度的掌握，熟悉并掌握论文的写作规范，提高分析问题的能力。

3.2.4 启发和问答式教学

在课堂上主要就一些难以理解的问题、比较重要的问题、学生有能力思考的问题，由教师一步步地设问，圈定研究背景，引发学生思考，然后根据学生的反应进行阐述。

在对学过的内容进行复习时，采用问答式，如通过提问微观经济学所学的内容，检验学生的学习效果，并对比分析宏观经济学的理论差异，使学生能够抓住相关事物之间的区别和各自的特征，提高教学效果。

3.2.5 答疑式教学

答疑式教学法是教师与学生面对面进行有针对性的互动式的教学法，适合于学生自学的内容、难点内容、课外阅读的内容等。我们对答疑时间的安排主要有三种方式：一种是每节课下课后，留时间用于当堂答疑；一种是每周安排固定时间和固定地点的定期定点答疑；一种是网上答疑，主要是用个人电子邮箱和网络学堂讨论版。

3.3 教学手段方面

教学手段方面，一个是利用多媒体教学和利用网络课程资源，把教学文件、课程内容 PPT、各章习题与答案、主要阅读书目、案例分析、资源网站等教学资源全部上网，便于学生分类自主学习。同时利用学生资源共享区和讨论版等，促进学生辩论和自主思考。

另一个是由教师为学生列出具体的上网浏览学习的项目，由学生自己上互联网搜集信息，关注国际经济、政治、社会的热点事件和理论热点，上网学习的内容主要是国家近期的财政政策、货币政策、行业动态、研究文章等。常见网站主要有商务部、国家外汇管理局、世界银行、国际货币基金组织和博客评论等。目的是紧跟时事热点，扩大学习面，开阔视野。

4 对课程教学实践的进一步思考

经济学课程是基础课，只有在完成基本教学要求的基础上，才能进一步进行分类培养和分级教学。在分类培养的情况下，教学也遇到一些新的问题。

如在教材的选取方面，我们现有的教材，不分专业、层次，统一是高鸿业版的微观经济学、宏观经济学。在分类培养的情况下，需要选用不同的教材，但教材间的连贯性和衔接是个问题，每个级别的衔接上要体现出难度的逐渐增大，这样才能真正体现出分级教学的特点。

如学生关注的成绩问题。不同类型的学生采用分层次教学，如何评定或转换不同教学要求下的学生成绩，分类培养是否会影响奖学金及三好学生的评定，等等。这些问题若不能妥善解决，将影响学生学习的积极性和分类培养计划的实施。

参考文献：

[1] 赵桂龙. 本科生分类培养模式的探索与实践 [J]. 农业高等教育，2012（1）：40–42.

[2] 刘勇涛. 分类培养思想指导下的经管类专业实验课程改革研究 [J]. 经济研究导刊，2010（18）：251–253.

[3] 白鑫刚. 高师本科化学专业分类培养模式下教学质量保障体系的构建与实施 [J]. 大学化学，2013（10）：24–27.

创设精彩课堂，体验经济魅力
——经济学课程教学设计与实践

田　园❶

摘要：本文主要探讨经济学课程的教学设计与实践，通过阐述经济学课程的教学背景，提出经济学课程教学设计的基本理念，通过教学过程举例反映如何将这些基本设计理念应用于教学课程的设计中，通过实践提出相应的教学反思和提升建议。

关键词：经济学；教学设计；实践

1　教学背景

大学的经济学课应该是什么样子？1970 年的诺贝尔经济学奖获得者萨缪尔森这样说："在我大学生活中，最让我难忘的就是经济学课，从摇篮到坟墓，你到处都可以碰到无情的经济学。"在《中国教育报》进行的调查问卷中，有学生这样说："经济学课应像游乐园一样有趣，是活跃的天堂。"面对如此真挚的语言，作为一线的经济学教师，笔者感到了身上使命的神圣和责任的重大。

经济学教学最重要的是培养学生经济学的逻辑思维和分析问题的方法，能正确选择和灵活运用已掌握的知识与技能去分析问题。但是，目前我国经济学教材的编写理论性很强，知识点繁多复杂，插有大量的图形、表格、数据、数学公式及经济学专业术语，更为重要的是教材中涉及的案例取材于西

---

❶　作者简介：田园（1982—　　），女，博士，副教授，研究方向为国际贸易理论与政策、国际服务贸易。

方发达国家，与我国的国情和社会历史文化背景差异很大。在以讲授为主的传统教学模式下，不仅教师讲课费劲，而且学生听课普遍感到枯燥、难懂，学完后连基本理论都难以掌握，更谈不上学以致用了。所以，必须寻求一种有效的教学方法，将国外成熟先进的经济学理论以一种生动的形式呈现给学生。

精彩的有智慧的经济学课，不在于教师讲授多少个知识点，而在于学生提出多少个为什么；不在于教师运用什么方法，而在于学生是否在学习过程中积极参与自由表达；不在于学生从课本中接受了多少，而在于他们质疑和评判了多少；不在于设计的课堂有无基础型、拓展型或研究型之分，而在于学生是否对所学的东西感兴趣，是否通过学习产生了强烈的好奇心和探究欲。

2 教学设计的基本理念

一堂成功的经济学课，一定是在良好的、和谐的课堂气氛中完成的。而课堂气氛是参与其中的每个人共同努力的结果。教师的表现在其中起到至关重要的作用。具体在教学设计上，可以从以下三点出发，以便活跃经济学课堂气氛。

2.1 保持高昂的教学热情

教学活动是教与学的双向互动，在教学互动的过程中，师生的情绪互相感染。因此如果教师能够在每一堂课中保持饱满的情绪，面带微笑，关注学生的感受，那么学生也会受到鼓舞，思维更加活跃，这样教师的每一堂课都会给学生留下深刻的印象。

要想在教学中倾注自己的热情，教师首先需要具备高度的责任感，对学生负责，同时要发自内心地喜欢自己讲授的课程。这样，教师才能用发自内心的热情和对专业的热爱来打动学生，感染学生，激励他们积极参与到课堂活动中。在经济学的教学过程中，笔者深有感触。如果讲授的知识点是自己非常喜欢的，那么讲课的热情自然提高很多，学生也会受到感染，同时如果能更加用心地批改作业，学生看到老师认真仔细地点评和判分，感受到老师对自己学习的关心，也会表现出很高的学习热情。

2.2 注重提高语言表达能力

在经济学的教学过程中，要注意教师的语言表达。教学是一门艺术，其中很重要的就是教学语言的艺术性，经济学的教学也是如此。如果教师知识渊博，讲课旁征博引，风趣幽默，专业基础扎实，讲课深入浅出，那么学生就会注意力集中，气氛自然活跃。此外，教师还可以灵活运用表情、手势等丰富的肢体语言调节课堂气氛。比如经济学有很多概念和原理，还有一些特殊的英文简称，学生刚开始要记住这些名词并不容易，教师可根据每个原理的特点形象地用肢体动作将其表现出来，这样每当老师做出相应的动作，学生便会想起这些原理，从而加强对这些原理的识记。

2.3 增强师生沟通，活跃课堂气氛

在经济学教学中，可能出现教师演"独角戏"的现象，而学生消极地配合老师完成教学目标。事实上，师生的共同活动能使学生意识到自己也是课堂的主体之一，从而积极参与其中。这样的课堂会充满生机和活力，同时也会改变学生厌学、老师厌教的现象。根据经济学的课程性质，师生间的沟通可以采用如下两种方式。

2.3.1 第一次课以小问卷的形式进行初步的沟通

问卷可以设计如下四个方面的问题：你为什么学习经济学？你之前接触过微观经济学吗？你将如何学习这门课程？你今后的打算是什么？学生做完问卷之后，教师再请一些学生当众表达自己的看法。通过这种初步的沟通，可以使师生之间、学生之间相互熟悉，减少陌生感和紧张感，便于以后相互合作；并且通过对这些问题的回答，教师可以了解学生的整体水平和学习需求，便于今后在教学过程中设计出学生感兴趣的内容，并对学生进行合理引导。

2.3.2 通过提问与答疑的方式与学生互动

这是一种比较传统和常见的互动方式，但是经过精心设计之后，确实能起到活跃课堂气氛的效果。

首先，提问的关键是设计出让学生感到新颖的问题，引起学生的兴趣，从而激发其积极思考。比如，在经济学课程中，在讲完供求定理之后，为了

考查学生是否真正理解了这个原理，可以结合实际，提出这样一个问题：禽流感期间鸡蛋的销量下降了，但价格却不如销量下降的那么显著，甚至没有降价，原因是什么？在讲完弹性理论时可以让学生解释最近发生的"盐恐慌"事件，以便达到学以致用的效果。

其次，提问也要注意方式的创新。比如，在刚上课时可以提问学生上一堂课的知识，提问时教师可以利用某个小道具在学生之间传递，道具在谁手中，谁就说一个上堂课的某个知识点，然后再由他传给下一个同学。可以根据班级大小、课程内容的情况决定回答问题的学生人数。

最后，提问后如果学生做出了满意的回答，一定不要吝惜对学生的口头表扬，即使学生的回答不能使人满意，教师也要采取一定的激励措施。比如答题正确的就在点名册上做记录，作为平时成绩的评判依据。

3 教学过程举例

本着以上的教学设计理念，笔者对经济学的第一节课也就是第一章《导论》的教学过程进行了设计，具体如下。

3.1 本章教学目的

第一，引起学生学习经济学的兴趣，并明确为什么要学习经济学。

第二，总体概括经济学的基本内容，了解经济学的发展简史和理论体系，掌握微观经济学和宏观经济学的研究范围。

第三，理解经济学的基本概念和了解其研究方法。

3.2 本章教学内容

为了帮助学生更好地理解经济学的研究范围及其发展简史，教师将课程内容大体分为三部分：经济学的定义（理解）；微观经济学与宏观经济学的关系（掌握）；经济学的研究方法（了解）。

3.3 本章教学具体环节

环节一：通过列举对学生具有亲切感的经济现象激发学生学习经济学的兴趣。

环节二：利用提问和启发教学法使学生透过经济现象来理解抽象的经济学理论，选取的每一个经济现象都要用到后面学习的理论来分析解释，且经济现象的排序按照理论学习的先后，从而引出经济学的理论体系。

环节三：利用经济学家的趣事（故事结合图片）和"猜猜看"的互动游戏，帮助学生记忆经济学的简史和以后学习的经济学基本理论的提出者。

环节四：通过经济学一词希腊语的来源，从词语的本义引出经济学的概念，启发学生分析概念中的三个关键词，老师总结归纳。

环节五：通过提问和讨论，发挥学生的多种感官功能，深化对经济学研究方法的理解。

环节六：通过游戏的方式，让学生选择数字，每个数字后链接为一道涵盖本章主要知识点的复习题，巩固学生本章所学的内容。

3.4 课堂 45 分钟分配

首先，介绍自己和本章学习的三个知识点。（2 分钟）

其次，通过引用美国著名经济学家曼昆的名言"经济学讨论的是我们身边真实的生活，为什么要学习经济学的一条最重要的理由是，在你的一生中——从摇篮到坟墓——你到处会碰到无情的经济学真理"，指出学习经济学的重要性和为什么要学习经济学，引出这门课程的教学目的。（3 分钟）

再次，通过 Flash 演示，依次分析经济现象，"火车票打折与春运一票难求"反映第二章供给与需求和价格调控；"肯德基连锁店的折扣券"反映第三章弹性理论和消费者行为；"怪事：北大假文凭的价格最低'反映第四章生产理论中的规模经济；"850 元港澳游五天"反映第五章成本理论中的停止营业点理论；"9 选 5，谢伏瞻解读中国经济形势"反映宏观经济学中的关键词语和主要内容；"两会把脉大学生就业难的病症"反映宏观经济学目标要通过财政政策和货币政策解决失业和通货膨胀问题。（8 分钟）

接下来，展示经济学家的图片和相应的趣事，利用"猜猜看"的方式引出著名经济学家和他们相应的理论观点，并引出经济学发展简史。"一个烧掉了自己的衣服，然后在去世前烧掉了自己文稿的道德哲学教授"——经济学始祖亚当·斯密与《国富论》；"一位对人的手相极为着迷以至于保存其同事手模的政府顾问"——宏观经济学创始人凯恩斯与《通论》；"一个反对授予女生学士学位和奖学金，反对聘请女人作讲师的具有神秘身世的剑桥大师"——弹性理论的提出者马歇尔；"在打印机和电脑盛行的时代，一位直到80岁仍然用手写全部著作的笔迹分析家"——货币主义的提出者弗里德曼；"一个毫不掩饰地将自己比作牛顿和德国伟大数学家高斯的世界上最自负的经济学家"——数理经济学的创始者萨缪尔森。（6分钟）

然后，经济学 Economics 一词来源于希腊语 Oikonomous，即管家管理房屋的意思。从词语的本义引出经济学的概念，"经济学是研究人和社会对不同用途的稀缺资源利用加以选择的科学，其目标是有效配置资源，以及生产商品和劳务，并在现在或将来把它们合理地分配给社会成员以供消费"。让学生分析其中的关键词，老师归纳并举例帮助理解"稀缺、选择和有效配置"。（7分钟）

接下来，从分析方法、分析对象和主要目标三个方面说明微观经济学和宏观经济学的关系，并概括它们各自的研究范围和理论体系。微观经济学研究内容包括供给与需求基本理论、消费者行为理论、生产理论、成本理论和厂商均衡理论。宏观经济学研究内容包括国民收入核算理论、国民收入决定理论、失业理论、通货膨胀理论、经济增长理论和经济周期理论。（6分钟）

下一步，通过举例、讨论的方式说明经济学的研究方法。实证经济学是研究经济现象"是什么"，而不对经济现象做好坏优劣的评价，它所得出的结论是否正确可以通过经验事实进行检验。规范经济学是从一定的价值判断出发，进行好坏优劣的判断，具有主观色彩，它所得出的结论是否正确无法通过经验事实进行检验。（8分钟）

最后，以习题的方式对本章知识点进行回顾：经济学的定义，微观经济学和宏观经济学的研究范围，实证分析法和规范分析法的区别。（5分钟）

3.5　本章教学板书设计

第一章　导论

Economics

Oikonomous

稀缺　资源　充分利用

GDP 国民收入核算理论

IS – LM 国民收入决定理论

失业，通货膨胀主要问题

财政，货币政策 对策

亚当·斯密 凯恩斯 弗里德曼 萨缪尔森

《国富论》通论货币政策 新古典经济学综合

DAHP

3.6 本章的难点及解决方案

3.6.1 对于经济学定义中关键词"稀缺性"的理解

解决方案：提问"世界首富有没有稀缺的东西"引导学生思考，学生可能回答出如时间、清洁的空气等，让学生自己归纳出"相对于无穷的欲望而言，资源总是稀缺的"。

3.6.2 区分哪些属于微观经济学的研究范畴，哪些属于宏观经济学的研究范畴

解决方案：先从微观、宏观的词义引申，从研究内容上区分两者。然后按座位分成三大组，要求第一组说微观经济学中的经济现象，第二组说宏观经济学中的经济现象，第三组当裁判看哪组说出的正确的最多。

3.6.3 理解假设 Assumption 对于经济学研究的重要性

解决方案：穿插小笑话。一个物理学家、一个化学家和一个经济学家漂流到孤岛上，十分饥饿。这时海面上漂来一瓶罐头。物理学家说："我们可以用岩石对罐头施以动量，使其表层疲劳而断裂。"化学家说："我们可以生火，然后把罐头加热，使它膨胀以至破裂。"经济学家则说："假设我们有一个开罐头的起子……"理解：经济学的任何理论都须具备一定的假设条件才能成立。如雨伞的价格上涨，需求量一定会下降吗？不一定，假设是下雨天。

3.6.4 区分实证和规范分析法

解决方案：老师首先给出这两种研究方法的根本区别。第一，是否带有主观性；第二，是否能用现实中的数据验证。老师举例"11 月 11 日的光棍节使朝阳公园的门票收益增加了 20%，但是我认为这个节日没有必要"这句话前半句是实证分析法，后半句则为规范分析法。让学生自己运用对比方法举例。

4　教学反思

4.1　设计课程时注意调动学生运用多感官学习

学习有一定的规律，如果充分调动学生的眼、耳、手等各种感觉器官共同参与到学习过程中，将会收到事半功倍的效果。研究表明：如果只是听老师讲解，在 60 天之后学生只能记住 25% 左右的知识；如果讲解的同时辅以演示（如运用 PPT 播放视频等），学生会记住大约 45% 的内容；如果教师在讲解演示的同时让学生动手操作（如讨论、演算），并加以运用（将知识教给别人写论文或分析现实问题等），那么两个月后，学生还会记得大约 90% 的内容。

比如经济学需要做练习。教师可以事先布置一定的习题作业让学生准备，然后安排 1—2 名学生在黑板上解题并回答老师和同学的提问。这样比老师单纯讲解习题效果要好很多。或者给学生分组，布置每个小组讲解其中的一个知识点。如在讲完"效用论"这章之后，由于"生产论"与其有相似之处，可以让每个小组讲解其中一个知识点。

4.2　在理论讲解中增加案例讨论

在教学中适当地引入案例，可以打破以教师讲授为主的传统教学模式，让学生成为学习过程的主体，引导学生围绕案例思考、分析和辩论，提高学生对所学理论的运用能力；同时还能极大地激发学生学习经济学知识的积极性和热情，调节课堂气氛。

选择有针对性、典型性和现实性的案例是实施案例教学的关键。比如，在经济学教学中，可引导学生利用限制价格原理分析为什么专家号难挂。又如，在讲解机会成本原理时，可以让学生分析为什么比尔·盖茨不念完大学。

选择好案例之后，要思考何时呈现案例。可以在讲授知识之前，把案例作为引子，引出教师要讲授的某一问题或概念，给学生留下悬念，然后教师结合案例讲授理论。比如，在讲需求价格弹性之前，可以提出最近发生的山东白菜菜农发愁的"谷贱伤农"的案例。也可以把案例放到讲授知识点之后，教师在系统讲授了某一理论后，举一两个案例，用刚讲过的理论去分析，加深学生对原理的理解。比如，在讲解"理性人"的概念之后，可以让学生利用该原理对大学里的"占座"现象进行分析和讨论。

学生对案例进行分析、讨论和发言之后，教师需要对案例讨论进行评价，对学生进行鼓励，对讨论中涉及的重要原理做补充或提高性阐述。教师的总结分析不仅可以使学生讨论中暴露出来的问题得到及时修正，而且能够通过案例总结提升理论认识，帮助学生深刻理解和掌握经济学基本原理，学会观察经济现象，掌握分析经济问题的正确方法。

5　结语

课堂离不开生活。在教师精心创设的情境中，学生体验着学习的快乐，接受智慧的挑战，发挥出他们的一切聪明才智。在这样的教学过程中，教师只有把自己当作学生的引领者和合作者，才能与学生和谐共处，共同成长，课堂也才能充满生气和乐趣，充满激情与智慧，真正成为充溢学生生命成长气息的乐土。

参考文献：

[1] 唐龙. 基于应用本科人才培养的西方经济学教学探讨［J］. 重庆科技学院学报（社会科学版），2009（2）.

[2] 翟仁祥，仇燕苹. 案例教学法在《西方经济学》教学中的应用［J］. 吉林广播电视大学学报，2008（6）.

[3] 郑云. 西方经济学教学模式的创新［J］. 西安文理学院学报（社会科学版），2008（3）.

[4] 饶龙先. 西方经济学教学方法初探［J］. 哈尔滨金融高等专科学校学报，2008（1）.

[5] 谭晓峰. 经济学教学中案例教学法的再思考——兼论案例教学法的优势与成功的先决条件［J］. 太原城市职业技术学院学报，2015（2）.

国际结算业务发展的新趋势与
《国际结算》教学改革的思考

梁　瑞❶

摘要：国际结算业务的新发展对《国际结算》课程教学和人才培养提出了新的要求，针对目前《国际结算》教学在教学内容、教学方法和人才培养方面存在的与实践发展滞后的问题，《国际结算》的教学改革应在教学内容上突出新业务的发展，在教学方法上利用现代网络信息技术搭建仿真教学平台，在人才培养上借助产学研一体化建立综合教学和人才培养体系。

关键词：国际结算；新趋势；教学改革

国际结算是以货币收付表示的跨国间债权债务的清偿行为。根据结算是否涉及贸易背景，又可细分为国际贸易结算和国际非贸易结算。《国际结算》课程具有专业性、操作性和实践性强、内容更新快等特点，与国际结算业务新的发展趋势相比，现阶段国际结算的教学和人才培养已经不能满足我国对外贸易的快速发展对新型国际贸易与结算人才的需求。基于此，探讨国际结算业务发展新趋势下，当前国际结算教学存在的不足及未来改革思路至关重要。

1　国际结算业务发展的新趋势

1.1　信用证在国际贸易结算中的比重下降

国际贸易结算是对外贸易交易中非常重要的一个环节，关系着贸易货款

---

❶　作者简介：梁瑞（1980—　），女，经济系博士，北京联合大学商务学院副教授，研究方向为区域贸易安排、国际服务贸易、对外直接投资。

是否可以顺利收回。传统上，汇付、托收和信用证是国际结算的三大主要结算方式。国际结算的结算费用、结算风险和结算程序依不同的结算方式而不同。由于信用证结算方式所依托的银行信用高于商业信用，同时又能更好地平衡进出口商的风险，因此长期以来信用证结算方式是全球国际贸易出口商的首选结算方式。20世纪六七十年代，全球进出口贸易额的85%以上都采用信用证结算方式。但随着出口市场逐渐由卖方市场转向买方市场以及信用证结算所具有的成本高、结算周期长、风险大等局限性，20世纪80年代以来，尤其是进入21世纪后，信用证结算在国际贸易结算中所占比重逐步下降，信用证在欧美发达国家的使用比率已经下降到目前的不足20%，其中北美和欧盟分别只有11%和9%，即使在发展中国家和地区信用证的使用比例也在不断下降。

1.2　国际结算中的附属结算方式和混合结算方式应用日趋广泛

随着国际结算的主导结算方式信用证使用比例的日趋下降，非信用证结算方式更受贸易商青睐，除了传统的汇付、托收外，国际保理、福费廷等新兴的国际结算方式在国际结算中所占的比重不断提高。非信用证结算方式，不仅可以让进口商获取一定的优势，而且国际保理等新兴的结算方式在结算功能之外还可以为出口商提供销售账户管理、应收账款催收、信用风险控制与坏账担保等更为全面的综合性金融服务。除此之外，综合多种结算方式的优点，在国际贸易结算中混合使用多种结算方式日益成为国际贸易商的重要选择。如部分货款使用信用证结算，部分使用T/T或者托收，更有助于进出口双方直接平衡风险和成本。此外，BPO（Bank Payment Obligation，银行付款责任）作为一种创新型的贸易和结算支付方式，可以使进出口商和银行一道更好地参与国际贸易，在降低风险的同时获得更好的金融服务。

1.3　国际结算的电子化程度日益提升

随着电子网络技术的快速发展，国际贸易开始迈向高效、安全、低成本的网上运作。国际贸易的电子化对依托信用证和其他传统纸化基础的金融工具的低效性交易化提出了挑战，严重冲击了传统的柜台结算方式，为进出口商提供电子化的国际贸易结算与融资服务已成为银行国际结算业务发展的主流和重点。如今，国际上已形成具有一定影响力的电子信用证处理系统，如 BOLERO（电子提单登记组织）系统、ESS（电子航运解决方案）系统、TSU（贸易服务平台）系统等，国内中国银行、中信银行和中国农业银行，已率先进行了 EUCP 电子交单的成功尝试。电子信用证的发展正经历通过银行间专有网络开立和通知的 SWIFT 信用证、通过互联网进行信用证的开立申请、开立和通知的网络信用证到以电子交单为核心的电子信用证转变。

2　当前《国际结算》教学中存在的主要问题

针对当前国际结算业务发展所呈现的新特点，现行的国际结算教学在教学内容、教学方式和人才培养方面存在一定的滞后和不足。

2.1　在教学内容方面，业务新发展反映不够突出

国际结算的主要研究对象是国际结算的方法和作为媒介的各种工具。据此，国际结算课程的教学重点围绕着国际结算中的票据、汇款、托收和信用证三种传统国际结算方式、国际结算中的单据和审核几个模块，而且以主导的结算方式信用证为讲解和实训的核心。备用证、银行保函、国际保理与福费廷等新型国际贸易结算方式则作为附属的国际贸易结算方式进行简要的介绍。国际结算发展中新出现的一些业务形式和趋势等前沿问题在教学内容的安排上明显不足。

2.2　在教学方法方面，仿真实践教学效果不够明显

目前，受高校国际结算的师资和实训渠道的限制，国际结算教学方法主要是课堂教学中教师讲授常用结算方式的业务流程和相关结算单据的填制，辅以案例教学；实训教学中教师主要借助一定的实训软件平台指导学生熟悉并掌握国际贸易结算常用结算方式的业务操作流程，主要以信用证业务中所涉及各种单证的填制、通知、修改、审核等内容的实训为主，依托实际业务部门的企业实践较少。由于国际结算业务具有技术性、操作性和实践性强的特点，以业务流程介绍为主的课堂教学过于抽象、枯燥，一方面不利于学生对主要国际结算业务的综合理解和灵活运用，另一方面不利于激发学生进行扩展学习的兴趣；以实验室软件为主的模拟实训仿真性不够，仍旧没有弥补

课堂教学理论与实践的脱节，不利于学生对国际结算业务综合应用能力
的提高。

2.3　在人才培养方面，创新应用型特点不够鲜明

当前，国际结算教学中相对传统的教学内容模块，不利于学生充分了解
国际结算发展的新趋势，深入掌握国际保理、福费廷等国际结算新业务的核
心内容，学生理论基础较为薄弱；相对单一、封闭的教学方式，不利于学生
深刻理解主要国际结算工具和方式的具体使用，学生不会灵活分析具体实务
业务中所遇到的问题。囿于国际结算教学在教学内容和教学方法与国际结算
实践发展的严重脱节，当前高校经贸专业培养的国际结算人才存在着基础薄
弱、综合业务能力和素质较差、创新意识缺乏等不足，已不能满足国际经贸
发展和国际结算业务新发展对国际结算人才的新要求。

3　新形势下《国际结算》教学改革的思路

3.1　在教学内容方面，传统与前沿并重

针对国际结算课程的主要研究对象，教师课堂教学的重点应在强化传统
重要结算方式的基础上，及时将国际结算业务发展的理论和实践前沿融入教
学内容，同时注意传统业务与新业务的课时比例，适当加大新业务的教学课
时。由此，教师通过将教学内容与时俱进，使学生不仅可以掌握信用证等传
统国际结算业务，而且还有机会对当前国际结算方式使用的新趋势以及备用
证、国际保函、国际保理等新型国际结算方式进行深入细致的认识和掌握，
以更好地适应国际贸易和国际结算新发展对国际结算人才新的知识储备要求。

3.2　在教学方法方面，利用现代网络信息技术搭建仿真教学平台

长期以来，国际结算教学一直沿用传统的以教师讲授、学生实验室软
件实训为主的教学模式。但是，由于教师行业经验和学生行业实践机会的
缺乏，再加上现有的国际结算实践应用软件仿真性不够，传统的教学方法
仍是以教师输入为主，不注重学生对知识的消化、吸收与再输出。对于技
术性、操作性和实践性强的国际结算课程而言，这种传统的教学方式不利

于培养学生的综合实践能力和应用能力，也不利于调动学生学习的兴趣和积极性。针对传统教学方式在人才培养方面的不足，教师可充分利用现代网络信息技术多渠道搭建仿真教学平台。具体而言，一是教师可以利用专注国际结算理论前沿进展和实务的专业论坛丰富课堂和课外教学素材，如汇天国际结算网、天九湾贸易金融圈微信公众号等。由此，一方面可以弥补教师因自身行业实践经验欠缺而在教学与指导中偏理论轻实务的不足，另一方面可以弥补学生因课外行业实践基地不足而不能对具体国际结算业务进行深入理解和灵活应用；二是教师可以利用现代化的网络信息平台，如网络学堂、微信等，建立班级学习讨论与资源共享平台。针对国际结算课程中的重点和难点内容，如票据、信用证、国际惯例、新业务等，教师可分别开设相应的专题讨论版块，并鼓励学生主动申请相应版块的版主。由学生自己负责建设并管理各专题版块，上传分享与相应版块有关的案例和新资料，同时解答学生提出的问题，教师进行有针对性的点评和指导；三是教师可通过加强教学设计，弥补因课外行业实习基地不足使学生缺乏对国际结算业务实践认识的不足。虽然，实务中的国际结算具体业务离学生较远，但从事国际结算业务的银行对学生而言较为熟悉，是学生日常生活必须接触的机构。教师可根据国际结算的教学目标和人才培养目标，设计具体的银行调研任务，安排学生利用课余或实训课时间去银行调研。例如，教师可让学生分组调研了解我国银行国际结算业务的开展情况，并对四大国有银行、中资股份制银行和外资银行的国际结算业务进行比较。要求学生根据调研结果分组提交并汇报调研报告。为解决如何深入银行进行国际结算业务调研的问题，学生们综合利用了多种调研渠道，如利用熟人获取内部资料、扮演为开立信用证的进口商、通过银行的电话客服、借助银行官网的业务介绍等，从笔者在教学实践中学生的反馈结果来看，这种教学设计方案不仅扩大了学生接触实践的机会，而且充分调动了学生自主学习国际结算课程的兴趣，提高了学生自主解决问题的能力。从教学结果反馈来看，学生非常认同这种实践教学形式，而且学生对课堂中关于国际结算的理论知识也进一步加深了理解和认识。

3.3 在人才培养方面，借助产学研一体化建立综合教学和人才培养体系

由于目前高校具有实践经验的国际结算师资严重缺乏，再加上高校与开

展国际结算业务的机构联系也相对有限，一方面不利于教师通过行业实践进行继续教育和开展相关学术研究，另一方面也无法给学生提供相对广阔的实践实习平台。高校在国际结算"产"和"研"方面的局限性，严重制约了国际结算教学与实践发展的有机结合。基于此，可以借助外部力量，加快弥补高校国际结算师资队伍和教学中的短板。一是加快师资队伍建设。一方面鼓励现有专业课教师多参加国际结算相关课程的进修培训，积极从事与国际结算和贸易融资领域的教学和科研研究。另一方面大力引进精通国际贸易实务和国际结算的实践型专业人才充实教师队伍。二是加强外部合作。一方面加强学校与行业的密切合作，通过选择与学校有业务关系的银行或有影响力的校友所在的银行，为学生提供国际结算实习基地，并进一步建立创新型应用人才培养基地，进行人才的联合培养或为企业定向培养人才；另一方面加强与相关金融机构、研究机构、行业协会的交流，通过聘请校外专家走进课堂为学生介绍国际贸易结算与融资领域的相关政策、最新行业发展和典型案例等实践方面的知识，丰富学生对专业实践的了解和认识。同时，鼓励行业专家和教师共同研发仿真性较强的国际结算实训软件。由此，通过加强学校与行业的联系，借助产学研一体化的综合优势，共同为国际结算的课程教学的课程开发、教学模式和人才培养模式提供保证。

4   结论

随着我国货物贸易的快速发展及国际贸易结算电子化趋势的加快，一方面外贸企业对既精通外贸业务和国际结算业务的国际复合人才需求大量增加，另一方面金融机构精通新业务的国际结算人才也存在缺口。当前，高校国际结算教学在教学内容、教学方式和人才培养模式方面仍较为传统，不能满足我国经贸发展对新型外贸和国际贸易结算人才的需求。为此，高校应充分利用内部和外部资源，尤其是充分利用现代网络信息技术平台，一方面通过内部教师的自身提升和教学创新，充分调动师生在教与学上进行创新和拓展学习的积极性；另一方面充分拓展与行业外部专家学者的沟通联系与合作，使国际结算教学在教学内容、教学方法和人才培养模式上与时俱进，更好地满足经济发展对国际贸易与结算新型人才的需要。

参考文献：

［1］郭建军．国际货物贸易实务教程［M］．北京：科学出版社，2005．

［2］朱文忠．国际结算最新发展趋势与对策［J］．国际经贸探索，2009（12）：46－50．

［3］张新荣．我国银行国际结算业务发展现状及风险管理研究［J］．对外经贸，2014（7）：16－19．

［4］蒋琴儿．国际结算模拟实习教学改革的思考［J］．北京林业大学学报（社会科学版），2007（4）：106－109．

《国际服务贸易》教学团队
执教能力提升的理论思考

徐 枫❶

摘要：高校教学团队执教能力的培养，应以课程资源为平台，不断探索有效的教学方法和模式。在实践中，针对教学团队执教能力提升的研究，企业理论的运用发挥着重要作用。因此，团队教师执教能力持续性增长应基于理论思考进行实践探索，应基于可持续发展理论提升团队的执教能力，基于创新能力理论增强团队的核心执教能力，基于管理过程理论培养团队的协作执教能力。

关键词：教学团队；执教能力；理论思考

高校执教能力是以教学内容的讲授为核心，以教学方法和教学技巧的运用为辅助，以教学管理的服务为保障的一种综合能力。当前，高等教育的重点已经聚焦到提高教学质量方面。2011 年，由教育部、财政部发起实施《高等学校本科教学质量与教学改革工程》，主要是针对高等学校本科教学质量进行教学改革。该文件明确提出，要加强本科教学团队建设，探索有效的教学方法和模式；旨在不断提高高校的教学质量，培养高素质的高校人才。企业组织理论的运用在高校教师团队执教能力的培养中发挥了重要的作用。因此，应基于企业组织理论来引导和改善教学团队的执教能力。

---

❶ 作者简介：徐枫（1973— ），女，博士，北京联合大学商务学院副教授。研究方向：国际贸易理论与政策，国际金融服务贸易。

1　基于可持续发展理论提升团队的执教能力

1.1　可持续发展理论的提出

可持续发展，是一种发展观。这种发展观的探索始于 20 世纪 50 年代，人类社会在资源约束和经济增长双重压力的制约下，开始了对可持续发展观念的探索。1972 年，国际著名的研究报告《增长的极限》明确提出了"持续增长"和"合理的持久的均衡发展"的概念。"可持续发展"的具体概念，则是在 1987 年由 Gro Harlem Brundtland 提出。当前，在现代企业管理领域，业界所公认的可持续发展能力，是指在激烈的市场竞争中，企业如何保持住永久生存并实现永续发展的能力。在实践层面，要求企业能够保持住市场地位，并且在未来相当长的时期内可以保持竞争优势，持续成长、稳健经营，并且能够确保长期盈利的一种生存能力和持续性发展的经营能力。由于可持续发展是一项长期的系统工程，因此需要企业保持创新的动力、持续拓展市场的能力和不断满足市场需求的成长力。

1.2　可持续发展理论的指导原则

高校教学团队执教能力的提升应基于可持续发展理论的指导原则。《国际服务贸易》教学团队可持续发展能力的培养需要遵循基本的指导原则：一是合作性原则。这是保证团队执教能力可持续发展的基础条件，需要优先考虑。为保持良好的合作性，其前提是团队成员之间的平等和相互协调。团队成员对整体教学任务的参与应该是全面的，每个个体应具有责任感、参与性，同时也应体现出自主性。二是共享性原则。鉴于团队成员学科背景、教学水平方面的客观差异，可持续发展能力的提升所涉及的具体教学目标、教学实施步骤，对于每个个体而言不可能完全一致。因此，在共享课程资源的基础上，应保持个体成员执教的独立性。在尊重个体独立性的前提下，为实现课程的总体目标，团队成员应联合行动，体现出团队的整体性，并依托教学关系，构建团队成员之间的相互信赖性，实现课程资源的共享性。最终，达到教学团队的和谐发展目标。在此基础之上，才能实现教学能力的持续提升。

1.3 可持续发展理论的评判要素

团队执教能力的可持续发展关系几个评判要素：基本要素与改进要素。基本要素主要是指教师的结构。一是教师的知识结构，可以量化的指标是学历结构（如教师的学历水平不断提高，持续优化）；二是教师的来源结构，可以量化的指标是教师的国际化视野、是否在持续改进（如国外访学学者的数量不断增长，国际化背景的教师参与课堂授课的比例不断加大，企业家进课堂的频率逐步增加等）。根据基本要素评判，《国际服务贸易》教学团队具有可持续发展的基础和能力。具体而言，从学历层面，团队成员的最终学历均为博士研究生。这种以高学历为背景的教学团队具备雄厚的理论教学基础。从执教经历层面，团队成员在构建时，要求在教学岗位具有五年以上的教龄，并且团队成员中有70％以上的教师具有国外访学的经历。因此，可以准确地把握课堂教学的方向，培养学生的国际化视野，并具有良好的课堂掌控能力。

从改进要素来看，主要是指教师的教研能力的改进（持续提高），以及涉及学生认可度（持续增加）、成绩优良率（不断提高）、就业的满意度（持续提升）。基本要素需要不断优化，改进要素的各项满意度也需要持续提高。在教学实践中，从教学平台的构建层面，以国际贸易的核心课程《国际服务贸易》作为纽带，基于课程平台构建的内部合作团队，可以共享平台的优势，并集中教学资源进行教学效果的持续改进。最终的量化指标是，根据课程的调查问卷结果来评判（即学生对团队教学的满意度逐年提高）。探其根本，基于可持续发展理论提升团队执教能力，其实质是，基于目前团队的教学基础和团队成员的教学能力，不断提高人力资源、物力资源和教学平台资源的利用效率与组合优化。团队执教能力的不断自我改进，不仅是可持续发展的要求，也是高校培养高素质人才必须经历的成长历程。

2 基于创新理论增强团队执教的核心能力

2.1 创新理论的提出

1912 年，管理学家熊彼特在其《经济发展概论》中提出创新理论，并进行了系统性的解释。关于"创新"，最基础的观点是，创新源自于内部化，具有内生性。由于内部活动不断产生的变化是创新的本源驱动力，因此创新可以引起增长和发展。企业创新能力，是指通过各种方法手段应用知识和人的智力，使企业满足或创造市场需求，增强企业竞争的能力。在当前的高等教育中，经济领域对人才的需求越来越多，尤其是对高素质的人才需求持续增长。以此为基础，社会对高校教学水平持续改进产生了更广泛的期待。此外，创新需求也根植于国家层面。当前，我国正在建设创新型的国家，如何实现高校教学方法的突破、推动教师教学水平的提升，并以创新性的发展观引导高等教育改革是所有高校教师都必须面对的问题。而教师执教能力正是实现高校教学方式创新的关键性因素。外部环境推动了教学活动中实施创新活动的必要性，这是高校教学方式进行创新的最大本源动力。总体而言，社会大环境的需求和教师自身发展的职业需求这两方面的双重因素共同推动了高校教学创新实践的开展。

2.2 创新理论的构成要素

在实践教学过程中，教学团队创新能力的形成由诸多关键的要素构成。主要构成要素包括"主体、资源、环境"三大类核心要素，共同构成完整的教学体系。其中，教学主体主要是以课程为基础构成的授课团队；教学资源主要是围绕核心课程的讲授所组合成的教学平台；而教学环境则涵盖了与教学受益的各方需求群体以及教学提供者，与教学相关的所有环境因素，如校外的市场环境、校内的教学运行环境、需求群体等相关利者方。从根本需求层面而言，教学团队创新能力的提升，其实质是不断满足各方需求的变化过程，即满足教师的职业发展需求、学生的就业能力需求、雇主的人才需求。因此，提升团队的创新能力，需要根植于基础的教学核心能力，不断优化调整教学方法、提升团队的教研水平、培养学生的学习能力，以此来不断强化教学团队的优势，以实现教学能力的持续性改进和教学流程设计的不断优化。除此之外，团队文化建设，即良好的沟通、交流、协调也是决定团队执教能力的关键性因素，同时也是保障团队创新能力的决定性因素。

2.3 创新理论的实践应用

在团队教学中，创新能力其实质是指创新性的思维，也就是具有一种开创性的教学思维活动。团队的创新性，其实质是发挥团队成员的头脑风暴作用，利用集体的智慧去思考问题和解决复杂问题的过程。以《国际服务贸易》课程为例，由于课程主体分为理论部分和分行业的实践部分，这两部分之间，理论部分内容过于单调，实践部分按照分行业讲授。各个团队成员之间的授课水平又具有显著的差异性，在不违背课程总体的大纲和指导原则基础之上，教学团队突破了呆板的教学规章制度，鼓励每位教学团队的成员按自身所擅长的教学方式进行讲授。例如：擅长案例分析的老师，可以以教学案例作为课堂教学的引导案例，进行所负责内容的讲授；擅长做 PPT 课件的教师，可以将教学模板做的生动化和趣味性，以吸引学生的课堂注意力。与此同时，在课程的运行过程中，大家彼此分享教学成果和教学心得，充分交流授课经验，进行优势互补。

3 基于管理过程理论培养团队执教的协作能力

3.1 管理过程理论的提出

管理过程理论，是由现代经营管理之父——法国科学管理专家亨利·法约尔（Henry Fayol）在其代表性著作《工业管理和一般管理》（1916 年）中阐述的管理思想。作为该理论的核心代表人物，他强调"管理应以企业整体作为研究对象"。根据法约尔的理念，企业管理理论是经过普遍检验并得到论证、得到普遍承认的理论。因此，企业管理理论具有普惠性和普遍的适应性，既适用于各种类型的企业，也适用于各种社会团体。

3.2 管理过程理论的构成要素

管理过程理论认为，管理活动应该由五种职能要素构成：一是管理活动的计划性，二是管理活动的组织性，三是管理活动的指挥性，四是管理活动的协调性，五是管理过程的控制性。在管理的实践过程中，这五种职能要素之间相互联系、相互配合，共同组成一个有机系统，来完成企业生存与发展的最终目标。基于管理职能设计的管理原则，团队应在统一领导和指挥下，团队成员分工明确、明晰相应的权责边界、奖罚分明，并遵守组织纪律。同时还强调局部的个人利益应服从整体利益的原则。从理论层面上，在教学团队管理中，也要根据"管理五职能要素论"具体实施。这五要素分别是：计划，就是根据教学目标制定具体的教学计划；组织，就是建立教学团队并构建团队执行体系；指挥，就是使教学团队的成员发挥各自的作用；协调，就是连接、联合、调整团队成员中所有的教学活动及教学力量；控制，团队教学的整体执行过程都按预先制定的教学计划和教学目标进行。

3.3 管理过程理论的实践应用

从实践层面上，管理过程理论在教学团队中的实践应用包括：首先，应强调团队的管理者需要承担团队教学工作的计划、组织、协调和控制等主要相关事宜；其次，构建教学团队内部的教学管理组织体系，并明确教学团队各自的职责；再次，根据教师的职责权限与教学职责义务对等的原则，进行团队内的教学分工；最后，明确教学任务执行过程中的奖励与惩罚措施。

3.3.1 教学团队的计划性

首先，根据课程内容，设定教学目标，让每一个团队的成员都清楚本门课程教学所要达到的终极目的。清晰的教学目标是集中团队教学力量完成教学任务的首要因素。在确定课程总体目标的基础之上，再根据课程教学过程设定不同阶段的教学任务。其实质是，将教学内容和教学管理过程的各个环节按总体目标进行分解，并落实到团队的每一个人，保证每名成员都清楚自身的教学责任，以及每一阶段教学任务所要求达到的目标，并由课程总负责人检查各阶段教学任务的进度情况。需要强调指出的是，团队教学目标的设定应根据大纲的总体要求，具体、明确，尤其是围绕目标所设定的分阶段教学内容，应设置具体的教学步骤。

3.3.2 教学团队的组织性

以《国际服务贸易》课程为平台所组建的教学团队，其实质是一个组织架构，包含了组织中基本的教学资源和教师的各种差异化的教学能力。但这种团队的组织功能较为弱化，仅是以个体履行各自的职责，最终完成整体教学任务为目标。由于教学团队具有动态性和独立性的特征，更多的是需要教师个体的自我管理。因此，在整体的组织架构中，课程负责人应适时进行管理角色的转变，教学任务的完成应由课程负责人驱动转向为教学目标的任务驱动，确保每一位团队成员在清楚自身的教学任务前提下，对课程的绩效自负其责。

3.3.3 教学团队的指挥性

教学团队，由于具有企业团队的特性，因此，团队的运转需要核心的指挥者，课程总负责人应承担这一角色，并明确地规定团队成员各自的相应职责，以便有效地配备和安排每一位教学成员。《国际服务贸易》团队课首先由一位有计划性、组织性的教师来担任总负责人，并将每一名团队教师配置在能够最佳发挥个人教学专长的授课阶段。如擅长做研究的教师，应负责理论部分的讲解，以保证课程基础知识的扎实性；擅长讲课的教师，应负责具体实务部分的讲解，保证课程具有一定的吸引力和趣味性。因此，作为团队教学的总指挥，课程负责人在开课之前预先设定课程的步骤，包括完整的授课内容和课程管理任务，以及明确课堂教学的时间、落实分阶段教学内容的具体课程责任人、具体的授课地点、详细的授课任务，指明课程的工作步骤。将课程任务分解最大的好处是，可以按规则统筹管理教学任务，清晰布置教学工作，并保证整体的教学运行在规则下有序进行。简而言之，其实质是课程开课前的准备、课程运营中的实施，以及完成教学任务后的总结。

3.3.4 教学团队的协调性

良好的协调性是保证教学团队生存与发展的根本所在。从短期来看，《国际服务贸易》教学团队的协调性较好，可以保质保量地完成《国际服务贸易》的课程任务，顺利达到课程所预期的教学目的。从长期来看，具有良好协调性的教学团队，可以形成核心力和向心力，为以后教学团队向科研团队的转型提供坚实的基础。《国际服务贸易》教学团队在课程正式开始运营以后，由课程总负责人统一部署任课教师履行教学义务，督促任课教师完成教学任务，并严格监督教学工作的执行，把控课程的运营过程。在此过程中，教学团队在每周的工作例会上，都以团队讨论会的形式，分阶段汇报完成教学任务的情况，团队成员之间采取问询、仔细倾听、相互解释的方式，进行有效的沟通。

3.3.5 教学团队的控制性

课程负责人的角色，主要应定位在设计整体的教学方案、明确分阶段的教学任务，以及协助解决团队成员之间、授课对象和教师之间、教学运行过

85

程中出现的各种问题。同时应弱化作为团队管理者的控制角色，替代以沟通、监督、协商为主要管理角色。团队管理者的角色由执行者的角色向协调者转换，将更加有利于发挥每一个团队成员的教学主动性和积极性。《国际服务贸易》课程结束后，课程负责人采取了向授课对象——学生发放调查问卷的方式，从客观的角度调查学生对每名教学团队成员的认可度，以及课程总体的满意度。对学生认可度较高的团队成员教师，施以适当的鼓励。对学生认可度较低的教师，进行个别改进。保证教学团队在高效、和谐的状态下运转。

4　结语

总之，高校教学团队执教能力的提升应紧密联系社会发展过程中的各方需求，在专业课平台资源的共享过程中应以可持续发展、创新、过程管理为指导原则，不断改进并提高原有的教学能力，增强团队的执教能力，改善教学效果，保证在团队教学过程中教师执教能力的可持续提高。

参考文献：

[1] 薛彤，张蓉，林妍梅. 关于高校教学团队执教能力提升的思考 [J]. 教育与职业，2014（3）：65 – 67.

[2] 金惠红，杨松青. 高校科研团队协作因素对团队效能影响的研究——以共享心智模型为中介 [J]. 浙江工业大学学报，2012（3）：16 – 21.

[3] 赵亚平，顾志良. 高校教学团队建设的理论思考与实践探索 [J]. 现代教育管理，2011（10）：76 – 78.

[4] 付宁，陈渌漪，白秀轩. 高职教师执教能力培养途径与方法探索 [J]. 职业，2014（4）：53 – 54.

[5] 杨守良，杨保亮，曾令刚. 应用型本科高校"双师型"教师执教能力提升的途径和认证研究 [J]. 教育教学论坛，2014（7）：279 – 281.

下篇

学生学术研究论文

基于战略性石油储备
系统的我国石油进口对策研究

蓝　熙❶

摘要： 长期以来，石油一直在我国能源消费中占有较大比例，在促进经济增长的同时，又面临着资源缺乏的困境。随着经济建设的稳健增长及相应需求的快速膨胀，国内产需缺口扩大转为以对外进口为主。然而，我国石油进口存在许多隐患：首先，供给不平衡的问题日益突出，对外依存度过高，进口来源国单一，进口安全问题日益突出；其次，我国国内石油庞大的消费量已促使我国成为世界第二的石油进口国，但国内主要的产油基地已基本进入中晚期，产量增速极其缓慢；最后，我国石油储备仍然较为匮乏，进一步加深了我国过度依赖石油进口的威胁程度。种种问题都指出我国建设战略性石油储备系统的必要性，以及基于此系统研究石油进口对策的重要性。

关键词： 战略性石油储备；石油；进口；对策

1　引言

长期以来，石油❷一直在我国能源消费中占有较大比例，在保障和促进经济增长的同时，又面临着资源缺乏的困境。随着经济建设的持续稳健增长及相应需求的膨胀，我国石油转为以对外进口为主。2014 年 11 月，国际能源署

---

❶　作者简介：蓝熙（1992—　　），女，北京联合大学商务学院国际经济与贸易专业 2011 级学生。指导教师：郑春芳。

❷　本文研究对象石油（Petroleum）包括天然气（Natural Gas）、石油产品和人造石油（Synthetic Crude Oil）。石油产品又涵盖燃料（F）、溶剂和化工原料（S）、润滑剂和有关产品（L）、蜡及其制品（W）、沥青（B）和焦（C）六大类。由于各统计网站口径不同，具体引用数据种类详见备注。

报告指出，我国将在 2030 年前后取代美国成为世界第一原油[1]消费国。然而，我国石油进口存在许多隐患。首先，供给不平衡的问题日益突出，对外依存度过高，进口来源国单一，安全问题凸显；其次，我国国内石油庞大的消费量已促使我国成为世界第二的石油进口国，但国内主要的产油基地已基本进入中晚期，产量增速极其缓慢；最后，我国石油储备仍然较为匮乏，进一步加深了对石油进口的依赖程度。种种问题都指出我国建设战略性石油储备系统的必要性，以及基于此系统研究石油进口对策的重要性。

2 我国战略性石油储备和石油进口现状

2.1 我国战略性石油储备现状

战略性石油储备系统[2]是一国为应对突发性短期石油供应冲击而建设的储存石油的体系，目的在于保障原油不断供给和确保国家能源安全，同时兼具平抑油价异常波动的功能。

2.1.1 战略性石油储备系统的建设

我国早在 1996 年《国民经济第九个五年计划和 2010 年远景规划》中就提出建设战略石油储备的构想。2001 年将建立国家战略储备体系正式纳入"十一五"规划。我国首个石油储备基地宁波镇海于 2004 年 3 月 28 日正式开始建设，并于 2006 年 9 月完工投入试运行。直至 2008 年 12 月，一期储备工程全部建成，总库容 1640.0 万立方米，见图 1。

2.1.2 战略储备总量及形式

目前，我国的战略性石油储备系统仍很薄弱。2014 年下半年，我国借国际原油价格下跌的大好形势大量进口石油来填充库存，成为在全球经济疲态下促使亚洲需求持续增长的主要力量。2014 年 11 月 20 日，四个一期石油储备基地共储备原油 1243.0 万吨，仅占世界总量的 1.7%。截至 2015 年 3 月，

---

[1] 原油（Crude oil）特指地下或海底直接开采的、未经任何处理的黑色或深棕色的稠厚、有黏性的油状物质，以及未经加工的石油。一旦开始加工，原油就可以称为石油了。

[2] 根据国际能源署（IEA）的定义，战略石油储备是指其成员国的政府、民间组织和石油企业所保有的全部原油及主要石油产品的库存总量，包含管道和枢纽中心的存量。国际计委综合司指出其内涵为实物性、强制性、可动用性及公共性。

我国现有储备基地已接近满仓，但新的库存空间还未建好，短期内我国将暂停储备方面的行动。

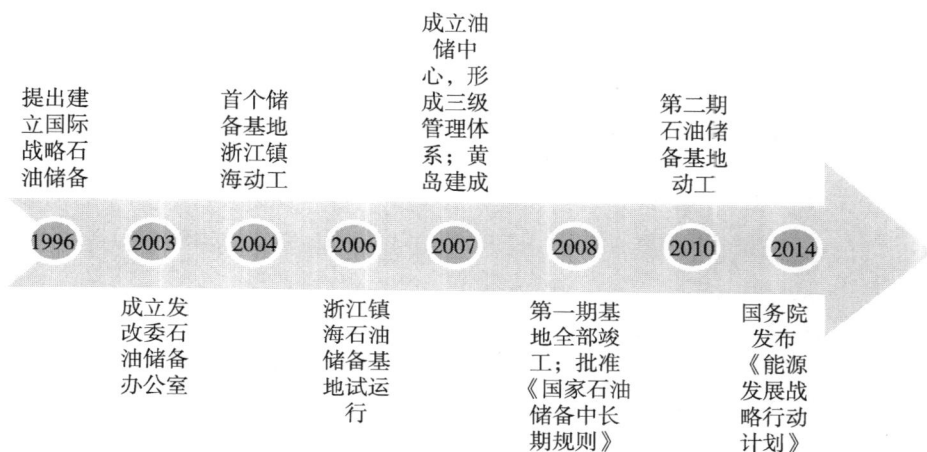

图1　我国战略石油储备系统建设进程

大多数先进国家将民间资本与政府储备相融合。美国储备系统涵盖政府和社会两方面，政府储备由国家出资和控制，设有基金预算及专项账户，占比三分之一；而社会储备则依据市场实际情况进行具体操作，企业自行决定储备行为、储量大小和在市场买卖的时机。法国和日本在美国的储备系统基础上将社会储备细分为法定企业储备和企业商业储备，从而形成了更完备的三级体系。德国则将三级体系中的政府储备转换为以储备联盟进行的机构储备。

我国现阶段国家储备和商业储备相对独立且储量差距明显，相关企业的责任与义务混淆，尚未形成多元化结合型的储备模式。2015年1月推行最低商业原油库存制度以后，明确了石油加工企业的储备义务，推动了多层次存储体系的进程。

2.1.3　战略储备布局

美国、德国和法国多采用地下盐丘❶或岩盐层储备。美国通常在靠近石油工业带的优越盐丘附近建立储备基地，这样一来可借助附近密集的码头和发

---

❶　盐丘（salt dome）又称盐穹，是由于盐岩和石膏向上流动并挤入围岩，使上覆岩层发生拱曲隆起而形成的一种构造。从广义来说，该术语既包括盐核也包括周围被"穹起"的岩层。

达的管道进行低成本输送。德国则相对集中于主要港口和运输线路上。我国一期储备基地聚集在沿海经济发达地区，临近大型炼油和化工企业，靠近港口码头运输便利。未来会新添内陆储备点。

2.2 我国石油进口现状

2.2.1 进口规模、增速及价格情况

近年来，我国石油进口始终保持着快速增长的势头，2013 年 9 月我国石油平均日净进口量甚至超过美国。图 2 反映了我国石油净进口量与进口量间的关系，可明显看出，原油进口量与净进口量相差无几，二者均稳定增长。与 1998—2004 年的震荡波动相比，净进口量增速维持在 10.0% 左右。

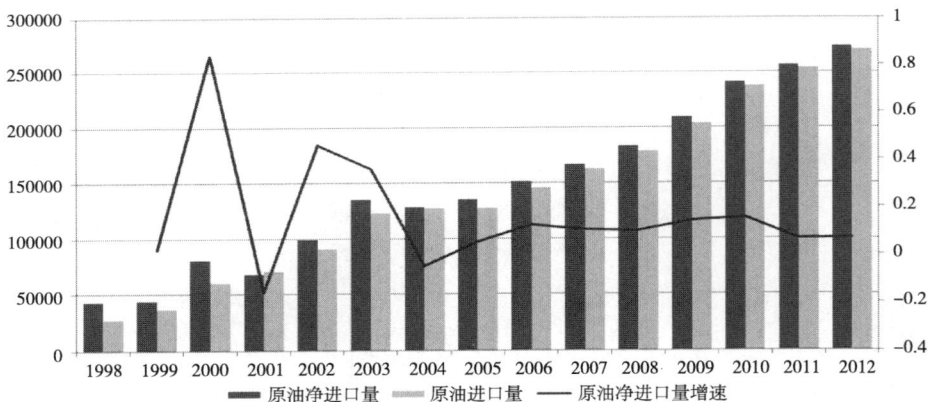

图 2 我国原油 1998 年至 2012 年净进口量与进口量分布（单位：千吨）
数据来源：IEA Statistics。

数据显示，自 2012 年 6 月起（除 2012 年 3 月和 2014 年 3 月）我国石油进口价格指数保持低于 100，与同期相比持续降价。2014 年 3 月进口价格突增，进口价格指数高达 149.7。与进口价格指数不同，进口数量指数在 2013 年 9 月以后均小于 100，2014 年间更是小于 80，下降趋势明显。

2.2.2 进口国别分布

我国排名前十的原油来源国大部分属于中东和非洲地区，来自欧洲、中亚和南美的进口量逐年增加。图 3 反映了我国各主要进口国的进口量分

布。仅从 2013 年的进口量来看，从沙特阿拉伯进口 5390.2 万吨石油，第二名安哥拉约为 4000.9 万吨，再加上从阿曼进口了 2546.9 万吨，前三名之和就约占总进口量的 42.4%。与阿曼相近的还有俄罗斯 2434.8 万吨、伊拉克 2351.3 万吨和伊朗 2141.2 万吨。委内瑞拉、哈萨克斯坦和阿拉伯联合酋长国稍少一些，分别为 1555.2 万吨、1198.1 万吨和 1027.6 万吨。最少的科威特也有 834.3 万吨。2013 年，从这十个国家进口的石油量占我国石油进口总量的 83.7%。

2.2.3 海上进口航线现状

我国 2013 年从中东进口量占前十来源国进口总量的一半，可见中东航线的重要性。此外，4000.9 万吨占比 14.2% 的石油从安哥拉经过西非航线运抵我国。

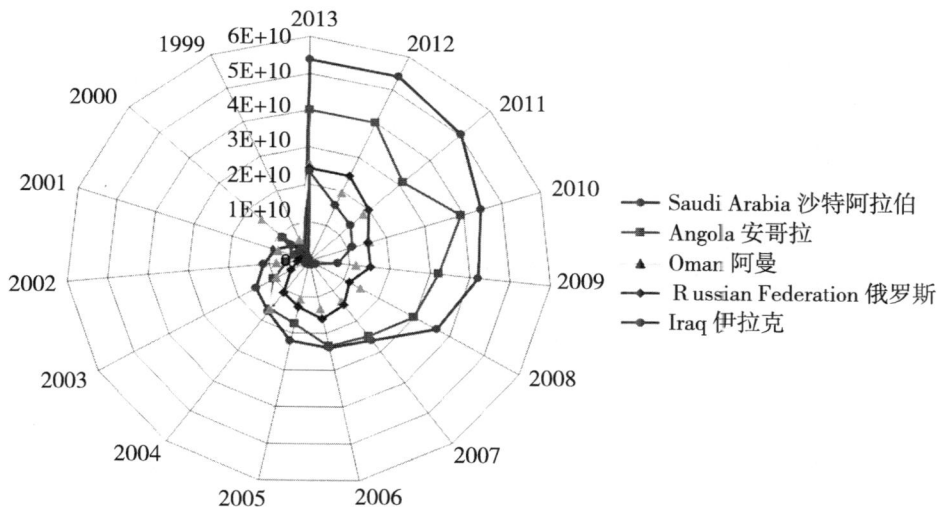

图 3　2006—2013 年我国石油主要进口国家进口量分布❶（单位：千克）
数据来源：UNcomtrade。

通过对表 1 分析可知，我国海上石油运输路线主要途经好望角、霍尔木兹海峡、马六甲海峡等几个影响我国石油进口安全的重要节点，台湾海峡及南海是运抵我国沿海及港口的必经之地。其中超过七成需经过马六甲海峡，

---

❶ 研究对象为 HS 编码 2709（petroleum oils, oils from bituminous, crude）。

马六甲海峡有着重要的经济和战略地位。

表1 我国石油进口主要航线

航线名称		目的国家	重要节点	类型	占比
东南亚航线		印度尼西亚、马来西亚	马六甲海峡—南海—我国沿海	煤炭天然气	
拉美航线		委内瑞拉、多巴哥、巴西	巴拿马—太平洋—我国港口	石油天然气	12.5%
			好望角—马六甲海峡—南海—我国		
中东航线		沙特阿拉伯、阿曼、伊拉克、伊朗、科威特、阿联酋	中东—波斯湾—霍尔木兹海峡—马六甲海峡—南海—我国沿海		25%
非洲航线	西非	安哥拉、尼日利亚	好望角—马六甲海峡—南海—我国	石油天然气	12.5%
	北非	利比亚、苏丹、埃及	直布罗陀海峡—好望角—马六甲海峡—南海—我国港口		25%
			苏伊士运河—亚丁湾—马六甲海峡—南海—我国港口		
	南非	安哥拉、尼日利亚	马六甲海峡—南海—我国沿海		10.5%

3 我国石油战略储备和进口存在的问题

3.1 石油战略储备系统不完善

3.1.1 基地分布不均，储备成本过高

我国石油战略储备基地主要集中在东部、西部和沿海区域。这样布局的好处是可借用沿海的便利区位进行石油的快速集散，节约运输成本。然而弊端在于忽略了沿海地域的政治安全因素的影响，布局过度集中面临攻击时易于被攻破。此方面可借鉴美国的储备方法，深藏在地下岩层洞穴里，这样不

仅提高了安全系数，还降低了仓储成本。

2014 年后半年国际油价下滑，海关总署发布的数据显示，6 月平均单价为每吨 777.6 美元，9 月降至每吨 743.75 美元。建设战略储备除需支付购买成本外，直接成本还涵盖建筑成本和管理维护成本。在储存过程中还需承担价格波动的风险、设施自然老化的风险和运输过程中的风险等。

3.1.2 管理机构不够完善，缺乏系统理论指导

我国油储基地和进行执行职能的国家石油储备中心具有一定距离，若发生地方性稳定问题可能不能及时快速地掌控局面。地方储备管理机构缺乏自我决策管理职能，不能在适当的市场行情下实现部分商业化运营。此外，地方储备管理机构缺乏对商业储备的管理和监控，既没有专门设法规范，也没有权利授权某些安全储备管理公司监管。

面对国际石油市场的变动，我国更多的还是被动接受，没有足够的模型来系统分析存在的问题并进行科学的决策。一是缺乏对战略性石油储备如何保障资源安全、如何平抑国内油价的相关研究，对建立和完善储备系统的重要性不够明确、理解不够透彻；二是对最优石油储备规模的探究还略显匮乏；三是欠缺综合供给、需求、价格等多种不确定因素来定量研究石油储备的收储、释放和补仓策略。

3.2 我国石油进口存在的问题

3.2.1 国内产需缺口大导致对外依存度过高

近年来，由于在石油勘探方面投资不足，加上主要的产油基地已进入开发后期阶段，国内原油产量有限且增长缓慢。老油田产量骤减且新储量落后于原油产量增长，国内产量缓慢的增长速度已不足以满足日益增长的需求。供需缺口逐渐扩大，必须依赖进口来均衡。图 4 凸显出产量与表观消费量间的供需缺口。

据石油经济技术研究院 2015 年 1 月 28 日发布的《2014 年国内外油气行业发展报告》，2014 年我国国内石油表观消费量约 5.18 亿吨，同比增长 3.7%，原油产量则稳中微增。

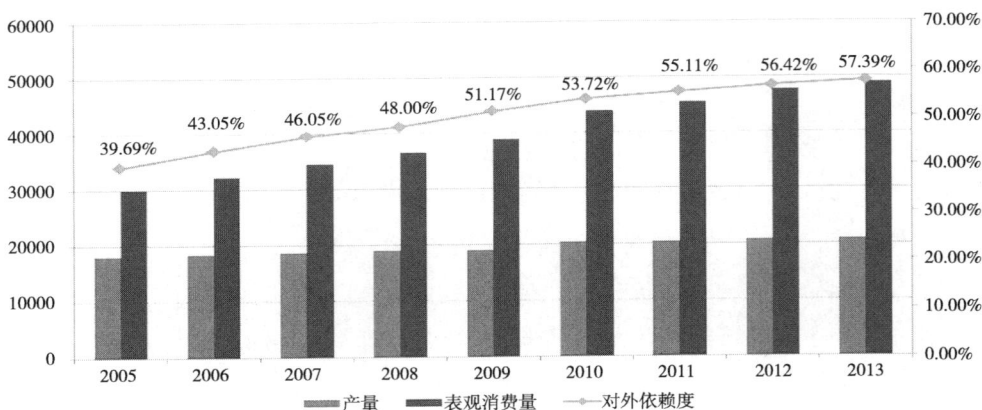

图 4　我国石油 2005 年至 2013 年产量、表观消费及进口依存度分布（单位：万吨）
数据来源：国家统计局。

自成为石油净进口国后，我国对外依存度就从 1997 年的 10.0% 不断飙升。2009 年以 51.17% 突破安全警戒线以后高居不下，这意味着我国石油处于极度不安全的状态。按海关总署 2015 年 1 月新闻发布会上的数据计算，2014 年对外依存度将高达 59.6%。预计 2015 年将突破 60.0%。但值得欣慰的是，对外依存度的增速有所减缓，可见国家和政府对于这些问题的重视和控制。

3.2.2　主要进口航线存在安全隐患

我国石油进口航线单一，过度依赖中东航线，且主要节点可能存在安全隐患，尤其是霍尔木兹海峡、马六甲海峡和越南及菲律宾海域。

首先，霍尔木兹海峡是海湾地区石油输往世界各地的唯一海上通道，一旦霍尔木兹海峡出现问题或者遭到封锁，将造成极大的创伤。为此，2014 年我国派出两艘驱逐舰停靠伊朗，进行为期 4 天的访问并举行联合演练，中伊的第一次军事合作加强了两国间的关系。

其次，几乎所有的航线都需要通过印度洋和马六甲海峡才能到达我国南海，占比接近 80.0%。然而新加坡、马来西亚、印度尼西亚三国共同管理决定了其复杂性。加之新加坡更倾向于英美等西方国家，途经的马来西亚和印度尼西亚与我国的关系也不够密切，不能确保发生突发事件时是否保持利益一致。

再者是越南海域和菲律宾海域。越南和菲律宾与我国在南海问题上的争端由来已久，近年来更是频频阻碍我国在南海区域的正常维权。2014 年 5 月，菲律宾借我国渔船非法捕捞海龟为名抓捕了我国 11 名渔民。此外，还干扰西沙群岛海域上中海油田的正常钻探活动。越南驻菲律宾大使甚至公开支持越南人挑战我国的行为，并美化其为勇敢且爱国的，声称我国在南海钻探石油的行为侵犯了越南主权，并煽动菲律宾与越南联合对抗我国。美国正在抓紧与菲越两国建立密切的关系，企图联合对抗我国。

我国超过一半的原油进口来自中东。2013 年，我国从中东区域进口的石油不仅在数量上而且在金额上都占有绝对的比例，从侧面反映出我国进口来源的单一性。

3.2.3 尚未达到战略石油储备要求

2014 年我国原油产量仅为 2.1 亿吨，但消费量高达 5.1 亿吨，3.0 亿吨的缺口需要依赖进口来满足。同样的，2013 年我国原油表观消费量高达 4.9 亿吨，而同年的原油产量仅为 2.1 亿吨，2.8 亿吨的进口量才能满足社会需求。可见目前我国的原油储备量远远不能满足基本的保障战略安全的需要，仍然过度依赖外来石油进口。一旦发生意外事件导致石油进口的波动，或者遭受人为的供应冲击，我国将受到极大的威胁，更别提掌控石油定价的话语权和调节油价。

已完工的一期石油储备基地储量仅为 1243.0 万吨。参照 IEA 对成员国战略储备必须达到 90 天的规定，按 2013 年石油日均消费总量约 189.0 万吨来计算，需要 17010.0 万吨才能满足储备要求。2014 年净进口量约 3.1 亿吨，按一年 365 天算，需 7643.8 万吨方才可满足 90 天的进口需求。显然我国战略储备量仍有很大缺口，远远达不到战略石油储备要求。对我国石油进口影响因素进行 SWOT 分析见表 2。

目前我国石油行业优势与劣势共存，挑战与机遇共进。图 5 为基于 SWTO 分析的相应策略矩阵图。笔者认为，基于目前我国对石油的高度依赖，即使困难重重也要迎头奋进，应该采取更加积极的态度面对复杂的国际原油市场，转换原本的旧式思维，在借鉴发达国家的成熟经验的基础上，探索符合我国国情和特色的石油进口模式。

表 2 我国石油进口的 SWOT 分析

	Positive Factors （正面因子）	Negative Factors （负面因子）
Internal Factors （内部因素）	Strength （优势） 国家政策扶持； 与石油输出国亲密的国际关系； 主要石油进口企业与政府良好的公共关系	Weakness （劣势） 我国经济发展对石油能源依赖大； 石油开采技术落后； 战略石油储备系统不完善； 油价下跌影响宏观经济运行
External Factors （外部因素）	Opportunity （机会） 国际油价走低，降低进口成本； 石油出口国加大石油输出； 美国页岩油蓬勃发展加大供给并压低国际石油价格； 国内能源结构调整将促进石油进口	Threat （威胁） 部分石油输出国存在债务违约风险； 海上运输航线存在安全隐患； 国际市场不确定因素过多

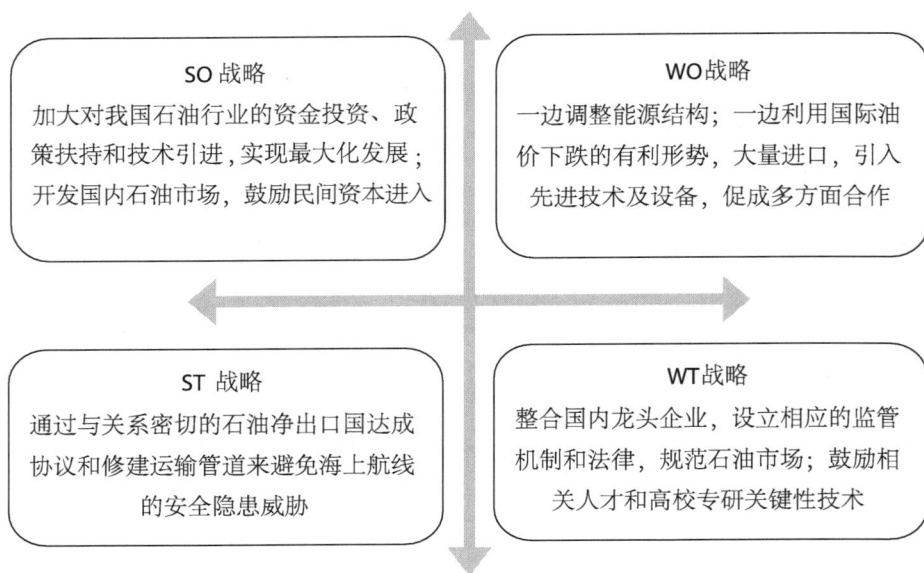

SO 战略
加大对我国石油行业的资金投资、政策扶持和技术引进，实现最大化发展；开发国内石油市场，鼓励民间资本进入

WO 战略
一边调整能源结构；一边利用国际油价下跌的有利形势，大量进口，引入先进技术及设备，促成多方面合作

ST 战略
通过与关系密切的石油净出口国达成协议和修建运输管道来避免海上航线的安全隐患威胁

WT战略
整合国内龙头企业，设立相应的监管机制和法律，规范石油市场；鼓励相关人才和高校专研关键性技术

图 5 我国石油进口的 SWTO 策略

98

4 我国石油进口对策建议

4.1 加快结构调整，减少不必要的能源消耗

随着工业化的推进和私家车的普及，工业和交通运输业仍是我国石油发展供需中消耗石油的主要领域。2000—2012 年，交通运输业在消费总量中所占比例上涨了9.0%，工业却呈波动下降的趋势。整体来看，消费总量逐年上升，2012 年较 2000 年翻一番。建筑业、批发零售、餐饮业和居民生活消耗的石油量也不断增加，农牧业和其他行业占比持平。显然，推进结构调整、重视第三产业及高科技行业的发展是控制我国石油需求过大的最根本途径，只有降低这些占比巨大的行业的能耗，才能遏制过快膨胀的国内产销差距。与此同时，加快推进新能源的开发和利用。一味依靠引进国外先进技术和专家，不仅耗资巨大、受人控制，而且可能接触不到实质性的先进技术和核心突破，唯有加大对新能源行业的支持以及鼓励相关专业人才和民间资产进入资源行业才是较为有效的办法。

4.2 完善石油战略储备系统

建立健全石油储备体系刻不容缓。我国每平方公里国土面积的石油资源量、累计探明可采储量、剩余可采储量和产量值均低于世界平均水平，若没有科学而完善的战略储备系统将处于极度被动且岌岌可危的状态。石油是事关我国经济命脉及安全的战略性资源，一旦发生供给中断，必须具备迅速补充石油的能力和快速平抑市场价格的处理措施。石油战略系统可避免我国石油供给受国际关系变化和石油价格波动的牵制，保障资源的平稳供应。

首先，完善相关法律法规，确保各企业各机构有理可依、有规可循，严格规范石油市场的行为，建立独立运作的监管机构，避免国有企业垄断而滋生腐败和垄断民生的问题。其次，多层次发展石油储备主体，多样化选择石油储备形式，多元化筹集石油储备资金。考虑海上储存、地下储存等方式，运输途径也应采用海上、管道和铁路并举。再者，利用石油期货市场进行有机联动和规避风险，实物储备与在资源产地储备相结合，对于那些已探明可开采的石油资源，暂时保存在地下不予开发或仅进行维护性生产。按照市场

机制和供求情况来调节储备，在国际油价上涨时或储备宽裕时适当出售部分石油，而在油价暴跌时进行买入和持有，进行分时段运作。最后，构建成熟的石油储备战略体系理论。通过上文的论述可明显看出整个石油战略体系需要涵盖多个方面、多个领域，各因素间相互牵制又相互作用。比如，是否扩大石油储备规模，与油价高低成反比，与市场中断概率成正比。基于之前的研究和探究，笔者提出了一个略为粗浅的石油战略体系构想，如图6所示。

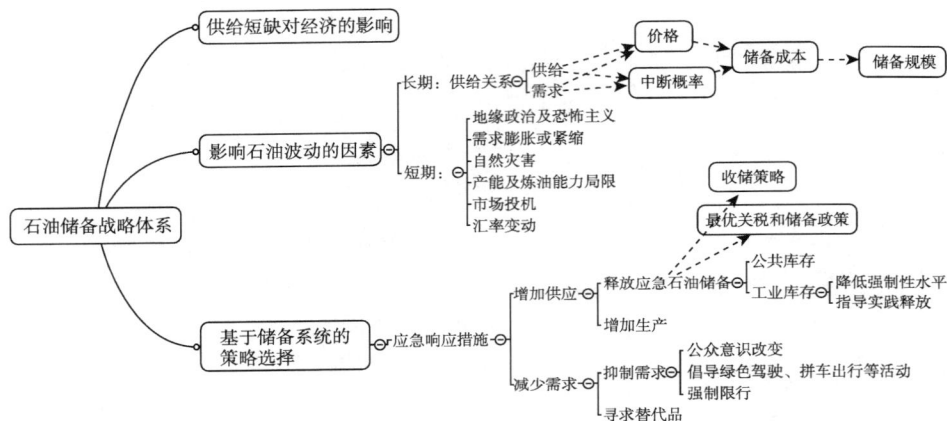

图6　我国石油战略体系构想

5　结论

石油资源关乎国家经济命脉，目前我国战略性储备距离目标差距还很大，导致相应的石油进口问题突出。战略性石油储备系统不仅可以保证能源持续供应、平抑油价，还可起威慑作用，研究相关数据还有助于了解国际市场的动态及变化规律。

因此，必须坚定以完善战略性石油储备为根本，逐步健全石油系统，最终缓解产需缺口，摆脱过度依赖进口。鼓励专业人员及各高校专研和提升关键性技术，探寻储备布局及模式的多元化。除政府提供必需资金外，鼓励社会资本进入市场和参与储备建设，分担压力增添多样性。同时，加大与主要石油输出国的国际联系及合作，尤其是以俄罗斯为代表的新兴国家，通过建设路上管道等方式避开海上运输风险。

参考文献：

［1］苑立杰．论石油战略储备法律制度的构建［D］．黑龙江：东北冰业大学，2011.

［2］白洋．基于供给风险视角的战略石油储备策略建模研究［D］．南京：南京航空航天大学，2012.

［3］汪玲玲，赵媛．中国石油进口运输通道安全态势分析及对策研究［J］．世界地理研究，2014（3）：33－43.

［4］李昕．1949年以来中国石油进出口地位演变［J］．西南石油大学学报（社会科学版），2014（1）：1－6.

［5］哈奔．我国重要能源资源进口风险评价与渠道选择研究［D］．西安：西安科技大学，2014.

［6］陈筱莉．基于Matlab软件的美国石油进口量数据分析［J］．中国外资，2014（4）：245－246.

［7］张抗，卢雪梅．中国石油进出口分析及相关问题探讨［J］．国际石油经济，2012（8）：28－36.

［8］张宇．中国石油进口分析［D］．北京：中国地质大学，2013.

［9］王泽祎．中国石油贸易的现状、存在问题及应对措施［J］．中国市场，2014（40）：95－97.

中日韩三国 FTA 原产地规则比较分析

钟月明❶

摘要：在区域经济一体化迅猛发展的今天，以自由贸易区为主导的区域贸易安排成为世界各国开展对外贸易合作的最主要和最直接的方式。本文在系统介绍 FTA 原产地规则和中日韩三国 FTA 发展现状的基础上，选择同为中日韩三国自贸区伙伴的东盟和智利为研究对象，比较分析其 FTA 原产地规则的异同点，并以此为依据，结合中国的 FTA 现状，对将来 FTA 原产地规则的制定和完善提出相应的建设性建议。

关键词：FTA；原产地规则；中日韩；比较分析

1　FTA 原产地规则概述

"原产地规则"是各国（地区）为了确定商品原产地和地区而采取的法律、规章和普遍适用的行政命令。作为区域贸易安排中的一种贸易保护措施，原产地规则采取了严格规范的法律形式，在广泛的应用过程中逐渐被各国政府视为一种隐蔽的非关税贸易壁垒，如今已然成为各国实施贸易政策的有力工具。

通常，FTA 原产地规则可以分为具体产品原产地规则和一般性制度原产地规则两大类。

---

❶ 作者简介：钟月明（1993—　），男，北京联合大学商务学院国际经济与贸易专业 2011 级学生。指导老师：梁瑞。

1.1 具体产品的原产地规则

具体产品分为"完全获得产品"和"非完全获得产品"两大类。

针对"完全获得类产品",判定其原产地时通常采用国际上通用的标准,如某一产品的原材料完全产自 M 国,且在该国境内完成从原材料到成品的一系列加工制造流程,则该产品的原产地就被判定为 M 国。

判定"非完全获得产品"的原产地时,情况较为复杂,判定依据也更加多元化。针对此类产品,判断的标准是货物是否有实质性改变。为了减少实质性改变所带来的歧义,通常采用以下三种标准进行判定。

1.1.1 税目改变标准——CTC

"税目改变标准"是指最终产品的税目号列与其所使用的原材料或投入的中间产品的税目号不同。根据这一标准,如果某种原材料经过制造或加工,在特定的附有清单的商品目录上改变了税目,则被视作该商品经实质性改变变成了另一种商品。

1.1.2 增值百分比标准——RVC

增值百分比标准又称从价百分比标准,是按照出口货物的进口部分与该货物本身的价值之间的比例关系来确定货物的原产地。即货物在某一国或地区制造加工,其制造加工的货物增值额超过加工或加工前原价值的一定百分比,即视该国或该地区为产品的原产地。

1.1.3 加工工序标准——TR

加工工序标准即依据只在加工工序清单,将对产品进行了符合要求的加工工序的生产地作为产品的原产地。

加工工序清单是对产品生产过程的具体描述,它规定只要在产品的生产过程中有几个生产阶段或生产工序是在给惠国或受惠国内完成,那么这种产品就被赋予惠国或受惠国原产地地位。

1.2 一般性制度的原产地规则

一般性制度的原产地规则按照其作用主要可以分为放宽适用范围和限制适用范围两大类。

放宽适用范围的一般性制度主要包括微量标准、吸收原则和积累原则。微量标准通过规定某一产品中可使用且不影响其原产地的非原产材料的特定最高百分比这种形式来达到放宽适用范围的目的。吸收原则允许已满足相关原产地规则而获得原产资格的进口原材料可以作为原产投入品进行再加工。累积规则具体指 RTA 内部成员的生产商在生产产品时允许使用区内其他成员的进口原产料，而不影响最终产品的原产身份。

限制适用范围的一般性制度主要包括不充分行为、禁止出口退税和原产地证书。不充分行为一般会在自由贸易协定中拟一份独立的清单，列明任何情况下都不会使得原产地规则发生改变。禁止出口退税允许 RTA 生产商将获得原产资格的最终产品出口至区内其他成员时，免征或者退还已对其进口中间品征收的关税。而原产地证书则是通过提高自由贸易协定的管理成本这种方式来对其适用范围进行限制。

其他一般性制度还包括委外加工、除外部门与特殊部门规定等。

2 中日韩三国 FTA 现状

2.1 中国 FTA 现状

中国目前在建自贸区 18 个，涉及 31 个国家和地区。其中，已签署的 FTA 共 12 个，涉及 20 个国家和地区；正在谈判的 FTA 共 6 个，涉及 22 个国家。此外，中国完成了与印度的区域贸易安排（RTA）联合研究，正与哥伦比亚等开展自贸区联合可行性研究。

表 1　中国区域贸易安排一览表

地区分布	签订完成的 FTA	正在谈判的 FTA	正在研究的 FTA
亚洲	中国—东盟自贸区 中国—新加坡自贸区 中国—巴基斯坦自贸区 内地与香港、澳门的更紧密经贸关系安排（CEPA） 大陆与台湾的海峡两岸经济合作框架协议（ECFA）	中国—韩国自贸区 中国—海合会（GCC）自贸区、中日韩自贸区 《区域全面经济合作伙伴关系》（RCEP）协定谈判	中国—印度自由贸易区

续表

地区分布	签订完成的 FTA	正在谈判的 FTA	正在研究的 FTA
欧洲	中国—瑞士自贸区 中国—冰岛自贸区	中国—挪威自贸区	—
美洲	中国—智利自贸区 中国—秘鲁自贸区 中国—哥斯达黎加自贸区	—	中国—哥伦比亚
大洋洲	中国—新西兰自贸区	中国—澳大利亚自贸区	—

资料来源：根据中国自由贸易区服务网相关信息整理而得。

2.2 日本 FTA 现状

日本在自由贸易区的实现方式上，偏向采用 EPA 而非 FTA。自 2002 年日本与新加坡签订了第一个自由贸易协定以来，日本先后与美洲、东亚、欧洲等地区的国家展开了自由贸易协定的谈判和签订工作。根据日本外务省网站上的资料显示，截至目前，日本共与全球 22 个国家或组织确定了建立 EPA 的意向，已签订并且生效的 EPA 有 13 个；正在谈判的经济伙伴关系协定有 8 个。除此之外，与中国的 EPA 正在研究当中。

表 2   日本区域贸易安排一览表

地区分布	签订生效的 EPA	正在谈判的 EPA	正在研究的 EPA
亚洲	日本—东盟自贸区 日本—泰国自贸区 日本—文莱自贸区 日本—马来西亚自贸区 日本—印度尼西亚自贸区 日本—新加坡自贸区 日本—菲律宾自贸区 日本—越南自贸区 日本—印度自贸区	日本—韩国自贸区 日本—海合会（GCC）自贸区 日本—蒙古国自贸区 区域全面经济伙伴关系（RCEP）	日本—土耳其自贸区

续表

地区分布	签订生效的 EPA	正在谈判的	正在研究的 EPA
欧洲	日本—瑞士自贸区	日本—欧盟自贸区	—
美洲	日本—智利自贸区 日本—墨西哥自贸区 日本—秘鲁自贸区	日本—加拿大自贸区 日本—哥伦比亚自贸区	—
大洋洲	—	日本—澳大利亚自贸区	—

资料来源：根据日本外务省网站相关信息整理而得。

2.3 韩国 FTA 现状

根据韩国外交通商部的相关资料，自 1998 年开始自由贸易区谈判以来，韩国目前已经签订并生效的 FTA 有 8 个，已经签订但是尚未生效的 FTA 有 2 个；正在谈判的 FTA 有 11 个；正在研究中的自由贸易区有 4 个。一旦上述 FTA 全部开始实施，与韩国签订 FTA 的国家和地区的 GDP 将占全球的 82%。

表 3 韩国区域贸易安排一览表

地区分布	完成签订的 FTA	正在谈判的 FTA	正在研究的 FTA
亚洲	韩国—新加坡自贸区 韩国—东盟自贸区 韩国—印度自贸区 韩国—土耳其自贸区（未生效）	韩国—中国自贸区 韩国—印度尼西亚自贸区 韩国—越南自贸区 韩国—日本自贸区 韩国—海合会（GCC）自贸区 韩国—RCEP 自贸区	韩国–以色列自由贸易区 韩国—马来西亚自由贸易区
欧洲	韩国—欧盟自贸区 EFTA	—	—

地区分布	完成签订的 FTA	正在谈判的 FTA	正在研究的 FTA
美洲	韩国—美国自贸区 韩国—智利自贸区 韩国—秘鲁自贸区 韩国—哥伦比亚自贸（未生效）	韩国—加拿大自贸区 韩国—墨西哥自贸区	韩国—南方共同市场自由贸易区 韩国—中美洲自由贸易区
大洋洲	—	韩国—澳大利亚自贸区 韩国—新西兰自贸区	—

资料来源：根据韩国外交通商部网站相关信息整理而得。

通过上述分析可知，同中日韩三国建立自贸区的国家主要分布在亚洲、欧洲、美洲及大洋洲等地区。亚洲国家最多，美洲次之，大洋洲最少。其中，同时与三国共同建立 FTA 的成员国分布如表 4 所示，而已同三国完成 FTA 协定签署的国家只有东盟、新加坡及智利三方。以下选取三国分别同东盟和智利签署的 FTA 协定中的原产地规则为研究对象，对中日韩三国 FTA 原产地规则进行比较分析。

表 4　中日韩三国共同的区域贸易协定成员国

	中国	日本	韩国
东盟	2002（签订）	2008（签订）	2009（签订）
印度	2005（研究）	2010（签订）	2009（签订）
新加坡	2009（签订）	2003（签订）	2005（签订）
海合	2005（签订）	2006（谈判）	2008（谈判）
智利	2005（签订）	2007（签订）	2003（签订）
秘鲁	2009（签订）	2011（签订）	2010（签订）
哥伦比亚	2012（研究）	2012（研究）	2013（签订）
澳大利亚	2005（谈判）	2007（谈判）	2009（谈判）
中日韩自贸区	2007（研究）	2007（研究）	2007（研究）

3 中日韩三国 FTA 原产地规则比较分析

3.1 中日韩与东盟签署的 FTA 原产地规则比较分析

3.1.1 "完全获得产品"原产地规则基本一致

针对"完全获得产品"，中日韩三国与东盟签订 FTA 均是以国际通用标准为原产地规则制订的基准参考。国际通用标准中，"完全获得产品"通常包括以下几类：在本国收获、采摘的植物产品；饲养、狩猎、捕捞、养殖的动物和水产品；开采的矿产品，在国际法允许的海域获得的产品，本国船只在公海获得的产品；在本国收集的废弃物品和生产中的废料以及上述产品加工制得的产品。

3.1.2 "非完全获得产品"原产地规则各有侧重

对于"非完全获得产品"，中日韩三国判定其原产地的标准各有侧重。

中国—东盟自贸区主要采用"增值百分比标准"，并以"税则改变标准"和"加工工序标准"（不符情况单独列明）为辅助进行判定。计算区域价值含量的方法有"直接判定法"和"间接判定法"两种。此外，"非完全获得产品"的最终生产工序应在中国—东盟自贸区缔约方的境内完成。

日本—东盟自贸区主要采用"增值百分比标准"和"税则改变标准"，并以"加工工序标准"（不符情况单独列明）为辅助进行判定。"增值百分比标准"要求产品的区域价值含量不低于 40%，且产品的最终生产工序应在日本—东盟自贸区缔约方的境内完成。

韩国—东盟自贸区对"非完全获得产品"的判定与日本类似，要求产品的税则发生改变或区内价值含量不低于离岸价格的 40%。但是未单独列明不符合"加工工序标准"的特殊情况。计算区域价值含量时可采用"向上累加法"或"向下扣除法"。

适用特定原产地标准的特殊情况均在 FTA 中用附件形式单独列明。如中国—东盟制定原产地规则时认为在成员方区内经过足量转换的产品应被视为该区的原产产品。韩国—东盟制定原产地规则时将调和关税制度第 1 章中的活动物、第 2 章的肉及食用杂碎、第 3 章的活鱼及其他产品列入适用特定原产地标准的范围。日本的特定原产地标准则是在原有的实质性改变标准上加以延伸。

3.1.3 一般性制度的原产地规则变化多元

针对一般性制度的原产地规则，中日韩三国的选择既有重叠又有差别。

在累计制度方面，中国—东盟自贸区、韩国—东盟自贸区以及日本—东盟自贸区的 FTA 原产地规则均采用双边累计，即允许两个 FTA 成员在向对方出口最终产品时，可将加工中来自对方的原材料视为国内原材料。

微量标准的使用方面，韩国—东盟自贸区采用的上限为 10%（HS50—63 章的产品要求非原产材料的重量不超过产品总重量的 10%，其余产品要求非原产材料的 FOB 价值不超过产品总价值的 10%）；日本—东盟自贸区针对 HS18—21 章的产品采用的上限为 7%，其余产品为 10%；中国—东盟自贸区在制定原产地规则时并未使用微量标准，但对原产地证书有特殊的规定。

表 5 中日韩—东盟自贸区 FTA 原产地规则比较

代表性自贸区	主要原产地标准	税则分类改变	增值百分比		生产或加工工序	累计制度	微小含量
中国—东盟	增值比例	CTC（4）	MC	60%	最后加工工序 主要加工工序（纺织原料及制品）	双边	—
			RVC	40%			
韩国—东盟	增值比例 税则改变	CTC（2，4） ECTC	向上累加	40%	主要加工工序	双边	10%
			向下扣除	35%			
日本—东盟	增值比例 税则改变	CTC（2，4，6） ECTC	MC	—	最后加工工序 主要加工工序	双边	10%；7%（HS18—21）
			RVC	40%			

3.2 中日韩与智利签署的 FTA 原产地规则比较分析

智利分别于 2005 年、2007 年和 2003 年同中国、日本和韩国签订自由贸易协定。通过对中国—智利自贸区、日本—智利自贸区以及韩国—智利自贸区的 FTA 具体内容进行解读，可以得出以下结论。

3.2.1 "完全获得产品"原产地规则

针对"完全获得产品"，均以国际标准为基础制定原产地规则，对于使用特定原产地规则的产品将另附清单予以说明。

3.2.2 "非完全获得产品"原产地规则

中国—智利自贸区判定"非完全获得产品"的原产地主要采用"价值增值标准"，而日本—智利自贸区和韩国—智利自贸区则主要采用"税则改变标准"。中国—智利自贸区要求产品的区域价值含量不低于40%（HS20—26 章、HS48—51 章及其他一些章节下的某些产品适用特定原产标准，要求区域价值成分不低于50%）；日本—智利自贸区与韩国—智利自贸区的"价值增值标准"类似，用"向上累加法"计算时，要求区域价值含量不低于30%，用"向下扣除法"计算时，要求区域价值含量不低于45%。

3.1.3 一般性制度原产地规则

累计制度方面，中国—智利自贸区、韩国—智利自贸区以及日本—智利自贸区制定 FTA 原产地规则时均采用双边累积。微量标准方面，中国—智利自贸区、韩国—智利自贸区制定的 FTA 原产地规则允许的非原产材料的百分比上限为8%，日本—智利自贸区制定的 FTA 原产地规则针对某些产品类别规定非原产材料的百分比上限为7%或10%。

表6 中日韩—智利自贸区原产地规则比较

代表性自贸区	主要原产地标准	税则分类改变	增值百分比		生产或加工工序	累积制度	微小含量
中国—智利	增值比例	CTC（2，4）	MC	—	—	双边	8%
			RVC	40%；50%			
韩国—智利	税则改变	CTC（2，4，6）ECTC	向上累加	30%	主要加工工序	双边	8%
			向下扣除	45%			

110

续表

代表性 自贸区	主要原产 地标准	税则分类 改变	增值 百分比		生产或 加工工序	累积 制度	微小 含量
日本 —东盟	税则改变	CTC (2, 4, 6) ECTC	向上累加	30%	主要加工工序 （HS61—63）	双边	10% 7%
			向下扣除	45%			

从上述对中日韩三国与东盟和智利签署的 FTA 原产地规则进行比较分析，可以发现三国针对"完全获得产品"，其原产地规则均是以国际标准为基础，结合国别的具体情况进行制定；针对"非完全获得产品"，综合运用"增值百分比标准""税则改变标准"和"加工工序标准"制定原产地规则，但侧重哪一种标准则不尽相同；常用的一般性制度是累计原则和微量标准。累计原则均使用双边累积，微量标准的范围从 7% 至 10% 不等。

4 启示与借鉴

4.1 中日韩自贸区 FTA 原产地规则的制定建议

将来中日韩自贸区一旦形成，在制定 FTA 原产地规则时，可以参考借鉴已有经验，运用合理多变的原产地标准，制定不同类型且宽严适度的原产地规则。

"完全获得产品"的原产地规则应参照国际标准并结合中国具体情况制定。如针对农产品（肉制品及活动物、园艺类农产品、谷物及其制品）等仍然具有较强的比较优势的产品，认定原产地建议采用完全获得法以促进出口。

"非完全获得产品"制定原产地规则时应突出主次，综合运用"增值百分比标准""税则改变标准"和"加工工序标准"。作为典型的劳力密集型国家，中国现阶段发展较为成熟的劳力密集型产业（服装、鞋子、玩具、家具等），可以考虑制定较高的原产地标准，如提高区内价值含量或者要求在本地具备生产加工的特定工序。

一般性制度可以选择双边累计和微量标准。尤其在科技含量较高的产业中（汽车产业、生物制药、材料科学等），中国处于相对弱势地位，应当适当降低原产地标准，以便于引进技术和吸引投资。

4.2 发达国家 FTA 原产地规则的特点及借鉴

中国自实施自贸区战略以来，虽然取得了积极的成果，但也存在一定的缺陷。突出表现在成员方主要集中在亚洲地区且以发展中国家为主，同发达国家的自贸区建设尚未取得突破性进展，相应的 FTA 原产地规则制定经验也相对匮乏。

日本和韩国与发达国家的自贸区建设则取得了更多的实质性进展。日本同瑞士于 2009 年 9 月签署 FTA，韩国与美国则于 2012 年 3 月签署 FTA，对日本—瑞士自贸区与韩国—美国自贸区所制定的 FTA 原产地规则进行梳理分析，可以得出以下几个结论。

两个自贸区判定产品原产地的主要标准是"税则改变"，针对不同类型的产品，分别要求 HS 税号在章，目和子目层级 [CTC（2，4，6）] 上发生改变；同时，加工工序标准通常要求产品的主要加工工序须在自贸区内完成；累计制度均采用双边累计；通常规定微小含量为 7% 或 10%，特殊情况将单独列明。

表 7　日本—瑞士自贸区和韩国—美国自贸区原产地规则比较

代表性自贸区	主要原产地标准	税则分类改变	增值百分比			生产或加工工序	累计制度	微小含量
			向上累加	向下扣除	MC			
日本—瑞士	税则改变	CTC（2，4，6）ECTC	—	—	60%；45%；20%	主要加工工序（HS61－63，71）	双边	7%10%
韩国—美国	税则改变	CTC（2，4，6）ECTC	35%35%30%40%30%	45%55%35%50%40%	—	主要加工工序	双边	7%10%

"增值百分比"方面则存在较大差异。日本—瑞士自贸区通常规定进口成分 MC 的最高百分比；韩国—美国自贸区则规定最低区域价值成分，计算方法趋于多样化，除了常见的向上累加法和向下扣除法之外，还有针对汽车产

品所制定的净成本法。

此外，韩国—美国自贸区还运用其他方式限制原产地规则的适用范围。一是不允许出口退税，如果产品享受了出口退税的待遇，就不能够享受优惠关税；二是运输标准，如果产品在运输途中经过非成员国的境内，进入了其贸易领域，或者经过了任何的处理（为了使货物保持良好状态而进行的装卸、重新包装除外），则不符合原产地规则的要求。

5 小结

发达国家对于原产地规则的研究起步较早，成果显著。因此，在制定原产地规则方面积累了丰富的经验。目前，发达国家制定 FTA 原产地规则时，大多数以 NAFTA 体系和泛欧体系为参考或直接沿用这两种体系。

从日本—瑞士自由贸易区和韩国—美国自由贸易区制定的 FTA 原产地规则中可以看出，这些发达国家判定产品的原产地时侧重于适用"税目改变标准"，这也是 NAFTA 体系的重要特征之一。同时，一般性制度的运用更为灵活多变，限制适用范围的一般性制度常作为贸易保护工具来维护本国的利益。

与发达国家构建自由贸易区时，要深入了解 NAFTA 体系和泛欧体系的特征，结合产业优势制定能为中国争取最大利益的原产地规则，可以将 CTC、RVC 和 TR 中的一种或多种结合起来共同使用。同时，考虑扩大一般性标准在原产地规则中的比重。

参考文献：

[1] 殷红. 中国—东盟自由贸易区优惠原产地规则贸易影响的实证研究 ［D］. 成都：西南交通大学，2010.

[2] 边莹. 我国 FTA 原产地规则研究 ［D］. 大连：东北财经大学，2011.

[3] 赵钰. 美韩自由贸易区协定的影响和效应——基于原产地规则的研究 ［D］. 济南：山东大学，2012.

[4] 敖丽红，赵儒煜. 关于中日韩自贸区建设的理论与实证分析 ［J］. 东北亚论坛，2013（108）：117－122.

[5] 梁瑞. 区域贸易安排原产地规则构建的国际比较与借鉴 ［J］. 特区经济（国际经济观察），2012：87－89.

[6] 梁瑞. 区域贸易安排原产地规则研究 ［M］. 北京：知识产权出版社，2012.

中国与东盟国家运输服务
贸易竞争力的比较和提升对策

杨璐妹❶

摘要： 自中国加入 WTO 后，货物贸易得到了快速发展，同时也给运输服务贸易的发展创建了条件。虽然我国的运输服务贸易进出口额呈现出上升的趋势，但运输服务贸易的逆差额仍旧居高不下，严重制约了我国服务贸易的发展。我国要通过政府、行业协会和企业之间的协同作用，通过转变政府的职能，发挥政府在运输业中的监督和管控作用，加强行业协会对运输业的扶持力度，同时运输企业之间通过合并和联盟等方式形成具有竞争力的运输集团，促进我国运输服务贸易的发展。

关键词： 运输服务；国际竞争力；东盟国家

东盟国家作为中国最重要的近邻，在地缘经济、战略和民族文化等方面与中国都有着紧密的联系，通过研究中国与东盟国家的运输服务贸易现状、竞争力比较能够从中得出提高我国运输服务贸易发展的相关方案与对策。

1 中国与东盟国家运输服务贸易发展现状

1.1 中国运输服务贸易发展现状

2003—2013 年，中国运输服务贸易总额呈现出连年增长的趋势，2013 年中国的运输服务贸易总额达到 13193.4 亿美元，约为 2003 年的 5 倍，较 2003 年增长了 10579.5 亿美元。虽然中国运输服务贸易总额连年增长，但增长的

---

❶ 作者简介：杨璐妹（1993—　），女，北京联合大学商务学院国际经济与贸易专业 2011 级学生。指导教师：崔玮。

趋势比较缓慢，2013 年中国运输服务贸易总额的年增长率为 5.74%，较 2004 年下降了 34.33%。与此同时，中国运输服务贸易在中国服务贸易中的份额有所下降，2013 年的比重为 24.59%，相较于 2003 年的 25.61% 下降了 1.02%。❶

1.2　东盟国家运输服务贸易发展现状

东盟 10 国在 2003—2013 年的 11 年中，除了 2009 年受融危机的影响，运输服务贸易总额普遍下降外，其余年份总体上显现出增长的趋势。东盟 10 国中新加坡的运输服务贸易总额居于首位。其次是泰国、马来西亚、印度尼西亚，余下的国家中运输服务贸易最弱的是老挝，2012 年老挝的运输服务贸易为 6.699 亿美元，仅为新加坡的十万分之八点五。可见东盟国家中个别国家的运输服务贸易总额的悬殊还是非常巨大的。同时 2003—2013 年，东盟 10 国中除了老挝保持运输服务贸易连年顺差外，其余国家都存在着运输服务贸易逆差。

1.3　中国与东盟国家运输服务贸易发展现状比较

2003—2013 年，中国运输服务贸易在进口和出口方面都表现出了强有力的优势。2003—2013 年，中国运输服务贸易进口额均高于东盟国家，位列第一，同时还表现出了逐年增长的趋势。紧随中国的是新加坡和泰国，2003—2013 年均位于第二、第三。处于最末位的是老挝，老挝运输服务贸易进口额最高的年份仅为 1.71 亿美元。中国运输服务贸易出口额在 2003—2013 年间除了在 2007 年、2008 年超过新加坡在 11 国中达到第一的排名，其余年份均低于新加坡，处于第二的排名，新加坡在运输服务贸易出口额方面表现出了绝对的优势。

2　中国与东盟国家运输服务贸易国际竞争力比较

2.1　TC 指数分析

2.1.1　TC 指数定义

贸易竞争优势指数也称贸易竞争力（Trade CompetitivePower index，TC），指一国进出口贸易的差额占其进出口贸易总额的比重。

---

❶　数据来源：根据 UNCTADstat 数据整理得到。

2.1.2 TC 指数测算标准

TC 指数取值范围为［-1，1］。当一国 TC 指数大于零时，表示该国某产业具有较强的国际竞争力，TC 指数越接近 1，国际竞争力越强。当一个国家的 TC 指数小于零，说明该国某产业不具备国际竞争力，TC 指数越接近 -1，国际竞争力越弱。

2.1.3 TC 指数计算公式

TC =（Xij + Mij）=（某国运输服务贸易出口额 - 某国运输服务贸易进口额）/（某国运输服务贸易出口额 + 某国运输服务贸易进口额）。其中 X 表示出口，M 表示进口，i 表示某个国家，j 表示运输服务贸易。

2.1.4 TC 指数分析

老挝在 2003—2012 年一直保持着第一的排名，而且也是 11 国中唯一一个 TC 指数始终大于零的国家，体现出老挝的运输服务贸易国际竞争力强。文莱和新加坡的 TC 名大致保持在 1—4 名，其次是中国、马来西亚，柬埔寨和菲律宾，而印度尼西亚、缅甸、泰国、越南的运输服务贸易 TC 指数常年低于 -0.5，在 11 国中的排名均靠后，运输服务贸易国际竞争力弱。

表 1　中国与东盟 2003—2013 年运输服务贸易 TC 指数

年份 国家	2003	2004	2005	2006	2007	2008	2009	2010	2011	2012	2013
中国	-0.395	-0.341	-0.297	-0.241	-0.160	-0.134	-0.328	-0.298	-0.387	-0.376	-0.430
文莱	0.037	-0.020	-0.013	0.016	0.010	0.009	0.008	—	—	—	—
柬埔寨	-0.482	-0.480	-0.479	-0.450	-0.418	-0.436	-0.381	-0.376	-0.463	-0.452	-0.484
印度尼西亚	-0.699	-0.412	-0.448	-0.591	-0.623	-0.665	-0.456	-0.530	-0.557	-0.544	-0.565
老挝	0.648	0.678	0.649	0.627	0.646	0.513	0.459	0.514	0.457	0.488	—
马来西亚	-0.387	-0.419	-0.349	-0.393	-0.210	-0.255	-0.355	-0.417	-0.447	-0.504	-0.507
缅甸	-0.498	-0.454	-0.244	-0.323	-0.465	-0.579	-0.536	-0.503	-0.624	—	—
菲律宾	-0.436	-0.481	-0.493	-0.500	-0.488	-0.529	-0.444	-0.422	-0.386	-0.389	-0.386
新加坡	0.012	-0.024	-0.020	-0.026	0.019	0.076	0.0094	0.130	0.136	0.095	0.090
泰国	-0.415	-0.427	-0.515	-0.500	-0.479	-0.519	-0.500	-0.583	-0.642	-0.659	-0.644
越南	-0.039	-0.107	-0.305	-0.0252	-0.369	-0.357	-0.455	-0.482	-0.574	-0.616	-0.613

注：根据 UNCTADstat 数据计算整理而得。其中老挝 2013 年数据缺失；缅甸 2012 年、2013 年数据缺失；文莱 2010—2013 年数据缺失。

2.2 RCA 指数分析

2.2.1 RCA 指数定义

显示性比较优势（Revealed Comparative Advantageindex，RCA）指数是美国经济学家贝拉·巴拉萨（Balassa Bela）于 1965 年测算部分国际贸易比较优势时采用的一种方法，可以反映一个国家（地区）某一产业贸易的比较优势。

2.2.2 RCA 指数测算标准

当一个国家的 RCA 指数大于 2.5 时，显示出该国某产业有非常强的竞争力。当一个国家 RCA 指数处于 1.25—2.5 时，则显示出该国某产业有很强的竞争力。当一个国家 RCA 指数处于 0.8—1.25 时，显示出该国某产业有比较强的竞争力。当一个国家 RCA 指数低于 0.8 时，则显示出该国某产业有比较弱的竞争力。

2.2.3 RCA 指数计算公式

RCA =（Xij/Yi）/（Xwj/Yw）=（某国运输服务贸易出口额/某国对外贸易出口总额）/（世界运输服务贸易出口额/世界对外贸易出口总额）。其中 X 表示出口，Y 表示对外贸易总出口，i 表示某个国家，j 表示运输服务贸易，w 表示世界。

2.2.4 RCA 指数分析

中国与东盟国家 11 国中大部分国家的运输服务贸易 RCA 指数都小于 0.8，老挝、泰国、越南三国在个别年份显示运输服务贸易 RCA 指数大于 0.8，但三国的运输服务贸易 RCA 指数均呈现出了下降的趋势，表现出了较弱的运输服务贸易国际竞争力。文莱和柬埔寨在 2003—2013 年间多个年份运输服务贸易 RCA 指数介于 0.8—1.25 之间，表现出了较强的运输服务贸易国际竞争力。

2.3 NRCA 指数分析

2.3.1 NRCA 指数定义

净出口显示性比较优势指数是用一国某一产业出口在总出口中的比例与该国该产业进口在总进口中的比例之差来表示该产业的贸易竞争优势。

2.3.2 NRCA 指数测算标准

当一国 NRCA 指数小于零时，表示该国该产业不具有国际竞争力。当一国 NRCA 指数大于零时，表示该国该产业具有国际竞争力。并且随着该指数的增高表明该国该产业国际竞争力越强。

表2　中国与东盟2003—2013年运输服务贸易 RCA 指数

国家 ＼ 年份	2003	2004	2005	2006	2007	2008	2009	2010	2011	2012	2013
中国	0.380	0.415	0.419	0.528	0.541	0.407	0.461	0.437	0.441	0.399	
文莱	1.185	1.151	1.037	1.065	1.081	0.826	1.284	—	—	—	—
柬埔寨	0.747	0.699	0.715	0.782	0.842	0.836	0.974	0.956	0.947	0.932	0.906
印度尼西亚	0.288	0.623	0.646	0.428	0.383	0.403	0.421	0.358	0.397	0.462	0.453
老挝	1.276	1.238	0.978	0.667	0.567	0.648	0.572	0.532	0.493	0.447	—
马来西亚	0.544	0.503	0.571	0.532	0.786	0.655	0.543	0.496	0.487	0.437	0.469
缅甸	0.570	0.607	0.671	0.630	0.386	0.365	0.489	0.432	0.504	—	—
菲律宾	0.573	0.529	0.488	0.509	0.505	0.498	0.534	0.580	0.633	0.607	0.603
新加坡	1.565	1.556	1.542	1.553	1.686	1.772	1.864	1.930	1.947	1.973	2.001
泰国	0.871	0.864	0.813	0.825	0.795	0.779	0.720	0.615	0.570	0.549	0.557
越南	0.569	0.567	0.722	0.802	0.773	0.753	0.754	0.680	0.538	0.424	0.394

注：根据 UNCTADstat 数据计算整理而得。其中老挝2013年数据缺失；缅甸2012年、2013年数据缺失；文莱2010—2013年数据缺失。

2.3.3 NRCA 指数计算公式

NRCA =（Xij/Yi）－（Mij/Ni）=（某国运输服务贸易出口额/某国对外贸易出口总额）－（某国运输服务贸易进口额/某国对外贸易进口总额）。其中 X 表示出口，Y 表示对外贸易总出口，N 表示对外贸易总进口，i 表示某个国家，j 表示运输服务贸易。

2.3.4 NRCA 指数分析

中国与东盟国家在2003—2013年之间，只有老挝和新加坡两国的运输服务贸易 NRCA 指数出现大于0的数据，表现出了较强的运输服务贸易竞争力，其余的国家 NRCA 指数在2003—2013年均小于0，体现出了较弱的运输服务贸易国际竞争力。

2.4 CA 指数分析

2.4.1 CA 指数定义

显示性竞争优势指数（Competitive Advantage index，CA）是指用一国某产业的出口比较优势减去该国该产业的进口比较优势，从而得到该国该产业的真正竞争优势。

表3 中国与东盟 2003—2013 年运输服务贸易 NRCA 指数

年份\国家	2003	2004	2005	2006	2007	2008	2009	2010	2011	2012	2013
中国	−0.024	−0.022	−0.022	−0.021	−0.029	−0.017	−0.024	−0.022	−0.025	−0.025	−0.027
文莱	−0.049	−0.072	−0.082	−0.086	−0.073	−0.062	−0.064	—	—	—	—
柬埔寨	−0.046	−0.048	−0.047	−0.045	−0.043	−0.043	−0.037	−0.037	−0.056	−0.051	−0.054
印度尼西亚	−0.072	−0.049	−0.053	−0.068	−0.070	−0.078	−0.040	−0.041	−0.046	−0.042	−0.044
老挝	0.044	0.047	0.036	0.022	0.029	0.020	0.017	0.016	0.013	0.012	—
马来西亚	−0.041	−0.044	−0.039	−0.042	−0.031	−0.034	−0.040	−0.041	−0.042	−0.043	−0.045
缅甸	068	−0.066	−0.058	−0.061	−0.066	−0.086	−0.088	−0.071	−0.064	—	—
菲律宾	−0.027	−0.038	−0.036	−0.036	−0.036	−0.038	−0.027	−0.026	−0.020	−0.022	−0.022
新加坡	−0.009	−0.013	−0.013	−0.014	−0.010	−0.004	−0.005	−0.009	−0.009	−0.005	−0.004
泰国	−0.062	−0.063	−0.073	−0.075	−0.076	−0.078	−0.078	−0.082	−0.083	−0.084	−0.082
越南	−0.013	−0.014	−0.024	−0.020	−0.027	−0.026	−0.043	−0.047	−0.054	−0.058	−0.052

注：根据 UNCTADstat 数据计算整理而得。其中老挝 2013 年数据缺失；缅甸 2012 年、2013 年数据缺失；文莱 2010—2013 年数据缺失。

2.4.2 CA 指数测算标准

当一个国家 CA 指数小于零时，表示该国某产业在国际上不具有竞争力。当一个国家 CA 指数大于零时，表示该国某产业在国际上有竞争力，并且随着该指数的增高，表示该国某产业在国际上的竞争力越强。

2.4.3 CA 指数计算公式

$CA = RCA_{ij} - (M_{ij}/N_i) / (M_{wj}/N_w) =$ 某国运输服务贸易显示性比较

优势－（某国运输服务贸易进口额/某国对外贸易进口额）/（世界运输服务贸易进口额/世界对外贸易进口总额）。其中 M 表示进口，N 表示对外贸易总进口，i 表示某个国家，j 表示运输服务贸易，w 表示世界。

2.4.4　CA 指数分析

中国与东盟国家在 2003—2013 年间运输服务贸易 CA 指数只有老挝、新加坡和越南超过 0，表现出了较强的运输服务贸易国际竞争力。其余国家的 CA 指数均小于 0，其中运输服务贸易国际竞争力最弱的为泰国，2003—2013 年泰国基本处于 11 国的最末。

表 4　中国与东盟 2003—2013 年运输服务贸易 CA 指数

年份 国家	2003	2004	2005	2006	2007	2008	2009	2010	2011	2012	2013
中国	− 0.407	− 0.345	− 0.330	− 0.313	− 0.259	− 0.216	− 0.377	− 0.328	− 0.398	− 0.382	− 0.435
文莱	− 0.754	− 1.164	− 1.353	− 1.472	− 1.180	− 1.007	− 0.960	—	—	—	—
柬埔寨	− 0.762	− 0.784	− 0.766	− 0.738	− 0.673	− 0.657	− 0.509	− 0.515	− 0.895	− 0.756	− 0.819
印度尼西亚	− 1.355	− 0.817	− 0.881	− 1.227	− 1.247	− 1.374	− 0.675	− 0.718	− 0.815	− 0.710	− 0.734
老挝	1.063	1.094	0.837	0.540	0.457	0.477	0.415	0.397	0.369	0.349	—
马来西亚	− 0.709	− 0.737	− 0.635	− 0.716	− 0.444	− 0.526	− 0.656	− 0.693	− 0.714	− 0.728	− 0.751
缅甸	− 1.223	− 1.131	− 0.962	− 1.055	− 1.185	− 1.530	− 1.559	− 1.275	− 1.138	—	—
菲律宾	− 0.435	− 0.628	− 0.599	− 0.608	− 0.600	− 0.622	− 0.405	− 0.380	− 0.257	− 0.273	− 0.270
新加坡	0.098	0.021	0.022	0.010	0.105	0.381	0.429	0.545	0.628	0.574	0.568
泰国	− 1.063	− 1.035	− 1.227	− 1.294	− 1.293	− 1.311	− 1.339	− 1.445	− 1.500	− 1.495	− 1.455
越南	0.122	0.223	− 0.322	− 0.240	− 0.386	− 0.352	− 0.663	− 0.756	− 0.946	− 1.013	− 0.916

注：根据 UNCTADstat 数据计算整理而得。其中老挝 2013 年数据缺失；缅甸 2012 年、2013 年数据缺失；文莱 2010—2013 年数据缺失。

2.5　MOR 指数分析

2.5.1　MOR 指数定义

国际市场占有率（Market Occupancy Ratio，MOR）指数，它是一国某产业的出口总额占世界该产业出口总额的比值，即一国某产业在世界市场上的占有份额，它可以反映一国某产业出口的国际竞争力。

2.5.2　MOR 指数测算标准

当一国的 MOR 指数值越高，表明该国该产业具有越强的国际竞争力。当一国的 MOR 指数值越低，表明该国该产业具有越弱的国际竞争力。

2.5.3　MOR 指数计算公式

MOR = Xij/Xwj = 某国运输服务贸易出口额/世界运输服务贸易出口额。其中 X 表示出口，i 表示某个国家，j 表示运输服务贸易，w 表示世界。

2.5.4　MOR 指数分析

新加坡的运输服务贸易 MOR 指数在 11 国中居于首位，中国、泰国、马来西亚的运输服务贸易 MOR 指数排名紧随其后。其他国家运输服务贸易 MOR 指数基本连年低于 0.05%，表现出了较弱的运输服务贸易国际竞争力。

表5　中国与东盟 2003—2013 年运输服务贸易 MOR 指数

年份 国家	2003	2004	2005	2006	2007	2008	2009	2010	2011	2012	2013
中国	1.973	2.404	2.710	3.306	4.089	4.313	3.402	4.237	4.041	4.380	4.153
文莱	0.062	0.057	0.055	0.060	0.053	0.048	0.065	—	—	—	—
柬埔寨	0.021	0.021	0.022	0.026	0.027	0.027	0.028	0.028	0.031	0.035	0.038
印度尼西亚	0.214	0.454	0.499	0.331	0.288	0.314	0.352	0.330	0.393	0.430	0.399
老挝	0.006	0.006	0.006	0.005	0.004	0.005	0.005	0.006	0.005	0.006	—
马来西亚	0.690	0.637	0.712	0.653	0.933	0.760	0.636	0.604	0.575	0.502	0.515
缅甸	0.018	0.017	0.021	0.020	0.015	0.014	0.020	0.018	0.020	—	—
菲律宾	0.237	0.199	0.169	0.181	0.173	0.145	0.145	0.167	0.161	0.179	0.172
新加坡	3.336	3.388	3.438	3.557	3.778	3.958	4.322	4.793	4.762	4.872	4.871
泰国	0.874	0.867	0.813	0.846	0.831	0.818	0.818	0.733	0.662	0.667	0.679
越南	0.142	0.151	0.205	0.242	0.245	0.265	0.298	0.286	0.253	0.233	0.242

注：根据 UNCTADstat 数据计算整理而得。其中老挝 2013 年数据缺失；缅甸 2012 年、2013 年数据缺失；文莱 2010—2013 年数据缺失。

2.6　结论

通过对中国与东盟国家运输服务贸易 TC 指数、RCA 指数、NRCA 指数、

CA 指数、MOR 指数的分析和比较，可以发现这些指数的分析结果不尽相同，且有些分析结果偏差大，这种偏差产生的原因是由于每个指数的侧重方面不同。

TC 指数没有将一个国家通货膨胀等宏观方面的因素带来的影响考虑在内，也没有将国与国之间由于贸易量差别而造成的不可比性考虑在内。因此 TC 指数只能够在总体上比较客观地反映一个国家的国际竞争力。根据运输服务贸易以 TC 指数的分析结果可以看出老挝、新加坡、文莱 3 国在 11 国中具有较强的运输服务贸易国际竞争力。

RCA 指数没有将世界总量的波动和一个国家总量的波动造成的影响考虑在内，能够比较好地反映某一国家某产业的出口同世界平均出口水准相比较而得出的优势，但同时 RCA 并没有将该国该产业进口的影响考虑在内。贸易 RCA 指数分析中得出的结果是柬埔寨、新加坡、泰国 3 国在 11 国中具有较强的运输服务贸易国际竞争力。

NRCA 指数虽然没有将一国某产业内贸易或分工的影响考虑在内，但是 NRCA 指数同时考虑了某产业进口和出口造成的影响。根据运输服务贸易 NR-CA 指数分析得出了老挝和新加坡具有相对强的运输服务贸易竞争力，而泰国运输服务贸易竞争力相对最弱。这一结论与 RCA 指数的分析结果大相径庭，其最主要原因是 NRCA 指数考虑了运输服务贸易进口的影响。

根据 CA 指数的分析结果可以看出老挝、新加坡在 11 国中具有较强的运输服务贸易国际竞争力，这一结论基本与 NRCA 指数的结果相同。根据 MOR 指数的分析结果可以看出新加坡与中国在 11 国中具有较强的运输服务贸易国家竞争力，老挝的运输服务贸易国际竞争力最弱，这一结论与 TC 指数、RCA 指数、NRCA 指数、CA 指数的分析结果相违背，最主要的原因是 MOR 指数考虑了运输服务贸易进出口的总额因素。实际上老挝由于经济落后，其运输服务贸易并未发展起来，运输服务贸易总额最高的年份仅为 6748 万美元，因而老挝的运输服务贸易数据并不具有代表意义。

综合 TC 指数、RCA 指数、NRCA 指数、CA 指数、MOR 指数的分析可以得出运输服务贸易真正具有竞争力的国家是新加坡。中国的运输服务贸易国际竞争力在中国—东盟自由贸易区中接近于东盟的国家，并没有体现出运输大国的优势。但是，中国的运输服务贸易在近几年中的发展一直处于不断提升的状态，能够预知，中国如果从影响其运输服务贸易竞争力的因素入手，同时借鉴新加坡的经验，提出相关对策，定能进一步提升运输服务贸易的国际竞争力，促进运输服务贸易的发展。

3 影响中国运输服务贸易国际竞争力的因素

3.1 运输服务贸易进出口结构不合理

货物贸易的发展与运输服务贸易的发展具有很大的相关性，我国货物贸易的快速发展是我国运输服务贸易发展的驱动力，同时我国货物贸易为运输服务贸易提供了很好的市场环境。虽然中国运输服务贸易进出口额呈现出整体上升的趋势，但是中国运输服务贸易进出口的逆差额并未随之减小，而是呈现出逐年增长的趋势。2013 年中国运输服务贸易进出口逆差额达到了566.82 亿美元，相较 2003 年的 103.27 亿美元增长了 463.55 亿美元。

3.2 运输方式不均衡

中国运输服务贸易主要以海上运输为主，其他运输方式包括铁路运输、公路运输等在运输服务贸易进出口方面不仅占据的比重小，还连年呈现出比重下降的趋势。其他运输方式出口运输服务贸易的比重由 2003 年的 24.5%下降到 2013 年的 5.08%，下降了 19.42%，其他运输方式进口运输服务贸易的比重由 2003 年的 8.82%下降到 2013 年的 3.07%，下降了 5.75%。

表 6 中国运输服务贸易构成百分比变动情况（2003—2013 年）

年份 国家	2003	2004	2005	2006	2007	2008	2009	2010	2011	2012	2013
海上运输出口	50.86	54.86	57.44	59.60	63.41	66.25	62.82	67.02	67.60	69.59	68.60
航空运输出口	24.64	25.54	25.16	24.35	23.25	20.99	26.66	28.91	27.25	25.44	26.32
其他运输方式出口	24.50	19.59	17.41	16.05	13.34	12.76	10.52	4.07	5.16	4.97	5.08
海上运输进口	71.10	75.48	76.45	75.23	81.19	80.54	77.62	77.92	78.31	77.71	74.87
航空运输进口	20.07	17.57	16.77	17.83	13.48	14.13	15.16	18.56	18.57	19.30	22.06
其他运输方式进口	8.82	6.96	6.79	6.94	5.34	5.32	7.22	3.53	3.13	2.98	3.07

数据来源：根据 UNCTADstat 整理得出。

3.3 运输能力不能满足本国的货运需求

由于国内的运输能力在国际上处于较弱的水平，我国的运输能力并不能满足我国进出口贸易的需求。例如，石油是我国主要的进口产品之一，但由于我国船队结构不合理，油轮运力严重不足，在实际运输过程中，大约90%的进口原油都需要借助外籍油轮来运输，如韩国现代、国际邮轮联合体等外国油轮公司，而不是运用本国的船运公司。这在很大程度上造成我国运输服务贸易的巨大逆差。

3.4 运输服务质量有待提高

首先，在技术设备方面，目前中国很多企业都不具备国外航运企业新推出的网上订舱、查询服务等技术，尤其是中小企业，缺乏先进的信息管理系统，不具备适应信息化时代的能力。其次，在人才方面，我国严重缺乏能够从事高级物流管理同时具有国际物流实际操作经验的高级人才。最后，在服务方面，国内很多企业基本上只能够实现客户货物的送达服务，缺乏更加高级的送货服务技能，由此造成货物遗失、损坏的事情也会时常发生。这些因素严重遏制了中国运输服务贸易的发展。

4 提升中国运输服务贸易国际竞争力的对策

4.1 宏观政策

4.1.1 转变政府职能

运输服务贸易是我国服务贸易的重要部分，政府有关部门应当加强对运输服务贸易进出口的支持，尤其是加强对运输服务贸易出口的支持来增强运输服务贸易在国际上的竞争力水平。第一，应当转变政府职能，在运输服务贸易出口中，发挥政府协调和监督的作用，避免各自为政，资源分流。第二，应建立与 WTO 规则相兼容的控制系统，健全法律、法规，为我国运输服务贸易发展建造一个良好的法律环境。第三，积极参与制定国际规则，发挥更积极的作用，以便促进运输企业在国际竞争中平等地参与国际组织的活动。

4.1.2 积极推出运输展会和研讨会

为进一步促进我国运输服务贸易的发展，运输行业协会的作用不可忽视。我国运输行业协会应学习新加坡的做法，与政府合作推出各大运输物流展会和研讨会，在展会和研讨会上展示我国优秀运输企业的运营模式和具体的提供运输服务流程，为国内中小运输企业提供学习交流的平台，同时可以吸引国外运输企业参加展会和研讨会，以便学习国外优秀的企业管理模式和先进技术，也起到宣传国内运输企业的作用。

4.1.3 加强国际运输能力

为促进我国运输服务贸易的发展，提高我国国际运输能力迫在眉睫。首先，应该加强我国运输服务贸易基础设施的建设和完善，包括对于码头、港口、机场等运输平台的优化。其次应不断提高我国国际运输的手段，尤其是现代国际航运业的发展，同时增加对大型油轮、干散货船等的建设。最后是进一步加强国际运输精细化、一体化、标准化和便利功能的整合。

4.2 微观政策

4.2.1 注重运输企业规模建设

我国运输服务贸易行业中缺少大型的具有竞争力的运输集团，我国应该鼓励大中小企业通过并购、联盟等方式扩大和优化运输物流企业的规模和管理，逐渐引导国内的运输企业向大规模和密集型方向发展。同时推崇中小运输企业之间通过重组和合并进行资源互补，或者是与大型的运输企业形成合作模式。在合作过程中吸收大型企业的运作方法和管理经验，进一步提高中小型企业的国际竞争力，形成具有较高水平的企业群体。

4.2.2 加强运输企业管理

首先，通过科技来改善企业内部运用的运输基础设施，同时加强运输渠道的管理，提高企业运输水平。其次，加强企业运输的进度管理，积极降低运输周期，优化运输方式、运输装卸和运输业务，努力降低运输成本。最后，通过维护老客户和开发新客户来加强客户关系管理工作，争取与更多的企业形成战略联盟。

4.2.3　加强国际运输专业人才的培养

我国运输企业发展缓慢的一部分原因是我国优秀国际运输人才的缺失，因此我国运输企业应当采取相应的措施提高员工的综合素质。首先，运输企业可以引进国外优秀的管理模式和操作系统，通过借鉴优秀的管理模式在企业内部形成良好的运作方式。其次，运输企业可以与国内各大高校形成合作模式，为国内高校的优秀运输人才提供实际操练的平台，理论和实践相结合，同时也为企业培养优秀员工奠定基础。最后，运输企业之间可以建立相应的交流和培训机构，让各企业的优秀运输人才分享运输操作过程中的经验，同时也为运输企业中的新手提供一个学习和发展的平台。

5　结论

面对当今世界的经济格局，运输服务对国家经济的建设作用不容小觑。宏观上通过国家出台相关扶持政策和制定保护运输服务的法律来维护运输业的"走出去"和"引进来"，加强运输服务基础设施的建设。同时运输行业协会应积极协助政府制定相关法律、法规，维护运输市场的秩序，为运输服务提供一个良好的市场条件。微观上通过企业对运输方式、运营模式、人员培训和管理等方面的转变和提高来为我国运输服务贸易长期稳定的发展奠定基础。只有结合宏观和微观两方面的策略，才能实现我国运输服务贸易国际竞争力日渐提升的愿景。

参考文献：

[1] 苏巧勤. 我国运输服务贸易国际竞争力分析 [J]. 现代商贸工业，2014（20）：66－69.

[2] 单厚甲. 中美运输服务贸易国际竞争力比较研究 [D]. 北京：首都经济贸易大学，2013.

[3] 崔玮. 我国运输服务贸易发展特征及战略选择 [J]. 技术经济与管理研究，2012（6）：105－109.

[4] 季克华，温明. 我国运输服务贸易存在的问题及对策研究 [J]. 商业经济，2014（9）：27－28.

中印纺织品贸易竞争力比较分析

徐　璐❶

摘要： 中国和印度同为纺织品生产大国，纺织品出口在两国对外贸易中占据着十分重要的地位。本文以 SITC 中的第 65 类纺织品为研究对象，首先从出口额、出口国别、出口商品结构、出口价格四个方面，分析中印纺织品出口现状；进而通过可比净出口指数、价格贸易条件等，对比分析了中印纺织品竞争力，总结出中国纺织品出口中存在的主要问题，最后提出加强对原材料的基地建设、积极建设纺织业集群等相应对策，以促进中国纺织品出口持续健康发展。

关键词： 中国；印度；纺织品；贸易竞争力

1　中印纺织品出口现状分析

1.1　中印纺织品出口额分析

中国与印度是世界上比较大的两个发展中国家，劳动力与原材料是两国优势，在全球市场上中印两国纺织业占据着重要地位。

2001—2012 年中国纺织品出口额年平均增长率高达 15.31%，2005 年取消纺织品配额后，我国纺织品出口量呈现大幅涨势，2009 年受金融危机波动有所回落，但次年继续大幅增长。2001—2012 年印度纺织品出口额年平均增长率为 8.35%。两国纺织品贸易顺差均逐年增大。

---

❶　作者简介：徐璐，北京联合大学商务学院国际经济与贸易专业 2010 级学生，本文为 2014 年北京联合大学优秀毕业论文。指导教师：邓晓虹。

2001—2012 年中国纺织品出口额在本国出口总额的 5% 上下波动，中国纺织品出口在我国对外出口中占据着十分重要的地位。而纺织业在印度地位更为重要，但近年来同样有所下降，从 2001 年的 12% 降到 5%，降幅大于中国。从上述情况来看，中印两国纺织品出口额在本国总出口额中的比例均有所下降，纺织品的出口虽有所弱化，但其地位依旧重要。

1.2　中印纺织品出口商品结构

除 651（纺织纱）、655（未列明的针织物或钩编织物）、657（特种纱、特种织物及有关产品）外，其余商品出口比重十分相似，中印纺织品出口结构相似。其中中国出口最多的纺织品为 657，印度为 651；中国最少为 659（室内铺地用品等），印度则为 655。两国的纺织品出口结构较为相似。

1.3　中印纺织品出口市场分布

从出口纺织品比例来看，中国纺织品出口目标市场过分集中，2012 年中国纺织品出口前六大市场总额占当年纺织品出口总额的 69.02%，前四大国家或地区（欧盟、美国、日本、中国香港）出口量占据了我国纺织品出口的 70%，其他地区均不成规模。这种出口分布必然会导致出口的不稳定，加大贸易风险。一旦主要目标市场有意压缩纺织品引进，我国纺织品出口必然严重萎缩。

印度纺织品出口市场高度集中，主要在欧盟、美国、阿联酋、沙特阿拉伯等国家，2012 年印度纺织品出口到欧美市场的比重为 62.56%。这种过分集中的出口分布，会增加贸易风险。中印两国纺织品出口市场分布十分相似，在欧美市场重叠度高，故两国在欧美市场上竞争十分激烈。

1.4　中印纺织品出口价格

中国纺织品 651 出口价格走势基本持平；656、657 呈上升趋势；655 受经济危机影响，出现回落后保持上涨态势。中国方面 651 价格高于其他类商品，印度是 656。中国出口价格最低为 657，印度为 651。

经上述分析可以发现，中国纺织品出口规模大，中国是世界上最大的纺织品出口国。印度虽然在排名上是仅次于中国的第二大纺织品出口国，但是无论是从世界影响力还是规模上来说，都不足以和中国相比。比如拿 2012 年的数据来比较，中国纺织品出口额为 954.5 亿美元，而印度只有 152.73 亿美元；而在出口额总量上，纺织品所占的比重在中国为 4.66%，印度为 5.27%。两国纺织品在本国贸易中所占比重虽有所下降，但纺织品的地位依旧十分重要。两国无论是从纺织商品出口结构还是出口目标市场来看都是极为相似的。

2 中印纺织品国际竞争力比较分析

从狭义上讲国际竞争力是一国产业在国际市场竞争中表现的竞争能力，广义上讲国际竞争力是一国提升本国国民财富的能力。

2.1 价格贸易条件

$$NBTT = \frac{P_X}{P_M} \times 100 \qquad （式1）$$

NBTT 上升，贸易条件改善；*NBTT* 下降，贸易条件恶化。同时，*NBTT* 越低，表明该商品以低价出口取胜，在质量上有所缺乏，盈利空间较小。

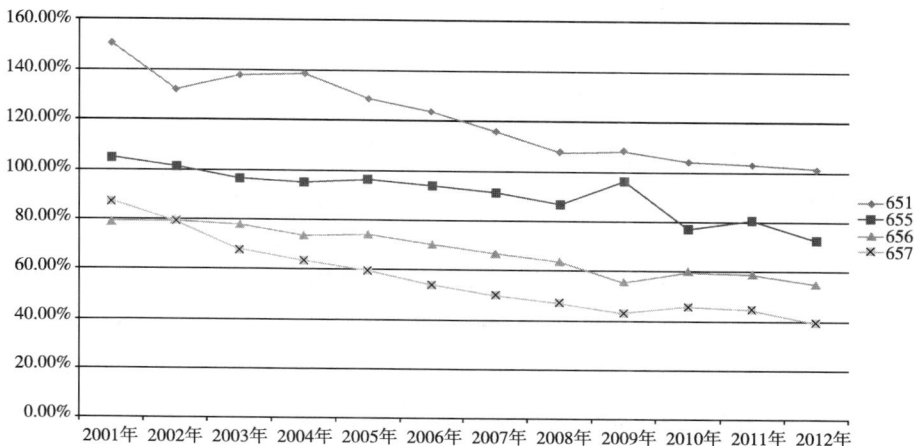

图1　2001—2012 年中国主要出口的纺织品价格贸易条件走势图

数据来源：根据联合国统计署贸易数据库（UNCOMTRADE）数据整理得出。

从图 1 可以看出，近年来中国 651、655、656、657 纺织品价格贸易条件

129

逐年递减，以 651 为例，2001 年从 150 降到 100。这表明中国 651、655、656、657 纺织品出口价格与进口价格不成比例，出口价格远低于进口价格，纺织品以低价出口占据国际市场，在技术含量等方面则仍有待提高。印度则在价格贸易条件上比中国更具优势，印度纺织品价格贸易条件 2001—2012 年基本持平，略有小幅上涨，且印度纺织品总体价格贸易条件一直维持在 90 以上，出口价格与进口价格基本持平，出口价格略低，这表明印度不仅在价格方面具有优势，而且在产品附加值方面同样具备竞争力。

2.2 国际市场占有率

$$国际市场占有率 = 一国出口总额 / 世界出口总额 \qquad （式 2）$$

2001—2012 年，中国纺织品的国际占有率从 11.43% 飞跃到 34.92%，印度纺织品国际市场占有率从 3.75% 上升到 5.95%。印度与中国在纺织品出口额与国际市场占有率方面有着较大的差距。中国国际市场占有率高于印度，说明中国纺织业出口竞争力强。

2.3 可比净出口指数

$$NTB_i = \frac{X_i - M_i}{X_i + M_i} \qquad （式 3）$$

$NTB > 0$ 即该国出口额大于进口额；$NTB < 0$ 即该国出口额小于进口额。$-1 < NTB < 1$，当 NTB 越趋近于 1 时表示该产品出口额所占比重越大，当 NTB 越趋近于 -1 时表示该产品进口额所占比重越大。

我国纺织品可比净出口指数呈增长趋势。651、653、656、657 由贸易逆差转为贸易顺差，可比净出口指数长速快。652、653、658、659 出口比重大。654 出口比重最小，虽然我国在国际市场中不断出口 654，但同时也在进口一定数量的 654。印度 655、657 的可比净出口指数为负，该商品进口大于出口，而 654、658、659 均有下降，表明三类商品出口比重在逐渐缩小。

2.4 显示性竞争优势指数

$$CA_i = RCA_i \frac{M_i/M_a}{M_{wi}/M_{wa}} \qquad （式 4）$$

$CA\,i>0$，即该国 i 产业出口具有竞争优势；$CAi<0$，即该国 i 产业具有竞争劣势。

中国 65 类纺织品显示性竞争优势指数由 0.383 上升到 2.060，印度由 4.543 下降到 2.748，中国纺织品总体出口竞争优势增强，印度减弱，但印度纺织品总体出口竞争优势仍然高于中国。显示性竞争优势指数在比较优势指数的基础上融入了进口因素，说明中国纺织品出口优势由于受到大量进口影响而有所削弱。我国纺织品出口具有一定的竞争优势。印度在 655、657 方面不具有竞争优势。

中印对比来看，2012 年印度 651 显示性竞争优势指数为 5.406，中国为 0.365；同年印度 659 为 5.257，中国为 1.272。2012 年中国 655 显示性竞争优势指数为 2.330，印度为 −0.145。印度在 651、659 两类商品上较印度具有出口优势，而中国在 655 商品上较印度具有出口优势。

总结上述分析，从 2010 年起，中国纺织品国际市场占有率高于 30%，而印度维持在 5% 左右，显示出中国纺织品在国际市场中具有明显竞争优势。但是中国 651、655、656、657 纺织品价格贸易条件逐年递减，这表明中国纺织品出口价格与进口价格不成比例，出口价格低于进口价格。而印度则在 655、657 纺织品价格贸易条件上比中国更具优势。根据可比净出口指数，印度 651 纺织品竞争优势优于中国。

根据显示性对称比较优势指数、显示性竞争优势指数，中印纺织品国际竞争力均较高。印度在 655、657 均为负，说明印度 655、657 不具比较优势，中国在 655、657 上显示性对称比较优势明显优于印度。印度 651、659 显示性对称比较优势优于中国。

3　中国纺织品出口问题分析

虽然中国是如今世界上最大的纺织品出口国和最大的纺织品生产国，中国纺织品具有一定的竞争优势，但印度、越南等国家的纺织业近年来发展迅速，印度纺织业的诸多优势之处可供中国纺织业学习借鉴。

3.1　纺织品生产原料依赖进口

原材料与劳动力资源是中国和印度共同的优势。棉纱、棉花、棉布、苎麻产量方面，中国位列世界第一。棉花是纺织产业的重要原料，中国是最大的棉花生产国，2012 年产棉 54. 12 亿吨，但仍不足以满足我国需求，仍有一大部分纺织原料依赖进口。2001—2012 年，中国棉花贸易从顺差 7. 1 亿美元到逆差 38. 4 亿美元。

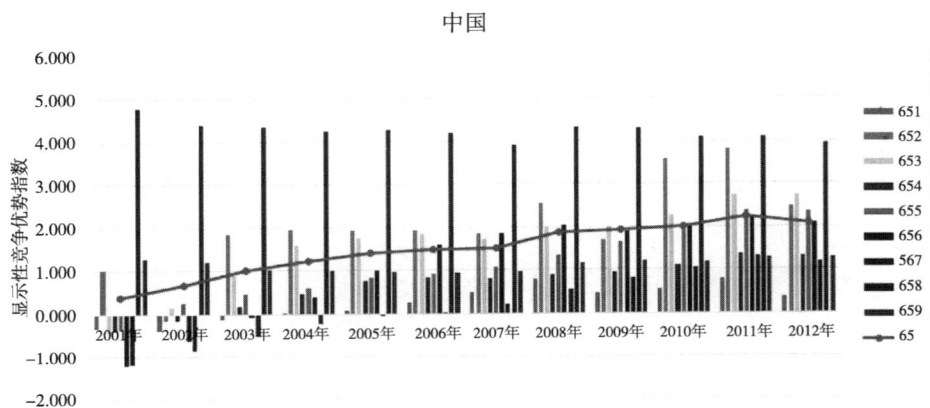

图 12　2001—2012 年中国出口的纺织品显示性竞争优势指数

注：数据根据联合国统计署贸易数据库（UNCOMTRADE）整理得出。

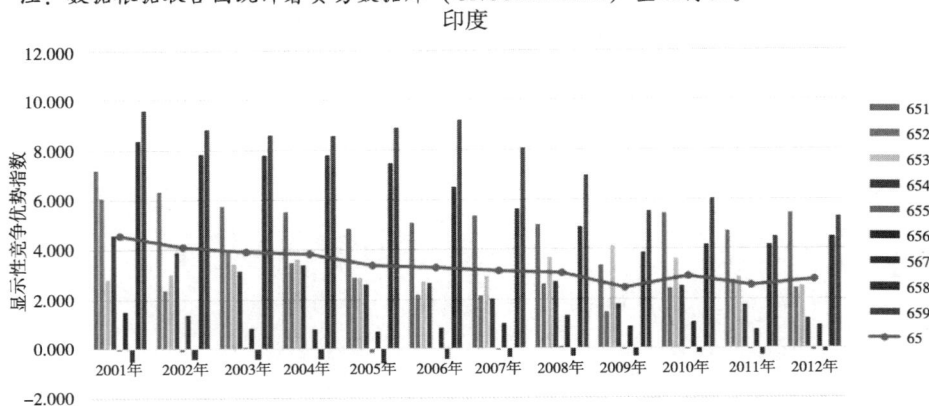

图 13　2001—2012 年印度出口的纺织品显示性竞争优势指数

注：数据根据联合国统计署贸易数据库（UNCOMTRADE）整理得出。

印度是世界第二大产棉国，近年推广转基因棉花种植，棉花单产大幅增长，棉花能够自给自足，并可实现出口，其中一部分便是出口至中国。2001—2012 年，印度棉花贸易从逆差 3. 72 亿美元转变为顺差 32. 9 亿美元。

原材料供不应求已阻碍我国纺织业的发展，另外棉花国际价格不断上升，无形中增加了我国纺织品的生产成本。

3.2 劳动力成本高

随着纺织业竞争压力日益增大，我国廉价劳动力优势已不再明显，越南、孟加拉国等国拥有更廉价的劳动力。取消配额制度后，需靠实力去争取市场份额，国内纺织业面临巨大压力。而降低成本才能继续保持中国纺织服装的竞争优势，其中最重要的则是降低原料损耗。目前，中国纺织服装业生产方式粗放，生产技术落后，原料耗费依旧高涨。

3.3 产品设计附加值低

印度在印染、设计、纺织品技术方面要优于中国，其设计融入了民族风格，受到国内外市场的青睐。相对来说，中国常常通过低价取得竞争优势，从而忽略了产品技术与附加值的提升，但低价引来的却是贸易保护措施，因此我国纺织品产业发展举步维艰。

3.4 出口目标市场竞争激烈

欧美在中印纺织品出口市场中占据着首要地位，印度纺织品出口市场的集中度明显高于我国。但印度出口额远低于我国，虽然我国对欧美市场依赖程度较低，但我国仍更频繁且直接遭受欧美国家的贸易保护措施。

中印纺织品出口在国际市场占有率上，中国高于印度。这也表明我国纺织品出口抗风险能力较印度弱，出现危机受到冲击也相对较大。

3.5 国际市场对中国纺织业影响大

中国的出口额一直保持着较高增长率，且远高于印度。但金融危机影响了中国纺织品业，2009 年纺织品出口额增长率为 - 10.1%，高于印度的 -6.4%。中国虽有着较大的市场份额，但对国际市场的依赖程度高于印度，只有当国际市场稳定时，才更有利于中国的纺织品行业，一旦发生危机，中国将会受到更大影响。中国也应想办法提高纺织品业的抗风险能力。

4 提升中国纺织品贸易竞争力的对策建议

4.1 加强原材料的基地建设

与印度相比，原材料在中国纺织品中的成本比重大，成为行业发展瓶颈。棉花是纺织业的重要原料，我国棉花对外依赖程度强，政府应引导棉农种植高产棉花品种，在技术方面对棉农加强指导，提高棉花单产水平。同时加大棉花厂家收购力度，保护棉农、蚕农利益。棉农只有在收入方面有所提高，才能对棉花种植有更高的积极性，从而使棉花供应得到保障。

4.2 增强产品附加值

提高产品的附加值可以采取以下几点措施：提高技术及产品档次；通过营销手段，提高产品企业知名度，赢得顾客信赖；此外，企业要具有高瞻远瞩的眼光，国内外市场并重，积极开拓并逐步占领国际市场。

4.3 积极建设纺织业集群

目前，我国东部和东南沿海地区纺织品生产企业较为密集，而这些企业良莠不齐，大多数企业生产规模小、效益低，没有核心竞争力。纺织产业集群的建立，能有效降低运输成本，共享有利资源，增强企业间的竞争意识，提高生产效率；产业集群的建立，也会使得企业间的交流方便快捷。

4.4 建立市场多元化战略

我国纺织品出口目标市场高度集中，欧美日等占出口总量的 70% 之多，不利于风险分散。近年来发达国家推出贸易保护政策，阻碍我国纺织品进入其市场。与此同时，一些新兴国家如阿根廷、墨西哥等，逐渐扩大纺织品进口量，达世界进口纺织品总量的 25%。我国纺织品产业可在巩固原有市场基础上，积极开拓阿根廷、墨西哥新兴市场。这样既可分散贸易风险，避免贸易壁垒阻碍，又可开拓新销售渠道，为企业赢得更丰厚的利润。

4.5 政府的政策支持

我国政府应创造良好经营环境，如提高出口退税率等，并激励各个企业在技术层次的投入，使企业重视产品质量发展，并降低贷款利率给予支持。出口退税方面，2009 年我国曾两次提高纺织品出口退税率，扶持我国众多纺织品企业。同时，政府还可积极研究 WTO 条款，在贸易壁垒出现时，利用 WTO 协商机制与目标市场商谈，减少我国纺织企业的损失。

政府应加大对中小纺织企业的扶持力度。政府应适当调整现有支持中小企业发展的专项资金（基金）。

4.6　参与国际认证

全球有机纺织品标准（GOTS）颁布有机天然纤维加工制作纺织品全球公认标准 4.0 版。其中明确表明禁止使用纳米技术、纯聚酯、转基因、致癌物质和安哥拉兔毛。2013 年世界 62 个国家有 3085 个品牌数量得到了 GOTS 的认证。其中，认证数量前 5 名的国家为：印度、土耳其、德国、中国、韩国。发达国家进口时，往往更注重国际认证。大多数纺织企业将一系列国际认证视作是单一成本的增加，忽略其背后为企业带来的经济效益，通过国际认证，可有效避免贸易壁垒，减少企业损失。

5　结论

本文以 SITC 中的第 65 类纺织品为研究对象，对中印纺织品贸易竞争力进行分析，通过可比净出口指数、价格贸易条件、显示性对称比较优势指数、现实性竞争指数对中印纺织品贸易竞争力进行分析，得出如下结论：

中国纺织品出口规模大，中国是世界上最大的纺织品出口国，印度无论是从世界影响力还是从规模上来说，都不足以和中国相比较。纺织品出口在本国出口中所占比率印度较中国高。中印两国产品出口目标市场均高度集中，欧盟、美国为两国最大的出口市场，中印两国竞争异常激烈。从整体上看，中国的国际市场占有率较印度高，出口规模较印度大。中印两国出口目标市场十分相似，两国纺织品产业总体呈竞争关系。

中国纺织品在国际市场中具有明显竞争优势，但中国在 651、655、656、657 纺织品出口价格与进口价格不成比例，出口价格远低于进口价格。而印度则在 655、657 纺织品价格贸易条件上比中国更具优势。根据可比净出口指数，印度在 651 纺织品竞争优势优于中国。根据显示性对称比较优势指数、显示性竞争优势指数，中印纺织品国际竞争力均较高。印度 655、657 不具比较优势，中国在 655、657 上显示性对称比较优势明显优于印度。印度 651、659 显示性对称比较优势优于中国。

中国纺织品原料过度依赖进口，纺织重要原料棉花供不应求。纺织业廉价劳动力优势逐年减弱。中国纺织品附加价值低，出口以低价取胜。中印两国目标市场高度集中、相似度高，总体呈竞争关系，竞争激烈。我国受贸易壁垒产生的影响更大。

对于我国纺织品面临的问题，我国纺织品企业一方面应加强最基础的原材料基地建设，建立纺织集群，并努力提升产品质量、增加产品附加值，积极参与纺织品相关的国际认证，减小贸易壁垒对我国纺织品企业的影响，增强我国纺织品国际竞争力。另一方面还应实行多元化的市场战略，开拓新兴市场，分散企业承担风险。政府方面也需制定相应政策如提高出口退税率等给予纺织品企业支持。

参考文献：

［1］SARATH CHANDRA，B. P. . Trade Complementarity and Similarity Between India and Asean Countries in the context of RTA［J］. Munich Personal RePec Archive，2010（7）：20－22.

［2］丁昌胜，李珍凤. 中印纺织业发展现状比较研究［J］. 时代金融，2011（09）：113.

［3］姜延书. 中印纺织品服装出口竞争优势的实证研究［J］. 商业研究，2009（6）：49－52.

［4］吴钧. 入世十年中国纺织品出口国际竞争力分析［J］. 价格月刊，2013（02）：46－48.

［5］谢国娥，周宜临. 中印两国纺织品服装在欧美市场的竞争关系研究［J］. 国际贸易问题，2012（01）：89－92.

［6］姜辉，查伟华. 中印纺织服装贸易的比较探析［J］. 对外经贸实务，2010，（12）：30－32.

中国和日本货物贸易竞争力比较

赵绍全　赵亚昕❶

摘要：中日贸易竞争力比较一直是人们关心的话题，本文将运用市场占有率、显示性比较优势、贸易竞争指数等指标，分别对中国和日本各类货物贸易进出口商品的数据进行分析，再以资源密集型、劳动密集型和资本密集型进行商品归类来做中国和日本货物贸易竞争力综合对比，从而深入分析中国和日本近几年货物贸易发展状况，并比较两国货物贸易竞争力。

关键词：中日货物贸易；竞争力；比较

1　理论的应用

1.1　货物贸易的概念及分类

货物贸易也称为有形（商品）贸易，其用于交换的商品主要是以实物形态表现的各种实物性商品。由于国际贸易中的货物种类繁多，为便于统计，联合国秘书处 1950 年起草了《联合国国际贸易标准分类》，并分别在 1960 年和 1974 年进行了修订。目前，贸易商品被分为 10 大类：第 0 类商品（食品及主要供食用的动植物）、第 1 类商品（饮料及烟类）、第 2 类商品（非食用原料）、第 3 类商品（矿物燃料、润滑油及有关原料）、第 4 类商品（动植物油脂及蜡）、第 5 类商品（化学品及有关产品）、第 6 类商品（轻纺产品、橡胶产品、矿冶产品及其制品）、第 7 类商品（机械及运输设备）、第 8 类商

---

❶　作者简介：赵绍全（1976—　），男，讲师，经济学博士，研究方向为国际投资、跨国管理。赵亚昕（1992—　），女，北京联合大学商务学院国际经济与贸易专业 2011 级学生。

品（杂项制品）和第 9 类商品（未分类产品）。一般认为 0 至 4 类初级商品属资源密集型产品，第 6 和第 8 类商品为劳动密集型产品，第 5 和第 7 类商品为资本密集型产品。

1.2　贸易竞争力的评价体系

1.2.1　国际市场占有率（MS）

国际市场占有率，即一国某产业或产品的出口总额占世界市场出口总额的比率。公式为：

对总体：$Ai = \xi Xij/\xi Xwj$

对部门：$Aij = Xij/Xwj$

Ai 代表 i 国总体货物贸易国际市场占有率，Aij 代表 i 国 j 产品国际市场占有率。但是在比较国际市场占有率时应注意，一国的某一产业或产品国际市场占有率下降并不一定意味着整体竞争力下降，还可能是一国产业结构调整造成的现象。

1.2.2　显示性比较优势指数（RCA）

显示性比较优势指数（Revealed Comparative Advantage Index，RCA），意思是：i 国 j 产业或产品的比较优势，可由 j 产业或产品在 i 国出口总额中所占的比率与同期世界贸易中该产业或产品占世界贸易出口总额比率之比"显示"出来。公式为：

对总体：$RCAi = （\xi Xij/\xi Xit）/（\xi Xwj/\xi Xwt）$

对部门：$RCAij = （Xij/Xit）/（Xwj/Xwt）$

$RCAi$ 代表 i 国总体货物贸易显性比较优势指数，ξXij 表示 i 国 j 产业或产品的出口总额，ξXit 表示 i 国贸易出口总额，ξXwj 表示在世界货物贸易中 j 产业或产品出口总额，ξXwt 表示世界贸易出口总额；$RCAij$ 代表 i 国 j 商品的显示性比较优势指数，Xij 表示 i 国当期 j 产品的出口额，Xit 表示 i 国在当期出口总额，Xwj 表示当期世界市场 j 产品的出口额，Xwt 表示当期世界市场全部商品的出口额。这一指标只是相对值，排除了国家出口总量及世界出口总量波动变化的影响，可较准确地衡量一国在当期该产业或产品的出口与世界平均水平的相对位置及其在时间序列上的变化趋势。如果 RCA 大于 1，可说明该产业或产品具有"显性"比较优势，RCA 小于 1 则说明没有"显性"比较优势，或认为"显性"比较劣势。一般认为，$RCA \geqslant 2.5$，具有很强的竞争力；$2.5 > RCA \geqslant 1.25$，具有较强的竞争力；$1.25 > RCA \geqslant 0.8$，竞争力一般；$RCA < 0.8$，竞争力较弱。

1.2.3 贸易竞争优势指数（TC）

贸易竞争优势指数（TC 指数）也称比较优势指数，即一国某一产业或产品的净出口总额与该国该产业或产品的进出口总额之比，其排除各国通货膨胀等宏观总量方面波动的影响与因国家大小不同而出现的国际数据的不可比较性，所以比较优势指数有相当可比性。公式为：

对总体：$TСi = (\xi Xij - \xi Mij) / (\xi Xij + \xi Mij)$

对部门：$TСij = (Xij - Mij) / (Xij + Mij)$

$TСi$ 代表 i 国总体货物贸易的比较优势指数，ξXij 和 ξMij 分别表示 i 国货物贸易出口总额和进口总额，$TСij$ 代表 i 国 j 商品的比较优势指数，Xij 和 Mij 分别代表 i 国 j 商品的出口总额和进口总额。该指数值域为 $[-1, 1]$，在值域内，结果越接近 1，说明该国该产业或产品的国际竞争力越强，越接近 -1，产业或产品的竞争力越弱。$TС$ 取值为 $(0.6, 1)$ 时有极强竞争优势；取值为 $(0.3, 0.6)$ 时有较强竞争优势；取值为 $(0, 0.3)$ 时有微弱竞争优势；取值为 $(-0.3, 0)$ 时有微弱竞争劣势；取值为 $(-0.6, -0.3)$ 有较大竞争劣势；取值为 $(-1, -0.6)$ 时有极大的竞争劣势。

2 中日货物贸易竞争力比较

2.1 中国货物贸易概况

加入 WTO 后，中国出口贸易额大幅快速增长，占世界贸易总额的比例即国际市场占有率不断提高。2000 年中国商品出口占国际市场的比例只有 3.8%，到 2005 年已经提高到 7.36%，之后几年始终呈现出不断增长的趋势。尽管 2009 年受金融危机影响，中国对外出口额有小幅度的减少，其商品在国际市场的占有率仍在增加。到 2013 年，中国国际市场占有率约达 12%，虽然 TC 指数在 2005 年为 0.072，到 2013 年为 0.062，并不太理想，但仍保持在正值范围内，具有一定的竞争力。总体上看，中国货物贸易在国际贸易中占有重要地位，是名副其实的世界工厂，反映出中国出口商品整体上具有较强的国际市场竞争力。

2.2 日本货物贸易概况

日本经历战后重建之后，国民经济迅速发展，其对外贸易出口最高峰1986年占世界贸易的比重高达 9.86%。但是，经历较长时期发展后，随着日本经济实力的整体下降，其对外贸易在世界范围内所占的份额亦逐步下降，说明日本对外贸易逐渐走下坡路。日本对外贸易出口所占的比重于 2009 年下降到 4.68%，可谓是巨大的跌落。2010 年虽有回升，但随后 3 年却一路下滑，（2011年为 4.56%，2012 年为 4.42%，2013 年为 3.87%）。2005—2010 年虽然日本货物贸易的国际市场占有率和 TC 指数整体下降（2005 年 TC 指数为 0.072，2010 年为 0.053，2013 年为 -0.076），但仍保持贸易顺差，然而从 2011 年起却走向贸易逆差（2011 年、2012 年、2013 年连续三年逆差分别为 315 亿美元、870 亿美元和 1178 亿美元）。总体来看，日本货物贸易竞争力有所下降，但在国际市场仍占有重要地位。

2.3 中国与日本货物贸易竞争力综合对比分析

在分别对中国和日本货物贸易竞争力进行详细分析的基础上，以下以生产要素密集程度为分类标准，按资源密集型、劳动密集型和资本密集型的商品归类对中日货物贸易竞争力进行综合对比，便于从整体上把握比较结果。

2.3.1 基于 MS 的综合对比

根据历年的贸易数据，可以分别计算出各年份各类出口商品国际市场占有率，从资源密集型产品来看，不论从整体还是部分，中国的国际市场占有率几乎都在日本之上，其中，中国在食品及主要供食用的动植物、饮料及烟类的国际市场占有率远大于日本，稳占 4.5% 左右的国际市场，中国在非食用原料、动植物油脂及蜡的国际市场占有率略超日本，但只有不到 2% 的占有率，不具有优势，至于矿物燃料、润滑油及有关原料，中国国际市场占有率虽仍大于日本，但占有率很低，仍不具竞争力。经过综合对比，中国在资源密集型产品市场上的占有率高于日本，但中国和日本在此方面都没有较大的国际市场，因为中国自然资源总量大，但人均占有量极少，而日本则根本没有自然资源禀赋条件，在这方面中日很大程度上都依赖进口，所以没有竞争优势可言。

从劳动密集型产品上看，如轻纺产品、橡胶产品、杂项制品、矿冶产品及其制品，中国国际市场占有率远大于日本。中国从 2010 年到 2013 年的国际市场占有率一路高升并于 2013 年高达 21% 以上，而日本则不断下降，并于 2013 年低于 4%，这主要由于入世消除了贸易壁垒，中国劳动力资源丰富并主要集中于中低技术层次，使中国劳动力优势得到充分发挥。而日本劳动力则主要集中于中高技术人才层次，而且日本早已完成贸易结构转型，使其已经退出劳动密集型产业竞争优势。中国却正面临贸易和产业结构转型。但随着中国劳动力成本的增高，其劳动密集型产品也将面临发展放缓甚至倒退的局面。

资本密集型产品在当今世界贸易中占有决定性的重要地位，它的发展在很大程度上反映着一国的经济实力。经对比发现，中国近几年在化学品及有关产品和机械及运输设备等方面国际市场占有率均大于日本，且于 2012 年分别增至 6.73% 和 17.93%，虽然在 2013 年有所下降，但整体趋势向上，可见中国正逐步实现贸易转型。相反，日本在此两类商品的国际市场占有率上连续下降，但仍保有一定占有率，可见其优势仍在，但正在走下坡路。

2.3.2 基于 RCA 的综合对比

根据历年数据分别计算 2005—2013 年中日各类出口商品显示性比较优势指标，从资源密集型产品来看，中国在食品及主要供食用的动植物、饮料及烟类的综合 RCA 指数大于日本，但小于 0.8，竞争力较弱（2010—2013 年中国的 RCA 指数分别为 0.43、0.43、0.41、0.39；而日本的指数分别为 0.09、0.08、0.08、0.09），中国在非食用原料、动植物油脂及蜡的综合 RCA 指数小于日本，但两国指数都很小，不具有竞争力（2010—2013 年，中国的 RCA 指数分别为 0.166、0.165、0.154、0.152；日本分别为 0.310、0.302、0.359 和 0.384），至于矿物燃料、润滑油及有关原料，中国综合 RCA 指数在 2010 年至 2012 年略大于日本，到 2013 年有较大下降，低于日本，但两国指数都很小，仍不具竞争力（2010—2013 年，中国指数为 0.131、0.116、0.109 和 0.087；日本同类指数为 0.112、0.112、0.090、0.132）。经过综合对比，中日在资源密集型产品上都不具有显示性比较优势。因为中国和日本缺乏自然资源禀赋优势，在这方面中日在很大方面都依赖进口，所以都呈现显示性比较劣势的局面。

从劳动密集型产品，即轻纺产品、橡胶产品、杂项制品、矿冶产品及其制品等来看，中国综合 RCA 指数远大于日本（2010—2013 年，中国 RCA 指数分别为 1.677、1.744、1.799、1.820，日本同类指数分别为 0.865、0.907、0.913 和 0.890），中国 2010—2013 年综合 RCA 指数整体居高且不断上涨并于 2013 年高达 1.8 以上，而日本则没有较大的波动，始终维持在 0.8 以上 1 以下，说明中国的劳动密集型产品具有显性比较优势，竞争力较强，日本在此方面虽具有一定竞争力，但呈现显性比较劣势状态。从这方面来看，中国仍以低技术含量的劳动密集型产品为主要贸易竞争优势产品之一，中国的贸易结构需要继续转型与升级。

至于资本密集型产品，虽然中日综合 RCA 指数在近几年都有所波动，但中国近几年在化学品及有关产品和机械及运输设备综合 RCA 指数均小于日本。其中，化学品及有关产品，中国 RCA 指数小于 0.8，不具显性比较优势，竞争力较弱，而日本虽在 0.9 以上但小于 1，所以也不具显性竞争优势，竞争力一般。机械及运输设备，中日 RCA 指数都在 1.25 以上，皆具有显性竞争优势，竞争力较强，而且日本比中国更具竞争优势，说明日本的产业及贸易层次高于中国。

2.3.3　基于 TC 的综合对比

根据历年数据可以计算得出不同类型出口商品的竞争力指数即 TC 指数，从资源密集型产品来看，中国与日本综合 TC 指数均在 -0.6 以下，说明由于中日自然资源相对缺乏，在此方面整体具有极大的竞争劣势，从劳动密集型产品轻纺产品、橡胶产品、矿冶产品及其制品、杂项制品来看，中国综合 TC 指数远大于日本，虽然中国在 2012 年有所下降，但 2013 年涨至 0.5 以上，有较强竞争优势，而日本则没有较大的波动，始终维持在 0 以上 0.1 以下，只有微弱竞争优势。至于资本密集型产品，即化学品及有关产品、机械及运输设备，中国综合 TC 指数虽整体有所上升，而日本却整体下降，但中国仍落后于日本，而且中国综合 TC 指数小于 0.3，只具有微弱的竞争力，日本则大于 0.3，具有较强的竞争力。

综合 MS、RCA 和 TC 各项竞争力指标对比分析来看，中国和日本在资源密集型的初级产品上，由于本国自然和人口条件整体都不具备竞争力；在劳动密集型的中低技术和低技术产品上，中国由于入世的机遇和自身充足的低成本劳动力优势，在国际市场上具有较强的竞争力，而日本由于产业和贸易转型，步入发达国家行列，已经脱离此方面的竞争优势；在资本密集型的中高技术和高技术产品上，中国虽然已经具有一定竞争力，但仍然较落后，而日本虽面临对外经济下滑，高技术产品竞争力下降等困难，但其中高技术产品在国际上仍然保持较强的竞争力，所以日本的外贸层次仍然高于中国，中国若想真正取得贸易强国地位，还须努力。

3　提升中国货物贸易竞争力策略

自实行改革开放以来，中国的经济得到飞速的发展，加入世贸组织使中国真正融入经济全球化的洪流之中，与世界接轨的中国在国际市场上日益凸显重要的地位。2013 年，中国占世界货物贸易出口总值达到 11.97%，在世界货物贸易中占有巨大的竞争优势。但是，目前中国在不断取得成就的同时也面临着发展对外贸易的诸多困难：内部面临着经济结构调整和劳动力成本上升及高技术人才缺失等问题，外部面临人民币升值压力不断加大与贸易摩擦频繁等问题。这些问题会随着经济的发展日益显著，甚至会成为阻碍中国对外贸易竞争力发展的瓶颈。20 多年前的日本也曾面临同样的问题，对此中国可借鉴日本发展经验再结合本国实际，就如何保持发展势头、提升外贸出口竞争力制定相应的策略。

3.1　调整优化产业结构和贸易结构，迈向高级化

目前我国对外贸易竞争力一直集中于低技术层次的劳动密集型产业，但是随着经济的发展，中国劳动力成本面临不断提升的局面．如此中国可能会逐渐丧失劳动密集型产业的优势，而且，致力于低技术层面的竞争力优势始终无法摆脱世界经济价值链末端的地位，要想突破这一发展瓶颈必须调整优化产业结构，在继续发展劳动密集型产业增加资本积累的基础上，充分利用现有资本积累投资发展各种高新技术产业，抢占价值链高端地位。一国的产业结构从根本上决定了该国的对外贸易产品结构，而产业结构的调整优化势必会带动外贸产品结构的升级和附加值的提高。此外，周期性的金融危机也使中国的出口环境不断恶化。因此，中国迫切需要进行产业与贸易结构的调整优化和高级化，完善产业与贸易布局，在强化原有的具有比较优势的产业基础上，发展新的经济增长点和对外出口增长点。

3.2　调整出口导向型的发展模式

在改革开放初期，鉴于国内巨大的劳动力成本优势，中国初步确定了出口

导向型的经济发展模式。中国几十年来以出口促增长的发展模式被认为是出口导向型发展战略在大国经济体的成功范例，但同时也积累了一些问题，如过分强调出口数量、国内消费足、对外依存度过高等。过分强调出口数量，使中国面临的贸易摩擦迅速增加，连续多年成为世界上遭受两反一保最多国家；外贸依存度过高，造成中国抵御国际经济风险的能力下降，面临的出口市场风险骤然升高。因此，积极调整出口导向型的发展模式，将对外贸易重点从对数量的追求落到对附加值和技术的追求上来，是防止中国出现严峻的贸易摩擦高峰期的重要措施之一，同时生产技术的发展有利于提高劳动生产率，如此便可弥补劳动力成本上升的问题。

3.3 积极参与经济全球化和区域经济一体化进程

经济全球化和区域经济一体化是当前世界经济发展的两大潮流。区域经济一体化能有效降低区域内贸易壁垒，促进要素在区域内合理流动，在区域范围内实现规模效益和专业化生产，继而促使整合区域资源参与国际贸易和国际竞争。作为发展中大国，中国积极参与国际经济一体化进程，有利于参与国际贸易规则的制定和维护正当的贸易利益，提高在国际市场上同发达国家进行竞争的能力，同时有助于引进外资和技术，以带动中国贸易技术改革。

3.4 循序渐进地推进汇率改革

如今，呼吁人民币升值的声音不断加大。人民币汇率应由人民币内在价值和市场供求状况决定，不能屈从于外部压力，否则，既无益于中国对外贸易的发展，也不利于解决部分国家国内就业和经济问题，反而可能加剧国际市场动荡，在世界经济复苏过程出现新的不确定性因素。中国应当循序渐进地推进汇率制度改革，不断深化外汇管理体制改革，进一步完善人民币汇率形成机制，更大程度地发挥市场作用，适当增加汇率弹性。中国尚处于市场经济发展的初级阶段，市场手段、市场工具、市场规模和市场积累皆不利于汇率的快速上升，而目前中国确实存在长期外贸收支顺差所导致的国内流动性过剩问题，因此按照主动性、可控性和渐进性的原则进行汇率改革，既是中国调控国内经济的必要手段，也是避免对外贸易反复的重要措施。

3.5 大力提高科技自主创新能力与深入贯彻人才强国政策

清醒区分"所在"与"所有"。中国技术密集型产品出口更多地具有地理意义，而不具有所有权意义；引进 FDI 和外国技术不能直接地提高中国的科技创新能力。在当今经济全球化时代，生产要素和商品可自由流动，发达经济体凭借强势生产要素和商品可支配欠发达经济体的弱势生产要素和商品，进而支配其市场和产业。因此，循序渐进地发展产业和出口，完全遵循要素禀赋的比较优势，必将使中国经济陷入不安全。

中国应该有意识地积极制定与实施富有前瞻性的战略规划，跨越比较优势的某些阶段，实施适度赶超战略，依靠本民族持续努力和实践的科技创新来提高国内的科技自主创新能力，培育创造性资产，建设创新型国家，重构中国外贸的优势基础，使中国的优势基础从不熟练、半熟练劳动力转变为科技创新能力，构建贸易经济可持续发展的科技支持系统，大幅降低本国对外来技术的依赖度，让高新技术产业及其出口真正标上"中国国籍"，大幅提高中国技术密集型产品的 TC 与 RCA 指数，从而真正实现高效优化中国出口商品结构。

人才是当今世界经济发展的重要元素，同时也关系着一国国际贸易竞争力的发展。中国虽具有丰富的劳动力资源，但优势只停留在低成本与低技术劳动力数量上，中至高技术层次人才始终存在着断层般的缺失，为此，中国应继续深入实施人才强国政策，大力培养新生代综合素质与专门技术并存的高精尖人才，同时支持在职或下岗人员的技术再培训，鼓励嘉奖与保护个人或组织进行专利技术开发，使中国走向高层次劳动力优势之路。

参考文献：

[1] ROBERT C，FREENSTRA & SHANG – JIN WEI. Introduction to China's Growing Role in Word Trade ［J］. National Bureau of Economic Research，2010.

[2] 彭可，常志有. 中国在东盟市场货物贸易竞争力分析 ［J］. 现代商贸工业，2013（2）：72 – 73.

[3] 郜志雄，卢进勇. 基于货物贸易，服务贸易和 FDI 国际比较视角的中日经贸关系研究 ［J］. 现代日本经济，2013（4）：1 – 10.

[4] 凌子轩. 提升中国货物贸易国际地位的研究 ［D］. 南宁：广西大学，2014.

[5] 孙世忠，孙艳. 中国加入世贸组织以来对外货物贸易发展研究 ［J］. 淮海工学院学报（人文社会科学版），2013（6）：29 – 34.

[6] 彭华. 日本贸易技术构成及产业竞争力的演变研究 ［J］. 日本研究，2013（4）：17 – 22.

中国高新技术产品贸易竞争力分析

李 响　　田 园❶

摘要： 本文从中国高新技术产品概况分析入手，简要地介绍了高新技术产品的含义，应用范围以及中国高新技术产品贸易的发展历程。然后从中国高新技术产品贸易现状展开，介绍并分析了近年来中国高新技术产品贸易的总体现状，通过一系列对中国高新技术产品贸易竞争力指数的测算，剖析影响中国高新技术产品贸易竞争力的因素，提出提高中国高新技术产品贸易竞争力的对策。

关键词： 高新技术产品；竞争力；出口额

1 中国高新技术产品贸易现状

1.1 中国高新技术产品贸易的总体状况

近年来高新技术产品在中国甚至是国际都受到了很大的关注，各国都积极大力发展该产业，以求快速抢占市场份额。高新技术产业的发展可以优化产业结构，帮助中国发展新的国际市场，增强中国经济的抗风险能力，刺激出新的贸易增长点。中国虽然在这方面的起步较晚，但是通过各方面的不懈努力，中国高新技术产品贸易已成为中国新的贸易增长点，现如今中国在高

---

❶ 作者简介：李响（1993—　），女，北京联合大学商务学院国际经济与贸易专业 2011 级学生。通讯作者简介：田园（1982—　），女，副教授，博士，北京联合大学商务学院国际经济系教师，研究方向为国际贸易理论与政策、国际服务贸易。本文为北京市青年拔尖人才项目：北京市高新技术产品对外贸易与经济增长关系研究阶段性成果。

新技术产品产业方面发展很快，对中国经济的贡献也越来越显著。

由图 1 可以看出，2012 年中国高新技术产品出口额排名全球第一位，占比 23.4%。从 2008 年的 4000 多亿美金上涨到 2012 年的 5000 多亿美金。中国在全球高新技术产品贸易中的竞争力正日益提升。预计今后的十年内，这一趋势将会更加明显，中国在全球高新技术产品贸易中的地位将会明显增强。

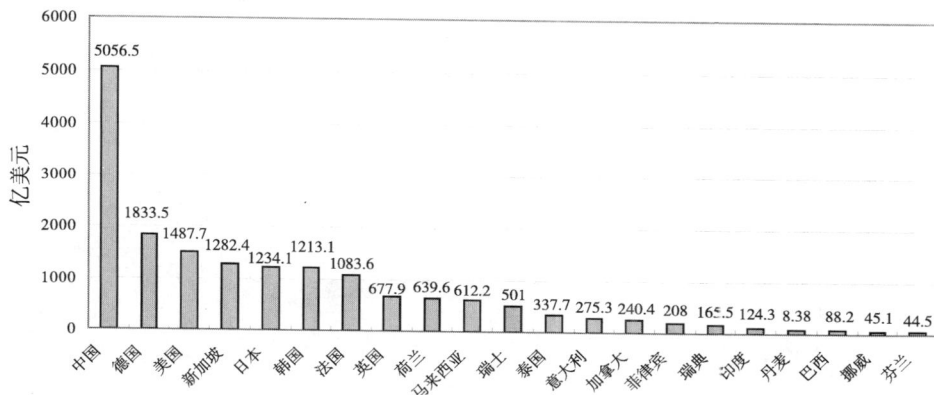

图 1　2012 年部分国家高新技术产业出口总额

数据来源：中国高技术产业数据网，中国海关总署网站。

1.2　中国高新技术产品贸易规模

自中国在 1999 年提出以科技振兴贸易的战略后，中国高新技术产业以平稳快速的态势发展着，占中国贸易总进出口的比重也在不断加大，为进一步加快中国经济发展速度、推动中国经济进一步发展、带动中国商品贸易的产业结构优化和升级贡献了很大的力量。近年来，中国高新技术产品贸易进出口额平稳上升，自 2007 年开始，贸易出口额一直保持世界第一，虽然 2009 年受到国际金融危机的影响，贸易进出口额均有下降，但 2010 年迅速回弹到之前的水平，2012 年出口额突破了 6000 亿美元，且到 2013 年数据还在继续攀升。这些数据证明中国高新技术产品贸易在中国经济结构乃至世界高新技术产品贸易中都具有一定的实力和地位，并且已成为经济发展的重要组成部分。

表1　2007—2013 年中国高新技术产品贸易进出口概况

单位：亿美元

	2007	2008	2009	2010	2011	2012	2013
贸易出口额	3478	4156	3769	4924	5488	6012	6603
贸易进口额	2870	3418	3099	4127	4632	5068	5582
贸易进出口总额	6348	7574	6868	9051	10121	11080	12185
贸易差额	608	738	671	797	856	944	1012

数据来源：中国高技术产业数据网，中国海关总署网站。

在近十年的时间里，中国高新技术产业迅速发展，产品的进出口贸易额都有不同程度的显著上升。而 2002 年中国高新技术产品贸易进出口额均低于 1000 亿美元，在 2003 年终于突破了 1000 亿美元的大关。2004 年，中国多年在高新技术产品的贸易差额由逆差转为顺差，高新技术产品的贸易出口额第一次大于其贸易进口额，2005 年开始，贸易顺差不断扩大，到 2013 年中国高新技术产品贸易顺差额已经超过了 1000 亿美元。这些都证明中国高新技术产品从一开始不断被国际市场接受到如今在国际市场上具有一定的产品优势的过程。

1.3　中国高新技术产品贸易的贸易方式

图 2 显示在近十年来中国高新技术产品出口贸易方式中，占比最大的是进料加工贸易，占比一直在 60% 以上，但是进料加工贸易自 2002 年以来，占比不断以微弱的数据下降。而来料加工配置贸易，自 2002 年到 2012 年近十年来占比也在不同程度地下降，自 2008 年开始，占比已经小于一般贸易的占比。而其他贸易方式，自 2009 年开始出现往年没有的小幅度稳固上升，2011—2013 年，从 6.7% 增长到 17.9%。这些都说明中国高新技术产业出口的贸易方式正在发生着改变，也说明优化产业结构已经成为中国高新技术产业未来发展的趋势。

1.4　中国高新技术产品贸易的企业分布

中国高新技术产品出口的主要企业类型分别是国有企业、中外合资企业、外商独资企业及其他。从图 3 可以看出，占中国高新技术产业贸易出口企业类型最大的是外商独资企业，2002—2013 年占比一直在 55% 以上且居高不下，国有企业从 2002 年的 15.1% 一直下降到 2013 年的 5.6%。而中外合资企业 2002—2013 年以微小幅度下降，从 23.9% 下降到 17.4%。

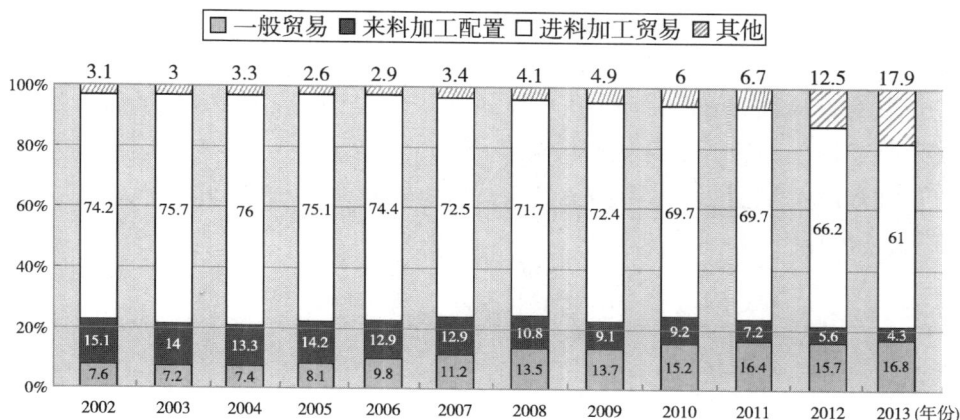

图 2　2002—2013 年中国高新技术产品贸易出口按贸易方式分布

数据来源：中国高技术产业数据网，中国海关总署网站，国家商务部网站。

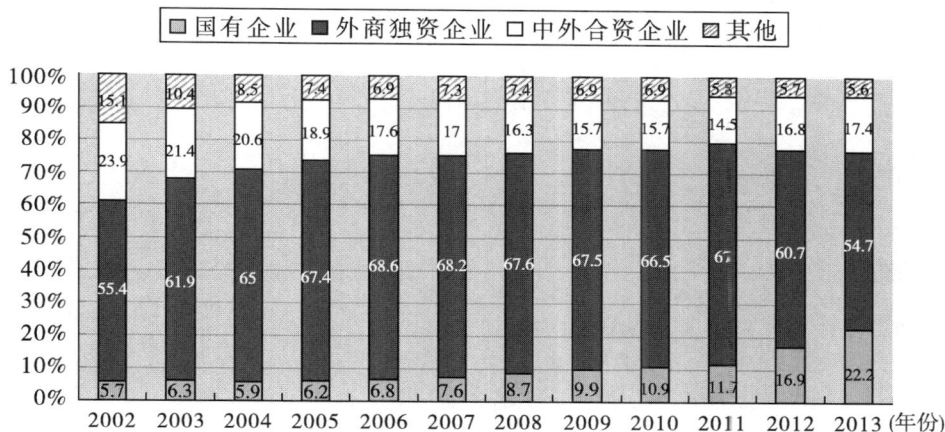

图 3　2002—2013 年中国高新技术产品贸易出口按企业类型分布

数据来源：中国高技术产业数据网，中国海关总署网站，国家商务部网站。

1.5 中国高新技术产品贸易的产品结构

由表 2 可知，2013 年在中国高新技术产品出口的产品结构中，计算机与通信技术占比超过 60%，位居第一，占主导地位，出口额为 4390.9 亿美元，虽然与 2012 年相比占比略有下降，但是累计金额比 2012 年增长了 4.73%。位居第二位的是电子技术，2013 年占比为 20.72%，累计金额为 1367.91 亿美元，比 2012 年增长了 34.74%，是增长最多的领域。通过对中国高新技术产品贸易 2012 年和 2013 出口产品结构进行分析，可以发现，中国高新技术各类产品中计算机与通信技术和电子技术占比较大，而且极不均衡，说明中国高新技术产业极度依赖这两种产品，这也表示在资源配置上有严重的不平衡现象。

表 2　中国高新技术产品贸易 2012—2013 年出口产品结构

	2012			2013		
	出口额 （百万美元）	占比%	同比%	出口额 （百万美元）	占比%	同比%
航空航天技术	4437	0.7	−3.5	5112	0.8	15.2
生物技术	472	0.1	14	608	0.1	28.9
计算机集成制造技术	9864	1.6	10.3	10961	1.7	11.1
计算机与通信技术	419253	69.7	6.7	439090	66.5	4.7
电子技术	101523	16.9	17.3	22577	3.4	7.9
生命科技	4607	0.8	−2.3	5155	0.8	11.9
光电技术	39467	6.6	23	39329	6	−0.4
其他技术	594	0.1	−12.2	707	0.1	19

数据来源：国家商务部网站，中国高新技术产业数据网。

2　中国高新技术产品贸易竞争力测算

2.1　国际市场占有率（MS）

中国高新技术产品的市场占有率在逐年提升，中国高新技术产品出口份额逐年提高，2012 年中国已经成为高新技术产品出口大国，高新技术产品的出口额为世界第一，出口额超过德国、美国等发达国家，而 2013 年，中国高新技术产品出口额持续增加，贸易顺差越来越明显，中国一般贸易方式下高新技术产品出口对出口贸易总额的贡献越来越大，这反映了中国高新技术产品的贸易竞争力正在不断增强，在国际市场的影响力也在不断增强。市场占有率持续走高，中国高新技术产品不但为本国经济注入了新的增长点，也为全球高新技术出口创造了新的格局。

表 3　2007—2012 年中国高新技术产品市场占有率

	2007	2008	2009	2010	2011	2012	2013
国际市场占有率（%）	20.6	21.3	22.1	22.5	22.8	23.4	23.6

数据来源：WTO 官方网站，中国海关总署网站，具体数值由 MS 公式计算得出。

2.2　贸易特化系数（TSC）

中国高新技术产品的贸易特化系数在 2002 年为负值，说明当时中国高新技术产品处于一定的劣势，还不具备竞争力。2004 年中国高新技术产品的贸易差额由逆差转为顺差，导致贸易特化系数由负转正。而后从 2005 年到 2007 年，贸易特化系数虽然并没有很惊人的涨势，但是还是在缓慢攀升的，虽然很不明显，证明中国高新技术产品在国际市场占有率在不断增加。2009 年的金融危机导致中国高新技术产品的出口贸易受到了一定的阻碍。2010 年经济回暖，中国的贸易差额不断攀升，说明中国的高新技术产品出口量开始持续增加，国际市场占有率不断增加。而 2011—2013 年，中国贸易特化系数一直保持在 0.09，通过 TSC 指数判断，中国高新技术产品具有一定的竞争优势，但不明显。

2.3　显示性比较优势指数（RCA）

自"科技兴贸"战略实施以来，我国高新技术产业发展迅速，在国际市场上的竞争力也有所提升。中国高新技术产品显示性比较优势指数处于逐年上升态势，2008 年由于金融危机的影响，显示性比较优势指数上涨变慢，但 2009 年指数增长恢复正常，从 2007 年的 2.08 上升到 2013 年的 2.29。中国高新技术产品的显示性比较优势指数表明，中国高新技术产品的国际竞争力逐渐增强，在国际市场具有一定的竞争优势。随着这个增长趋势，相信中国高新技术产品的 RCA 指数能够超过 2.5。

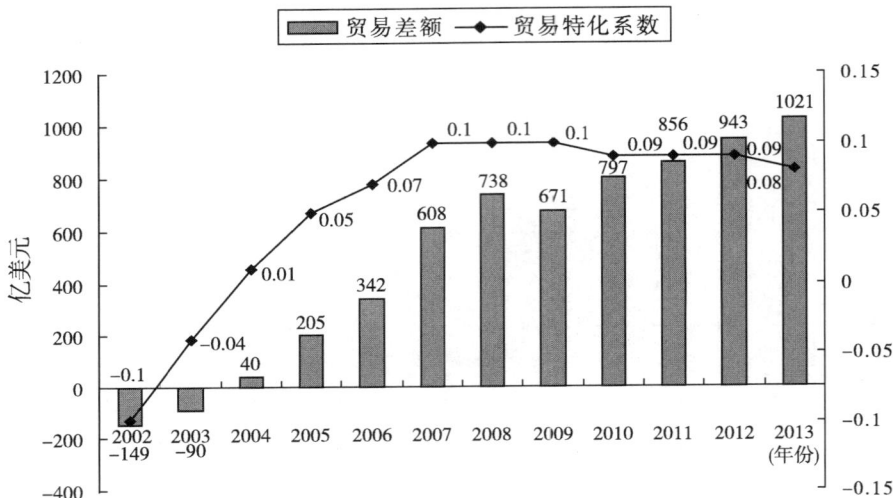

图4　2002—2013 年高技术产品贸易差额及贸易特化系数

表4　2007—2012 年高新技术产品显示性比较优势指数

	2007	2008	2009	2010	2011	2012	2013
显示性比较优势指数	2.08	2.09	2.16	2.2	2.24	2.28	2.29

数据来源：WTO 官方网站，中国海关总署网站，具体数值由 RCA 公式计算得出。

总的来说，从以上三个指标的计算可以看出中国高新技术产品在国际市场具有一定的竞争优势和出口竞争力。而且随着时间的推移，出口竞争力逐年提高，在国际市场的影响力也会不断地扩大。MS 和 RCA 以中国高新技术产品出口额出发，分析了中国高新技术产品在国际上的优势。两个测试指数操作相比之下 MS 比较直观，其计算比较简洁地分析出中国高新技术产品的国际市场占有率。而 RCA 结合了中国全部产品出口额及世界所有产品的总出口额，算法上比较烦琐，但计算出来的数值更加科学、更具有说服力。因为只从高新技术产品出口额来分析中国高新技术产品的竞争力比较片面，又加入了贸易特化系数，与高新技术产品进口额计算出高新技术产品贸易差额，三个指数的结合，使得整个测算更加全面。

3 影响中国高新技术产品贸易竞争力的因素

3.1 技术创新因素

核心技术能为企业带来重要的技术资源和能力，而高新技术产品之中也应具有核心技术。中国的高新技术产品虽然已经具有一定的出口规模，但主要还是集中在加工贸易和劳动力密集型贸易，具有自己的核心技术及自主知识产权的产品并不多。中国大部分高新技术产品生产所使用的技术依赖于国外技术，中国虽处于贸易强国之列，但是在核心技术的拥有量和科技创新能力上仍然处于中下水平。很多中小企业或者民营企业因为还只着眼于通过引进国外的技术生产自己的产品，以此来赚取利润，对掌握核心技术和自主研发创新的认识不够深刻。

3.2 研发和开发经费（R&D 因素）

自 2000 年以来，中国高新技术产业的 R&D 经费投入强度一直不高，最高的 2000 年也只有 1.83，最低的 2005 年低至 1.26。近年来，在国家"科技兴贸"政策的推动下，中国高技术产业的 R&D 经费强度保持小幅增长。2012年中国在制造业 R&D 的投入强度为 1.1，而中国高技术产业的 R&D 投入强度仅为 1.8。这一强度仍然远远低于美国、日本、德国、法国和英国等发达国家的水平。美国、日本、德国、法国和英国这些国家在高技术产业 R&D 投入强度上均为制造业平均水平的 3 倍或 4 倍以上，韩国 2006 年在制造业的 R&D 投入强度为 1.9，而在高技术产业的投入强度上也高达 5.9。R&D 经费强度的差距表明中国高技术产业技术密集程度很低，自主创新能力仍然处在较低水平。

3.3 高新技术人才

中国是人力资源的大国，但是在人才结构上非常不合理，高新技术人才也并不丰富。从图 5 可以看出，2007—2013 年高新技术产业的就业人员占制造业以及全社会就业人员比重虽然一直呈缓慢增长的趋势，但是占比过低，仅高新技术产业就业人员数量就如此之低，中国高新技术产业的高新技术人才就更少了。高新技术人才不但要具有一定的专业技术知识，还要在企业的生产和研发的实践过程中不断地学习。如果政府在高新技术人才培养和挖掘方面给予的支持不够，人才成长和投放的过程就会较为缓慢，那么就会影响中国高新技术产业的开发效率，导致中国高新技术产业乃至产品的竞争力不足。

表5　部分国家制造业和高新技术产业的 R&D 投入强度　　　　单位：%

	中国 2012	美国 2009	日本 2008	德国 2007	法国 2007	英国 2007	意大利 2007	韩国 2006
制造业	1.1	4.0	3.4	2.3	1.7	2.6	0.7	1.9
高新技术产业	1.8	4.0	10.5	6.9	5.6	11.4	3.8	5.9
医药制造业	2	19.7	16.4	8.3	2.6	25.1	1.8	2.5
航空航天器制造业	9.6	23.6	2.9	8.6	5.3	11.6	13.4	9
电子及通信设备制造业	1.9	21.2	8.9	6.3	10.6	6.5	4.5	6.7
电子计算机及办公设备制造业	0.7	14.5	7.6	4.5	7	1.1	1.2	3.9
医疗设备及仪器仪表制造业	2.4	16.2	17	6.3	6.8	4.2	2.6	2.2

注：中国 R&D 投入强度按 R&D 经费占主营业务收入的百分比计算，数据口径为大中型高技术产业企业，其他国家为 R&D 经费占总产值的百分比计算。

数据来源：中国高技术产业数据网（该目录参考了 OECD 高技术产业的界定范围）。

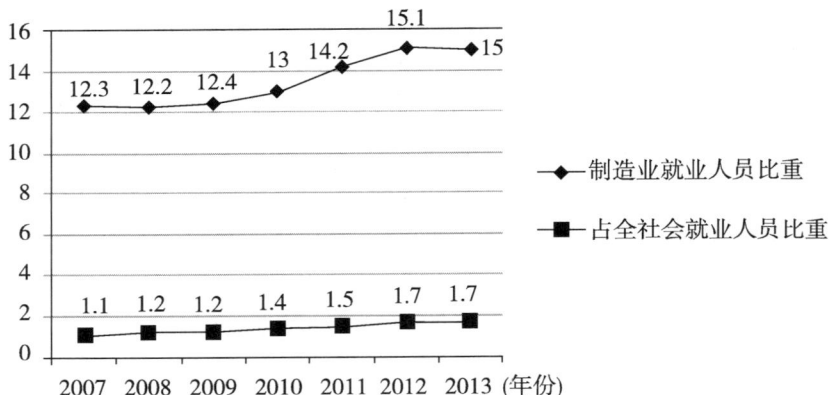

图5　2007—2013 年高新技术产业就业人员占制造业及全社会就业人员的比重

数据来源：中国高技术产业数据网。

154

3.4 外资涌入

外资的引入可以促进中国高新技术产品的生产和出口，刺激出新的增长点，从而提高产品的生产总额。但是过分依赖外资容易导致外资大量涌入抢占中国的国内市场，使中国的高新技术产品失去国内市场。而外商的直接资金投入，不但延缓了中国高新技术产品的研发和自主创新能力的提高，使得国外的技术垄断了中国国内市场，也会使得中国高新技术企业的很多优秀人才流入外资企业。这对于中国高新技术贸易竞争力的短期发展乃至长期发展都是很不利的。

3.5 地域发展水平因素

中国一直受到地域发展水平不均问题的困扰，而在高新技术这样的产业上这种地域问题更是凸显。首先，中国东部具有很强的先天地理优势，交通较为便利，容易将东部地区连接成一片，形成规模经济，可以大大缩减生产和交易成本；其次，中国东部经济基础好，高新开发区众多，市场机制较为健全；最后，中国东部的人口多，拥有更多的劳动力和高新技术人才，在劳动生产率上会有一定的优势。相对于中国的东部地区，中国中西部地区产品市场机制不健全，出口规模很小，相对于中国的东部沿海地区，这种差异就更加明显。2013 年中国高新技术产品出口贸易前三名分别是广东、江苏和上海，都是沿海地区，而后五名都是中国中西部省份。市场机制不健全，市场需求小，人才缺乏及交易成本较高等因素在相当长的时间内影响着中国中西部地区的发展水平，也导致了中国东西中部的经济发展不均衡。

4 提高中国高新技术产品贸易竞争力的对策

4.1 加快产业结构调整和升级

中国高新技术产品的出口贸易机构比较单一，中国劳动力密集，成本低，产品的出口还是以加工贸易居多，虽然可以为中国的剩余劳动力提供更多的就业机会，但是中国高新技术产品拥有中国核心技术较少，虽然出口量大，但是产品的可替代性较强，而且产品的核心技术并不掌握在中国人手中，产品的专利费用也会增加产品的成本，这些因素都不利于中国高新技术产品的长期出口，因此加快中国高新产业结构调整和升级势在必行。虽然完全改变中国加工贸易居多的现状不现实，但是逐渐减少产业调整，从而加快产业结构调整和升级是势在必行的。因此将中国高新技术产品贸易从生产逐渐向研发转移，立足于资源的优化配置，多生产出附加值高、拥有自主创新能力的产品，是今后努力的方向。

4.2 提高中国自主创新能力

中国高新技术产品虽然占领了一部分市场份额，但是中国只有部分产品的技术使用权，并没有产品的知识产权。因此，单靠中国的加工贸易来提高中国高新技术产品的贸易竞争力是无法长久立足于高新技术产品市场的。所以，应该提高中国自主创新能力来发展中国的自主知识产权产品。

中国应增强 R&D 的投入强度。由表 7 可见，2007—2012 年，每年用于新产品开发的 R&D 经费在不断增加，开发的新产品创造了越来越高的销售收入，为中国高新技术产品贸易创造了新的增长点。2013 年，大中型高新技术产业企业申请专利数突破了 10 万件，新产品销售收入也将突破 3 亿元。由此可见，想要逐步提高中国高新技术产品贸易竞争力，必须加大在产品研究和发展方向上的力度。

表 7 2006—2013 年大中型高新技术产业企业科技活动基本情况

	2007	2008	2009	2010	2011	2012	2013
R&D 人员（万人）	24.8	28.5	32.0	39.9	42.7	52.6	55.9
R&D 经费支出（亿元）	545	655	774	968	1238	1491	1734
新产品开发经费支出（亿元）	652	798	925	1007	1528	1827	2069
新产品销售收入（亿元）	8249	10303	12880	16365	20385	23765	29029
专利申请数（件）	34446	39656	51513	59683	77725	97200	102532

数据来源：中国高技术产业数据网。

4.3 培养高新技术人才

2013 年每百名从事大中型高新技术产业的 R&D 人员就能申请占专利申请总量 18.3％的专利，这直接证明了中国高新技术人员在产品的研发和自主创新上有很大的潜能。因此，提高中国高新技术产品贸易竞争力的关键，就是大力培养高新技术人才。首先，在培养人才的最开始应该着手于国内的各个大学，从人才形成的最初培养学生的创新思维和创新能力，继而吸取国外高校优秀的教学经验，并应用到人才素质的培养上去。其次，为高新技术人才提供设备、资金等优良条件，让他们将书本上的理论和实践结合在一起，有助于更好地应用知识和萌发出创新的灵感。最后，更重要的是，为了更好地展示平台，最大力度地使高新技术人才进入到国内的高新技术企业中去，这样不但为中国高新技术产业的自主创新注入新鲜的血液，也将使中国高新技术产品的贸易竞争力得到提高。

4.4 合理利用外资

如今，大量的外资看中了中国巨大的市场潜能和廉价的劳动力，纷纷进入中国高新技术市场，如今含有外资的中外合资企业和外商独资企业已成为中国高新技术产业最大的组成部分。合理地利用外资可以更好地推动中国高新技术产业的转型和技术研发。同时，要多吸收那些产品附加值高和核心技术含量高的产品在中国生产，以便中国吸收学习，并提高自身的核心技术水平。而那些产品技术含量较低的外资企业，应限制它们在中国的生产。所谓取其精华，去其糟粕，应建立一套符合中国国情、具有中国特色的高新技术产品生产体系及贸易体系。

4.5 多地联合发展，东部带动西部

截至 2013 年 9 月，中国一共建设了 114 个国家级高新技术开发区。高新技术开发区以智力密集和开放环境条件为依托，主要依靠国内的科技和经济实力，充分吸收和借鉴国外先进的科技资源、资金和管理手段，通过实施高新技术产业的优惠政策和各项改革措施，实现软硬环境的局部优化，最大限度地把科技成果转化为现实生产力。但这些地区大多位于东部的发达地区，

西部较少，高新区东西部分布严重失衡，导致高新技术发展程度差距很大。中国应该加强东西部高新区的联系，推动中西部地区高新技术产品的出口，使东中西部区域都参与到新的技术研究当中，进而促进高新人才之间的交流，共享科研成果，进而缩小中国在这方面的地区差异，进一步完善产业链，为全国各地的全面发展打下坚实基础。

参考文献：

[1] 顾学明，张威，叶欣. 贸易救济：中国高新技术产品贸易的瓶颈 [D]. 商务部国际贸易经济合作研究院，2013：28 - 31.

[2] 赵霞. 当前我国高新技术产业竞争力研究 [D]. 成都：西南财经大学，2011：28 - 31.

[3] 曾硕勋，杨永施，韶亭. 基于 DEA 三阶段模型的中国高新技术产业效率研究 [J]. 企业经济，2013（1）：1 - 3.

[4] 徐厚永. 高新技术产品出口竞争力研究 [D]. 合肥：合肥工业大学，2013：37 - 69.

中美 P2P 网贷的比较与借鉴

陈跃龙　徐　枫❶

摘要：全球互联网金融的兴起，推动了 P2P 网贷在中国迅速发展。国内 P2P 网贷起步晚，运作经验不成熟，并缺少相关的监管措施。因此，P2P 网贷在中国的运作过程中出现了诸多的问题。相对而言，美国的 P2P 网贷运作则较为成熟。比较中美 P2P 网贷的发展现状、创新模式，有利于中国 P2P 网贷获得重要的启示和借鉴。

关键词：中美；P2P 网贷；比较；借鉴

1　中美 P2P 网贷的现状

1.1　中国 P2P 网贷的现状

1.1.1　主要运营模式概况

（1）运营规模现状。P2P 网贷平台是网贷融资中介平台，通过在平台上披露借贷信息，帮助借贷双方达成协议，并从中收取手续费用，实现盈利。2007 年中国第一家 P2P 网贷平台"拍拍贷"正式成立运营。作为一种全新的理财模式，P2P 网贷平台在国内迅速推广。2012 年，P2P 网贷平台数量为 148 家。2013 年，增长到 523 家，同比增长 253%。2014 年，平台数量达到了 1854 家，同比增长 254%。随着平台数量的增多，P2P 网贷交易量和参与人数

---

❶　作者简介：陈跃龙（1994— ），男，北京联合大学商务学院国际经济与贸易专业 1101B 学生。徐枫（1973— ），女，副教授，博士，北京联合大学商务学院国际经济系教师，研究方向为国际贸易理论与政策、国际金融服务贸易，为本文通讯作者。

也发生了巨大的变化。2010 年，中国 P2P 网贷平台交易额仅为 13.7 亿元。发展至 2014 年，交易额已达到 3058.2 亿元，比起 2013 年的 897.1 亿元增长了 241%。从参与人数来看，中国 P2P 网贷平台的投资人从 5.1 万人增加到了 116 万人，借款人则从 1.9 万人增加到了 63 万人。随着 P2P 网贷平台规模的扩大，问题平台也逐渐增多。2013 年问题平台就增加了 76 家，2014 年增加了 275 家。

表 1   2009—2014 年中国 P2P 网贷平台的发展现状

时间	网贷平台数量 （家）	问题平台数量 （家）	网贷平台交易额 （亿元）	投资人 （万人）	借款人 （万人）
2009	5				
2010	15		13.7		
2011	50	10	84.2		
2012	148	6	228.6	5.1	1.9
2013	523	76	897.1	25	15
2014	1854	275	3058.2	116	63

数据来源：根据 http://shuju.wangdaizhijia.com/网贷之家资料整理。

（2）运营模式现状。P2P 网贷进入中国后，产生了各种各样的模式。按照与互联网的结合程度，大致分为三大类：纯线上运营模式、线下运营模式、线上与线下相结合运营模式。纯线上模式是指无论是借款人的信用审核、借款需求，还是投资人的竞标、双方借贷关系的成立、网站的手续费收取，都是在 P2P 网贷平台上完成，像人人贷、拍拍贷的模式。线下模式则不再借助网络平台，在线下完成一系列操作，在线下寻找借款客户，并完成信用审核和评级，与借款人签订合法正规的《借款合同》，将资金随即从公司的账户转账到借款客户的账户，再寻找有意愿的投资人，签订《债权转让合同》，使得投资人获得相应的公司债权，资金从投资人账户转移到公司账户，以债权转让的方式完成整个借贷流程，宜信是这种模式的代表。线上线下结合模式多是使用债权转让方式，在线下寻找借款客户，并通过线上完成债权的转让。这三种模式运作时，大多数会与第三方支付平台相结合，以降低风险，吸引投资。

1.1.2 代表性网贷平台概况

（1）宜农贷。成立于 2009 年，是宜信公司效仿国外著名的 KIVA 平台设立的 P2P 平台板块。它是国内首创的公益与理财相结合的 P2P 平台。主要帮助贫困地区的农村女性，通过 P2P 借贷的模式解决资金困境。到目前为止，宜农贷爱心助农人士已经达到 140 892 位，资助农户 14 319 位，资助金额为 115 068 020 元。与其合作的农村小额信贷机构在 2014 年已经达到 22 家，覆盖省份 11 个。宜农贷出于公益目的，主要靠收取 1% 的手续费和宜信公司的支持。并且，其借贷模式也与一般的 P2P 网贷平台不同。首先受到资助的农户要经过与宜农贷合作的农村小额信贷机构的严格审核和筛选。然后出借人在网站注册，在资助农户列表里选择愿意出借的农户和金额，按流程完成出借，信贷机构再将金额发放给农户。到还款期限时，信贷机构再将农户返还的本金和 2% 的利率返给宜农贷，宜农贷将相应资金返给出借人账户。继续出借或者提现由出借人决定。在风险控制方面，受资助的农户和合作的小额信贷机构都会受到严格的审查，平台风险更多由宜信公司承担。由于信息公开透明，受助人的近况会在网站得到展示，出借人完全可以接触到农户，因此这种方式能吸引更多的出借人。

（2）义乌贷。成立于 2012 年 9 月。主要是将 P2P 融资理财与当地小资企业外贸融资困难的实情相结合，着眼于外贸供应链的融资不节，实现了行业差异化。并针对国际贸易的特点，提供了备货融资、出口票据融资、海外提单融资、外贸应收款融资、出口代理、物流通关、出口退税、外汇结算等业务，实现了业务多样化，平台盈利方式多样化。义乌在册个体工商户数量超过 14.8 万户，小微外贸企业众多，而融资是外贸过程中的重要环节，这些构成了义乌贷良好的市场基础。2014 年平台交易额全年增长量高达 200%。预计 2015 年业务量在原来的基础上翻两番，交易额达 10 亿美元。义乌贷通过线上审核借款人，借款人除提供基本的身份信息、资产信息外，还得提供外贸订单、贸易合约、信用证、单据、海运提单等信息，审核通过后才能在义乌贷发布借款信息。投资人在网上选择借款投标完成投资。义乌贷采用第三方支付平台完全托管的方式让借贷双方完成借贷，只收取借款成功管理费用和 VIP 费用。风险控制方面，除采取第三方资金托管外，收取投资者所赚利息的10%作为风险保障金。在借款协议中，由于借款人将货物物权质押给义乌贷，义乌贷对出口企业的融资额不超过货值的70%，而出口保险公司的赔付比例为90%，这种控制模式将风险进一步降低。

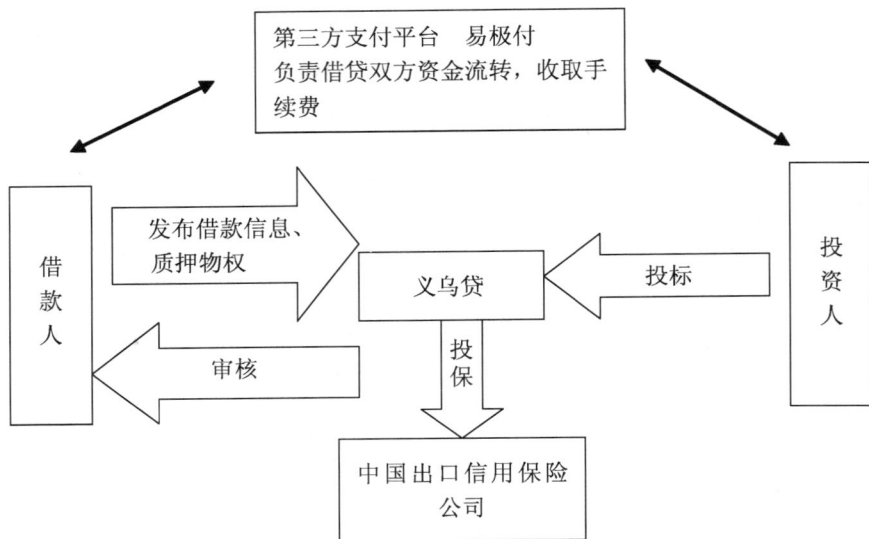

图1　义乌贷的运作流程

资料来源：根据义乌贷网站资料整理。

1.2　美国P2P网贷的现状

相对于中国众多的P2P网贷平台来说，由于美国证券交易委员会加强了对P2P网贷平台的监控，而且P2P网贷行业的准入门槛极高，高额的注册成本也限制了行业准入的门槛，所以美国P2P网贷平台的增长速度数量较为缓慢。美国的P2P网贷平台数量较少，到2014年P2P网贷平台数量仅为60多家，但发展较为迅速。以著名的Prosper平台为例，2014年，Prosper贷款123 197笔，贷款金额为15.987亿美元，同比增长分别为272%、347%。另一著名的平台Lending Club贷款134 756笔，贷款金额为19.82亿美元，同比增长分别为153%、176%。2013年，Prosper的注册会员超过160万人。2014年年底，美国的Lending Club成为全球第一个上市的P2P平台。当前，Prosper和Lending Club共同占据了美国P2P网贷行业96%的市场份额，其中Lending

Club 占据了 72% 左右，其他的 P2P 网贷平台只占 4% 的市场份额。总体而言，美国的 P2P 网贷行业呈现出寡头垄断的态势。

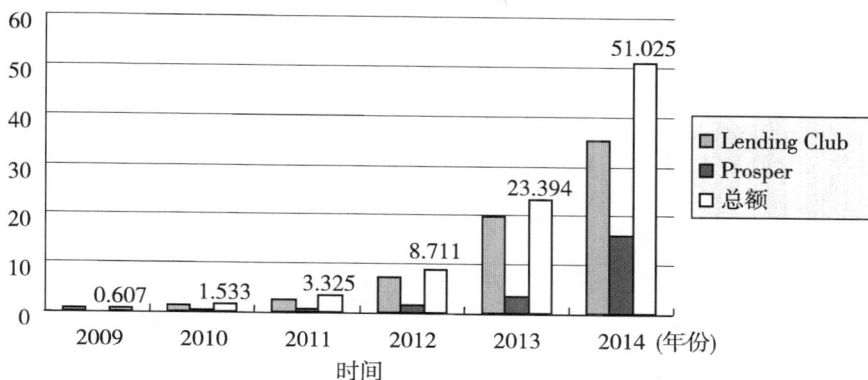

图 2 2009—2014 年 Lending Club & Prosper 网贷平台的市场份额
数据来源：根据 http://www.nickelsteamroller.com/ 网站资料整理。

1.2.1 主要运营模式

美国的 P2P 网贷平台明确定位为营利性的中介平台，或者是公益性的网贷平台。由于美国的社会信用体系建设较为完善，因此借款人的信息审核多在线上进行，借款人提供自己的信用评分和相关资料，网站审核通过后就能发布借款信息。投资人选择好对象后即可投资。由于美国证券交易委员将 P2P 网贷视为类似证券交易的存在，并且纳入监管体系，因此，当借款期满，信贷以银行的名义发出，银行把这笔债权资产转给平台，平台按照每个投资人的份额把债权的收益权分割后卖给投资人。Lending Club 与 Prosper 的区别在于：Lending Club 的利率由借款人决定的利率压低竞拍决定，而 Prosper 将利率与借款人的信用评级挂钩。此外，Prosper 依托 Face bock 等社交网站使得线上优势更加明显，也更加能吸引借贷双方的加入。

1.2.2 主要网贷平台

以代表性的公益 Kiva 网贷平台为例，Kiva 是成立于 2005 年的美国第一家公益性 P2P 网贷平台，平台的意愿是把互联网跟小额信贷结合起来，借助世界各个贫困地区的企业家和穷人，达到减轻贫困的目的。截止到 2015 年一季度，Kiva 的总贷款量到达了 689 157 500 美元，通过 Kiva 完成贷款的高达 1 274 118 人，借款人达到 1 593 592 人，贷出款项 860 380 项，Filed Partner 有 297 家，Filed Partner 分布 86 个国家，还款率高达 98.75%。Kiva 通过募集资金的方式将借贷双方联系起来，世界各地的 Filed Partner 将要借款的用户的信息审核通过后，将借款请求发送到 Partner Admin system 平台，志愿者将其整理归纳后再由 Kiva 将之发布，Filed Partner 募集到资金后发给借款人，到期后从借款人处收回借款，并在借款结束时将借款人的近况发送到 Kiva。Kiva 的每一个借款项目都会有 30 天的时间限制，Filed Partner 可以等待款项募集完整，也可以提前将资金发给借款人，再等 Kiva 方面资金的补充。Kiva 作为一个公益性的 P2P 网贷平台，本身不收取任何费用，运营全靠志愿者和来自世界各地个人、企业、机构的捐赠。

2　中美 P2P 网贷的比较

2.1　市场范围的比较

中国 P2P 网贷的服务范围有地方性和全国性之分：有服务某一个地区的 P2P 网贷平台，如服务于北京地区的安心贷，服务于浙江义乌地区的义乌贷等；也有全国性的 P2P，如陆金所、拍拍贷等。美国 P2P 网贷的服务范围大多数覆盖美国全国，像 Lending Club、Prosper，而作为公益性 P2P 网贷平台的 Kiva，则通过与各国的小额信贷机构合作的方法将其服务范围拓展到了全世界。

2.2　运营方式的比较

2.2.1　违约风险控制

由于中国 P2P 网贷的信用体系建设缺失，并未接入央行的个人征信系统，因此各个平台都采用不同的方法进行审核筛选。国内的审核多为要求借款人提供身份证、工作证明、银行流水。有的 P2P 平台需要借款人提供购房证明、购车证明或者进行视频认证、学历认证。相对而言，美国的征信系统较为完善，广泛使用个人 FICO 信用评分系统，FICO 评分系统被美国信用管理局使用，科学且权威，研究客户信用偿还历史、信用账户数、使用信用的年限、正在使用的信用类型、新开立的信用账户，并给出 300—850 分之间的分数。分数越高，说明用户的信用越好，风险越低。新用户在 Prosper 网上贷款要求最低信用评分 640 分以上，而在 Lending Club 则要求 660 分以下。高分数足以降低一大部分风险，而且借款人的借款结果会反馈到 FICO 评分系统当中，进一步影响借款人的信用分数，督促借款人进行还款。

2.2.2　担保模式

中国 P2P 网贷平台大多数采用保证本息的运作方法，并采用了各种各样的担保方式。如红岭创投通过平台自担风险，人人贷通过抽取交易手续费作为风险备用金，微贷网通过车辆实物抵押规避借款违约风险，合拍在线依靠担保机构并依靠金融平台的信用和担保机构的担保，有利网通过小额贷款公司进行担保。

相比而言，美国征信体系完善，P2P 网贷公司可以通过征信机构查询到借款人的信息。同时，美国 P2P 的监管力度大，美国证券交易委员会将 P2P 纳入监管范围之内，使之证券化。借款人的信息会实时被 P2P 平台报备给证券交易委员会。并且美国的造假成本高，伪造借款信息骗取贷款的事情极少。综上所述，美国的 P2P 网贷平台完全可以实现去担保化，所以美国的 P2P 网贷并不存在保证本息或者通过各种机构进行担保的复杂化处理方式规避风险。

2.2.3　信息披露

中国 P2P 平台缺乏信息透明度。为了盈利性的考虑，平台通常会掩盖流动性指标和坏账率指标这些核心数据，而且坏账率不会反映在该企业财务报表的指标中，同时 P2P 平台也不会按照担保公司的会计规则报账。因此，国内 P2P 网贷本身就存在信息不充分对称的情况，如果行业从业者再夸大其平台安全性对投资者极为不利。由于美国 P2P 网贷被政府视作一种公开发行证券的行为，因此，美国证券交易委员会将网贷平台看作证券发行人，要求每一笔借款通过证券登记的方式完整、透明、正确地披露所有相关信息，做到借贷信息的完全透明化。

2.3　监管方式的比较

2.3.1　行业监管

2014 年中国 P2P 网贷被银监会监管，一改之前处于监管空白的状态。然而由于相关的监管细则缺失，先期资本都已在监管落实之前投入到 P2P 网贷领域，推动了网贷平台的迅速增长，由于缺失市场准入和退出制度，小额信贷公司、房地产商都进入了 P2P 行业。从近两年问题平台的数量来看，除了部分 P2P 平台是由于风控因素导致的问题，不排除部分 P2P 网贷平台动机不良的可能。部分诈骗平台会提供大量的虚假信息欺骗投资者，投资者无法鉴定平台的真实资质。中国 P2P 网贷虽然已纳入监管，但是监管措施和法律、法规仍然缺位，整个行业缺乏规范化。美国 P2P 网贷由美国证券交易委员会和州立监管机构监管，而且将 P2P 网贷视为证券交易，并且出台了较多的法律法规规范 P2P 网贷行业，如《证券法》《证券交易法》《投资公司法》《投资顾问法》和多德弗莱克法案等，通过证券交易委员会等机构制定了准入门槛和行业标准，控制了行业的数量，提高了整个行业的素质。

2.3.2 中间账户的监管

P2P 网贷平台运作下，借贷双方的交易需要一个中间账户来完成。国内 P2P 平台直接将资金交给第三方托管，然而很多第三方支付平台只负责交易却并不负责提供监管服务。如宜信公司的债权转让需要经过宜信 CEO 唐宁的个人账户。由于第三方中间账户的资金流动不明晰，因此无法得到有效的监管，同时存在着资金被挪用的诸多不可控制的风险因素，进而加剧了 P2P 交易的风险可能性。而对于美国的 Prosper 和 Lending Club P2P 网贷平台而言，资金的全部流动过程需要经过 WebBank 来实现债权转化，并且资金流动的全程有会计事务所进行严格的审慎监督，一系列的风险控制措施使得整个资金交易过程清晰透明，最大可能地降低了运作过程中的风险不确定性。

3 美国 P2P 网贷对中国的启示与借鉴

3.1 强化风险监管

3.1.1 接入征信系统

中国 P2P 网贷行业亟须借鉴美国的征信系统，接入央行征信系统，从而全面了解借贷双方的资质，提高风险控制水平。同时央行征信系统接入也能约束借贷双方，进一步扩展征信系统。

3.1.2 行业自律

中国 P2P 网贷平台应学习美国的业界经验，建立地方行业协会，结合地方实际情况对 P2P 网贷行业自行监督管理。同时，应建立全国性的行业协会，在银监会的统一监管下，联合地方行业协会对全国 P2P 网贷行业进行规范性的监督管理，尽早制定出相关的行业规则及风险防范方法，促进 P2P 网贷行业的规范化。同时根据网贷行业的相关标准开展评级制度，对经营状况好、符合相关规定的 P2P 网贷平台进行升级，对经营状况差的、有问题的 P2P 平台则降级，并实施退出机制，从而提高 P2P 网贷平台的自律性，提高 P2P 网贷行业的整体水平。

3.1.3 政府监管

中国应加强学习借鉴美国的监管体系，目前中国 P2P 网贷行业准入门槛极低，导致 P2P 网贷平台资质较低。应加强监管，建立健全市场准入机制和退出机制。并对平台资质进行严格审核，特别是注册资本应该设定最低值，提高 P2P 网贷行业的准入门槛，从而提高 P2P 网贷行业的整体水平。尤其是应学习美国政府的规范化监管措施，尽快制定并且通过相关的法律法规，利用法律强制 P2P 平台规范化，以防中国 P2P 网贷行业游离于法律边缘。

3.2 实施行业细分

国内 P2P 网贷平台数量众多，平台规模不断扩大，并且出现了同质化竞争态势。由于国内 P2P 网贷平台大多是面向个人和企业的借贷，无论是市场范围还是服务对象都有极高的重复度。许多知名平台的运营模式、产品相继被后来的 P2P 网贷平台争先模仿，这使 P2P 网贷行业的竞争尤为激烈。而美国的网贷平台则专注差异化，如 SoFi 主要将服务面向高校学生，仅对一些有着优良教育背景、有良好就业前景的学生提供贷款服务，并且取得了显著的成功。国内 P2P 网贷平台应专注于行业细分，实施差异化，避免同质化市场竞争。有较强实力的 P2P 平台可以扩大服务范围，尝试国际化，扩大市场。

3.3 承担社会责任

美国的 Kiva 网贷平台通过 P2P 模式援助世界各地的贫苦人们和企业家，并通过社会个人和公司的捐助实现了稳定运营，这无疑是 P2P 行业向全球市场承担社会责任的表现。中国 P2P 网贷应该承担起社会责任，这无论是对社会，还是对整个行业的发展都有着巨大的正向推动作用，不但可以树立 P2P 行业良好的社会形象，同时也可以吸引更多的投资者，并扩大国内外的市场份额，从而推动国内 P2P 网贷平台健康可持续地发展。

4 结论

中国 P2P 网贷无论是数量还是交易额都远超美国。虽然发展速度快、规模大，但行业整体发展尚不成熟，不但法律法规监管缺位，并且同质化导致的市场竞争较为激烈，P2P 网贷缺乏行业规范。相应借鉴美国 P2P 网贷的成熟经验，一方面制定相关法律加强监控、促进行业规范化；另一方面 P2P 网贷本身要强化行业自律，实现中国 P2P 网贷平台的可持续健康发展。

参考文献：

［1］张宏．美国 P2P 网贷平台的法规范及对中国的启示——以美国 prosper 网站为例［J］．经济论坛，2013（7）：29－30.

［2］薛洪言．P2P 行业业务模式的异变及危害［J］．金融前沿，2014（2）：78－80.

［3］葛庆稳．对当前我国 P2P 网络借贷平台的思考［J］．时代金融，2104（2）：48－50.

［4］郭卫东，李颖．网络借贷平台 P2P 模式探索［J］．中国流通经济，2014（6）：114－121.

［5］谭中明，朱文瑶．我国 P2P 网贷行业典型运营模式比较研究［J］．武汉金融，2014（9）：23－25.

［6］雷舰．我国 P2P 网贷行业发展现状、问题及监管对策［J］．金融前沿，2014（8）：71－76.

我国植物油产品出口
贸易现状、问题与对策研究

程　雷❶

摘要： 中国是植物油生产和消费大国，也是植物油产品进口贸易大国，2014 年植物油产品进口贸易总额居世界第一，但出口贸易却很低。其进出口状况对中国的植物油产品贸易有着至关重要的影响。随着中国加入 WTO，激烈的国际市场竞争对其出口贸易的发展产生了重大的影响。本文通过总结中国植物油产品出口的现状，分析中国植物油产品出口贸易中存在的主要问题，并在此基础上有针对性地提出相关的发展战略及政策建议。为中国植物油产品出口贸易政策的调整提供一些参考，以适应今后植物油产品对外贸易的新形势，进一步振兴中国植物油产品对外贸易，特别是进一步扩大出口规模，促进中国植物油产品出口贸易得到更快更好的发展。

关键词： 植物油产品；贸易现状；对策

1　中国植物油产品的出口现状

1.1　中国植物油产品的出口规模变动情况

长期以来，中国油脂油料生产不足，出口量非常小，为净进口国。2008—2014 年，中国是植物油料的净进口国。其中，植物油料进口数量呈较快的增长趋势，由 2008 年的 3 902.54 万吨增加到 2014 年的 7755 万吨，增幅为 49.68%。中国植物油料的出口数量一直都很小，2008 年达到最高出口数

---

❶　作者简介：程雷（1992—　），男，北京联合大学商务学院国际经济与贸易专业 2011 级学生。指导老师：徐怀礼。

量也只有 124.01 万吨，年均出口量为 1032.5 万吨。中国植物油料的净进口量越来越大，2014 年中国植物油料进口量为 77 550 万吨，出口量为 942.8 万吨，净进口量为 76 607.2 万吨。在大宗农产品进口中，油籽与植物油和棉花进口占世界进口的比重偏大，近几年占到世界市场的 1/4 左右。

由于中国油料产量受国家政策的限制增长缓慢，但植物油消费却随着经济的发展增长迅速，中国油料和植物油的进口量也随之快速增长，出口量则变化不大。由图 1 可以看出，我国植物油从 2008 年开始其出口数量及出口额都在急速下降。2008 年的出口数量为 26.39 万吨，金额为 4.5 亿美元，而到 2014 年其数量仅有 12.898 万吨，金额为 2.4 亿美元。由此不难看出近些年我国植物油出口不断缩水，出口数量整体呈下降趋势。可见，目前我国的植物油产品出口状况不是很好，出口规模在逐渐缩小，而进口却持续增加，这也就导致我国植物油产品出口逆差不断扩大。

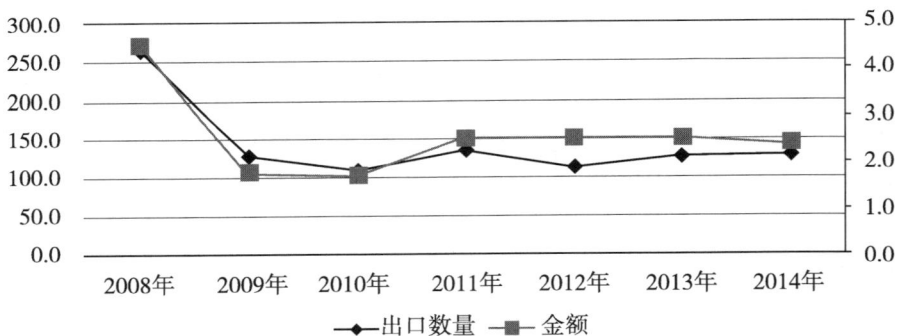

图 1 2008—2014 年中国植物油出口数量及金额趋势图

1.2 中国植物油产品的出口品种结构

由表 1 的油料出口品种结构可以看出，大豆是出口最多的油料品种，其次是花生和葵花籽，其他（包括油菜籽、干椰肉、芝麻、亚麻籽等）油料品种也占一定比例。2010 年大豆的出口数量低于花生和葵花籽。其他油料品种出口总量有小幅增长。

2008—2010 年间，大豆的出口数量持续下降，2011 年才有所回升，整体呈下降趋势，尤其在 2010 年大豆出口比重最低，仅为 17.62%。2008—2011

年，花生的出口比重基本保持在 17%—20% 之间，2011 年以后出口比重有所下降。由于葵花籽在 2008—2010 年出口量逐年增长，所以 2010 年油料出口数量的比重上升到 20.51%，与花生的出口持平。

表1 2008—2013 年中国主要油料出口品种结构（单位:%）

年份	大豆	花生	葵花籽	其他
2008	37.50	18.67	10.70	33.13
2009	30.17	20.63	16.04	33.16
2010	17.62	20.59	20.51	41.28
2011	21.50	17.06	12.60	48.84
2012	30.07	13.72	13.70	42.52
2013	22.39	14.43	18.16	45.02

数据来源：根据联合国贸易统计数据库数据计算得出。

表2 2008—2013 年中国植物油出口品种结构（单位:%）

年份	豆油	花生油	菜籽油	其他
2008	50.74	4.05	2.69	42.51
2009	54.63	7.73	7.21	30.44
2010	53.88	7.07	3.46	35.59
2011	37.35	5.65	2.39	54.61
2012	57.72	7.25	5.85	29.19
2013	70.34	5.84	4.87	18.95

数据来源：根据联合国贸易统计数据库数据计算得出。

根据表 2 的中国植物油出口品种结构可以看出，我国植物油出口主要以豆油为主，花生油和菜籽油的出口比重相对较小，其他（包括花生油、芝麻油、橄榄油、红花油籽等）都是小品种植物油。2008—2013 年间，豆油出口数量一直都是最大的，尤其是 2013 年占到植物油出口总比重的 70% 以上。豆油出口数量从 2008 年的 13.39 万吨下降到 2011 年的 51.1 万吨，然后又上升到 2013 年的 8.66 万吨。由于 2008—2013 年间花生油和菜籽油的出口量没有明显的变化，所以其出口比重分别都在 4% 和 2% 以上。2009 年豆油的出口数量大幅下降，而花生油和菜籽油的出口数量没有明显的变化，其出口比重都增长到 7% 以上。

1.3 中国植物油的出口地区分布情况

由表 3 可以看出，中国植物油主要出口地是香港和朝鲜，两地的市场份额一直保持在前三名，2014 年两地的市场份额之和占总体的 77.4%。从 2011 年开始，植物油出口朝鲜的市场份额超过香港，且市场份额逐年增长，截止到 2014 年，我国植物油出口到朝鲜的市场份额达到 56.6%。2011 年和 2013 年香港的市场份额有所下降，但仍旧保持着相对较高的市场份额，2014 年其市场份额达到 20.8%。

表 3 2008—2014 年中国植物油出口地及市场份额变化

2008 年		2009 年		2010 年		2011 年		2012 年		2013 年		2014 年	
国家（或地区）	份额	国家（或地区）	份额	国家（或地区）	份额	国家（或地区）	份额	国家（或地区）	份额	国家（或地区）	份额	国家（或地区）	份额
HK	14.5%	HK	20.9%	HK	23.7%	KR	26.6%	KR	40.9%	KR	45.7%	KR	56.6%
JP	12.3%	JP	18.5%	KR	28.4%	HK	12.5%	HK	19.2%	JP	20.6%	HK	20.8%
KR	12.3%	KR	9.1%	JP	8.2%	SG	7.9%	JP	10.0%	HK	16.1%	MY	5.5%
VN	10.9%	MY	5.1%	KP	8.2%	AE	7.2%	SG	9.6%	SG	5.1%	US	2.1%
合	50.0%	合	53.6%	合	68.3%	合	54.3%	合	79.8%	合	87.5%	合	85.0%

数据来源：根据中华人民共和国商务部数据计算得出。

注：表中为出口排名前四的国家或地区，用英文缩写表示，具体对照如下：香港（HK）、日本（JP）、朝鲜（KR）、阿联酋（AE）、越南（VN）、美国（US）、新加坡（SG）、马来西亚（MY）、韩国（KP）。

2　中国植物油出口存在的主要问题及原因分析

中国植物油出口产品的整体比较优势在进一步弱化。我国植物油产品出口市场集中，贸易风险大，国际绿色贸易壁垒的阻碍等问题，将限制我国植物油产品出口的发展。我国油料作物科研成果较多，但大部分未转化应用，导致油料作物良种良法推广较慢，单产难以大幅提高，与国外差距较大。大量进口强化了国际农产品市场波动对国内的传导作用，加剧了国内农产品市场的不稳定性。

2.1 存在的问题

2.1.1 出口市场相对集中，贸易风险大

我国植物油产品出口的规模很小，国际市场占有率低，整体呈下降趋势，且我国是植物油净进口国，出口贸易逆差在快速扩大。植物油产品出口过于集中，主要向香港、朝鲜、马来西亚和美国出口，每年出口额占总出口额的一半以上。2008—2014年，香港和朝鲜的市场份额一直保持在前三名，其平均所占市场份额分别达到20%和35%以上，2014年两地的市场份额之和占总体的77.4%。另外，我国植物油产品出口品种非常集中。据联合国贸易数据统计，2013年我国主要出口大豆、花生和葵花籽占总体比重分别为22.39%、14.43%和18.16%，合计占总体比重的一半以上，其出口额占总出口额的60%以上。由于出口市场过于集中，植物油产品出口贸易中隐藏巨大的市场风险。若是对香港、朝鲜等主要出口地区过度依赖，那么容易出现买方垄断的情况，从而变成出口市场及价格的操纵，最终影响我国植物油产品的出口状况。我国植物油籽出口结构不合理。植物油产品出口市场相对单一，这将很难适应目前瞬息万变的国际形势，因而增加了中国植物油产品出口的市场风险。

2.1.2 国外绿色贸易壁垒制约我国植物油产品出口

中国加入WTO就意味着我国的植物油产品将面临全球范围的竞争。随着世界经济的不断发展，国际植物油产品市场的竞争日益激烈，国际植物油产品贸易环境也越来越复杂，贸易摩擦频频发生。中国植物油产品出口在国际市场的竞争力非常弱，极易受技术性尤其是绿色贸易壁垒的影响，这些技术性贸易壁垒造成我国植物油产品出口十分困难。

2006年开始，全球进入高度贸易保护阶段，发达国家对我国多种贸易限制进一步升级。据中国商务部调查显示，中国受国外技术性贸易壁垒影响的出口农产品高达90%，造成损失约90亿美元，占出口总额近三分之一，其中就包括植物油产品出口。日本和欧盟提出针对食品安全卫生和农业化学品残留的多项措施规定，这一措施不断提高植物油产品的市场准入门槛。2006年

1月1日起，欧盟提出《欧盟食品及饲料安全管理法规》，对进口食品开始实施新的安全标准要求。日本也于2006年5月29日起针对进口食品和农产品实施《食品中残留农业化学品肯定列表制度》，限制标准的数量大幅增加，涉及农产品种类由184个增加到264个，这些品种中就包括植物油类产品。针对植物油产品中化学成分的品种及残留量标准分别比原规定高出2.8倍和5.6倍。我国植物油产品出口市场主要集中在美国、亚洲、东盟等国家和地区，这些国家和地区对植物油产品出口提供高补贴，中国植物油产品的价格优势大大削弱，同时进一步加强对进口的限制措施，给我国植物油产品出口带来了巨大的压力。

2.1.3 中国植物油产品国际竞争力弱

从中国主要植物油产品出口贸易显示性比较优势指数来看，我国的贸易显示性比较优势指数均小于0.8，整体处于较弱的水平，且呈下降趋势。其中，花生的贸易显示性比较优势指数最高，2013年达到0.784，其次是葵花籽，2013年达到0.667，但在国际市场上的竞争力仍处于较弱的位置。豆油和菜籽油的贸易显示性优势指数一直很低，且在不断下降，即使在2013年菜籽油的显示性比较优势指数达到最高时也只有0.01。

表4　2008—2013年中国主要植物油产品出口贸易显示性比较优势指数

	2008年	2009年	2010年	2011年	2012年	2013年
大豆	0.033	0.020	0.013	0.033	0.012	0.029
花生	0.322	0.334	0.426	0.638	0.253	0.784
葵花籽	0.129	0.163	0.283	0.512	0.165	0.667
豆油	0.035	0.026	0.028	0.054	0.017	0.102
花生油	0.094	0.237	0.236	0.505	0.147	0.568
菜籽油	0.003	0.007	0.004	0.006	0.003	0.010

数据来源：根据WTO及联合国贸易统计数据库有关数据计算得出。

从中国主要植物油产品出口贸易竞争力指数可以看出，我国的贸易竞争力指数整体均小于0，且有越来越接近于-1的趋势，这表明我国贸易竞争力很弱，整体呈下降趋势。其中，大豆、菜籽油的贸易竞争力指数不断趋近于-1。虽然花生和葵花籽的贸易竞争较强，但其贸易竞争力指数整体呈下降趋势。2008 年后，花生油的贸易竞争力指数均小于 0，且不断趋近于 −1，其贸易竞争力也在不断下降。

表5　2008—2013 年中国主要植物油产品出口贸易竞争力指数

	2008 年	2009 年	2010 年	2011 年	2012 年	2013 年
大豆	− 0.975	− 0.984	− 0.994	− 0.992	− 0.989	− 0.993
花生	0.920	0.980	0.861	0.500	0.729	0.751
葵花籽	0.973	0.968	0.981	0.963	0.904	0.949
花生油	0.289	− 0.358	− 0.765	− 0.776	− 0.770	− 0.783
豆油	− 0.902	− 0.944	− 0.915	− 0.914	− 0.931	− 0.856
菜籽油	− 0.949	− 0.962	− 0.992	− 0.988	− 0.989	− 0.992

数据来源：根据联合国贸易统计数据库有关数据计算得出。

我国植物油产品竞争力在国际市场上处于劣势，且整体竞争力呈逐渐下降的趋势。出口贸易竞争力指数、国际市场占有率及出口贸易显示性比较优势指数在国际上均处于较低的位置，并且整体呈继续下降的趋势。

我国植物油产品在国际市场上处于不利地位。综合三项指标数据不难看出，花生和葵花籽的国际竞争力较强，但花生的国际竞争力水平在不断下降，葵花籽呈上升趋势。大豆、菜籽油和花生油的国际竞争力则持续弱势，且有不断减弱的趋势。国内食用植物油加工原料严重短缺，食用植物油自供不足，食用植物油的供给需依靠大量的进口油籽和食用植物油来弥补。

2.2　原因分析

2.2.1　应对贸易壁垒能力不强

我国作为世界植物油产品进口大国，其出口贸易规模却非常小。植物油产品属于劳动密集型产品，国外贸易壁垒对中国出口贸易的影响非常深远。中国植物油籽大多以传统方式生产，生产技术水平不高，植物油籽的出油率低于国际平均水平，使得我国植物油产品遭受绿色贸易壁垒。由于植物油生产者文化水平相对较低，不能合理运用科学知识，这就增加了我国植物油产品的质量监控难度。而且，国内对植物油产品的检验检疫水平不一，而国外的检测项目逐渐增多，检测水平不断提高，导致我国植物油产品出口标准越来越高，在一定程度上影响我国植物油产品出口的经济效益。

2.2.2 植物油产品质量偏低

中国的油料作物属于劳动密集型作物，需要大量的劳动力对作物进行种植、收货等，但由于大量农村劳动力外出打工，再加上油料生产的机械化水平偏低及种植收益不高，很多农民放弃油料种植，改种其他农作物。据我国农业部统计，我国植物油产品的含油量普遍较低。我国大豆含油量普遍在17%左右，而进口大豆的含油量大多都在19%以上。另外，由于我国压榨植物油的技术水平落后于国际水平，国内大豆榨油率在18%左右，而进口大豆的榨油率则在22%左右。这些使国内植物油生产成本增加，我国植物油产品单产率低、价格高，导致其在国际市场上不具备优势。

2.2.3 政府支持体系不健全

目前，我国植物油产品出口极度缺乏政策指导。发达国家的植物油出口贸易管理体系是将生产和管理融为一体，对其生产的前期、中期及后期实行一体化管理。而我国的植物油产品出口贸易在管理上浪费了大量资源，从而加大了企业出口贸易的负担，削弱了出口企业的国际竞争力。另外，由于政府对企业的支持力度小，使企业在出口退税、融资等问题上出现困难，这也让一些想要进一步扩大出口规模、拓展海外市场的企业举步维艰。中国入世之后虽然建立了公共信息服务体系，但由于信息体系不完善，导致一些企业缺少获取有效信息的渠道，从而在一定程度上阻碍了企业出口植物油产品到国际市场。

3 促进我国植物油产品贸易发展的研究对策

通过以上分析发现，我国植物油贸易待解决的问题是提高国际竞争力，改善贸易环境，加强产品质量安全。通过提高植物油产品国际竞争力，冲破贸易壁垒阻碍；合理利用 WTO 规则，适时调整贸易政策，保护植物油产品出口；加大政府扶持力度，加强对产品的监控与治理，提高质量安全监测等，都可以有效改善中国植物油产品出口难的问题。

3.1 提高植物油产品质量水平，冲破贸易壁垒阻碍

贸易壁垒主要是针对进口产品的价格、质量等因素加以限制。中国植物

油产品主要以劳动密集型为主，植物油产品质量低、产品附加值低是出口竞争力弱的主要原因。因此，首先要提高产品质量，实施绿色品牌战略；其次，鼓励生产企业与国外进行技术合作，提高植物油产品生产技术水平和规模，降低生产成本。调整农产品出口结构，提高农产品出口的技术含量，打造农产品出口的品牌效应。从产品质量和价格上克服绿色贸易壁垒，增强植物油产品整体的市场竞争能力。若要对植物油行业实施进口贸易救济措施，有必要同时完善其重要关联产业的发展政策和贸易救济政策，使之与植物油行业保护措施可能产生的效应相协调。同时，建立我国自己的贸易壁垒体系，强化对我国农业的贸易保护，寻求平等、公平的贸易发展环境。

3.2 调整贸易政策，保护植物油产品出口

我国虽由计划经济体制转变为市场经济体制，但在农产品生产和贸易等活动中，受国家宏观调控的影响仍十分显著，例如，我国针对粮食市场价格上涨问题对粮食进出口贸易采取了大量进口和限制出口的双管制措施，促进了我国农产品贸易逆差的形成。自加入 WTO 以后，我国对外开放程度不断提高，国内外贸易政策的变化也对我国植物油产品的进出口产生了影响。一些发达国家对我国进出口贸易实行进一步的压制，贸易保护手段由关税、配额限制，到贸易救济手段，再到技术性贸易壁垒，这些贸易压制大大影响了我国植物油产品的出口。因此我国必须积极争取在新一轮的 WTO 农业多边谈判中利用《农业协定》中的特殊保障条款和《香港宣言》指定特定产品，使用特别保障机制改善国内贸易条件、生产者福利并兼顾消费者福利，积极调整贸易政策，应对当前的出口困难。在自贸区贸易伙伴的选择中，应该选择贸易结构互补的国家优先开展自贸区谈判，并可给予更大的开放空间。合理利用世贸组织规则，争取特别保障条款，削减进口大豆、油菜籽对我国植物油产业的打击，促进我国花生、葵花籽等油籽的出口。

3.3 政府应加大扶持力度

3.3.1 提高生产技术水平，积极促进国内生产

我国植物油产品对外贸易仍采取传统的贸易方式，其生产主要依赖于土地及劳动力，而产品的加工水平则是我国的短板。要鼓励有实力的大型企业

通过兼并，改造落后产能，适度发展先进产能；提倡通过竞争，通过发展先进产能淘汰落后产能。我国植物油产品质量不高，对产品的科技投入不足，再加上劳动生产率低、生产成本高等原因，都削弱了我国植物油产品的贸易竞争力，限制了我国植物油产品的出口能力。我国应积极借鉴国外先进管理经验，并消化吸收引进的先进技术装备，提高中国植物油企业的加工能力、生产过程的机械化、自动化程度，不断提高植物油产品花色品种和质量。因此，要加大科研投入力度，改善植物油籽的品种，研究出高含油量、高产能、能抵御自然灾害的品种，促进国内生产，以提高产品的国际竞争优势。

3.3.2 对植物油产品增加补贴

由于我国植物油产品的价格高于国际市场的价格，这就导致我国植物油产品的市场竞争力大幅减弱。由于国外一些国家政府对植物油产品采取高额的出口补贴，其进入中国市场的价格具有一定的优势，它们的进入导致国内市场上的一些植物油产品被淘汰，进而导致农民种植植物油籽的积极性不够，使得植物油产品产能下降。另外，我国植物油产品由于价格因素使得其在国际市场上没有竞争力，这也限制了我国植物油产品的出口。在WTO的政策框架下，加大对农业与农产品的补助，对于本土自身农业的发展，要做到尽量采用国外先进的农业生产技术与设备，降低生产成本。政府要加大对油料作用种植的资金和科技投入，特别是加大对油料作物育种和病虫害防治及机械化生产方面的投入，鼓励农民种植油料作物，降低油料种植成本和劳动强度。因此，在国际贸易的新形势下，政府应提高对我国植物油产品大幅度的补贴，鼓励植物油籽的生产和种植，降低生产成本，从而提高其在国际市场上的竞争优势，促进国内植物油产品的出口。

3.4 加强对产品的监控与治理，提高质量安全监测

随着我国人口总量的不断增长和人们生活水平的逐步提高，我国食用植物油消费总量呈现不断增加的趋势，而且人们对食用植物油的品质和安全也日趋重视。花生、葵花籽等油料产品是我国出口创汇产品，在我国农产品生产中占有重要的地位。但产品质量安全及专用性等问题制约了其比较优势向市场竞争力的转化，这就严重影响我国花生、葵花籽等油料产品的出口。因此，要加强现代生物技术等成果提高我国优势油料品种的品质；加强绿色环

保意识，加大对产品生产环境的监控，采取综合性治理措施，减少农药、重金属污染，提高产品质量；优化产业布局，实现优质品种的区域化、规模化种植；加强品牌意识，促进品牌营销，加大对优势植物油籽产品在市场上的营销力度，以促进出口。

参考文献：

［1］FRANK ROSILLO – CALLE. a global overview of vegetable oils, with reference to blodiesel ［J］. IEA Bioenergy, 2009, 40：3 – 8.

［2］周振亚，李建平，张晴，罗其友. 中国植物油产业发展现状、问题及对策研究 ［J］. 中国农学通报, 2011 （32）：92 – 97.

［3］杨艳红，熊旭东. 加入 WTO 十年我国农产品进出口贸易的国际比较分析 ［J］. 世界经济研究, 2011 （12）：40 – 43, 85.

［4］肖嵘. 我国植物油籽出口结构及国际竞争力的实证研究 ［J］. 国际贸易问题, 2010 （05）：12 – 18.

［5］郑芳. 中国油料作物及植物油贸易的品种及市场结构的国际比较分析 ［J］. 世界农业, 2011 （04）：53 – 56, 85.

［6］孔祥智，钟真，毛学峰. 全球经济危机对中国农产品贸易的影响研究 ［J］. 管理世界, 2009 （11）：84 – 97.

［7］祝伟民，刘永. 金融危机对中国农产品贸易的影响机制分析 ［J］. 南京农业大学学报 （社会科学版）, 2009 （4）.

［8］原瑞玲，田志宏. CAFTA 如何改变中国—东盟的农产品贸易——第一个十年的证据 ［J］. 农业经济问题, 2014 （04）：58 – 63, 111.

中俄石油贸易现状及对策

王 瑞　徐 枫❶

摘要： 中俄两国石油贸易历史悠久，中国是石油消费大国，也是俄罗斯重要的石油出口国和主要需求来源地，中俄石油贸易已经形成战略合作伙伴关系。中俄石油贸易存在互补性、增长性及运输方式多样性的现状，同时也存在诸多问题。加强中俄间的对话机制，扩大多层次的交流合作，可以改善中俄石油贸易发展，实现中俄石油贸易的良性成长。

关键词： 中俄；石油贸易；现状；对策建议

1　中俄石油贸易现状

1.1　中俄石油贸易发展现状

1.1.1　中国进口俄罗斯石油现状

中国的石油消费已位居世界第一，约占世界消费总量的 20%，中国早已成为石油消费增量最大的国家，中国对石油的需求量仍在持续猛增。根据 2013 年《BP 世界石油统计年鉴》中的数据显示，中国消费石油量年增长率达到了 5%，已经达到 47 万桶/日。以上数据显示，中国对石油的消费需求已经不能仅仅依靠国内的生产来提供，需要大量的进口供给。根据美国霍普金斯学会报告统计，2014 年中国石油进口来源国家中，俄罗斯所占份额为

――――――――――――

❶ 作者简介：王瑞（1992— ），女，北京联合大学商务学院国际经济与贸易专业 1101B 学生。徐枫（1973— ），女，副教授，博士，北京联合大学商务学院国际经济系教师，研究方向为国际贸易理论与政策、国际金融服务贸易，为本文通讯作者。

7.8%，位居中国进口来源国的第四位。第一位为沙特阿拉伯，所占比例为19.8%。第二位是安哥拉，所占比例为12.3%。第三位为伊朗，所占比例为10.9%。由此排名可见，俄罗斯是中国石油重要的进口来源地，位居第四。

在过去的十几年中，从2003年到2014年，中国从俄罗斯进口的石油量由2003年的525.4万吨大幅度攀升到2014年的3310.2万吨（见图1），2004年较2003年中自俄石油进口量增长105.1%，2004年中国从俄进口石油量为2003年的一倍。整体来看，中国自俄罗斯进口石油量呈现增长趋势，但是不难看出，2008年相比2007年呈现大幅下降趋势，2008年比2007年降低19.8%，其主要原因是受2008年国际金融危机的影响，导致俄罗斯经济呈现低迷态势。但中国采取有效的措施积极抑制金融危机影响，需求市场仍然保持了稳定的态势，为中俄石油贸易发展创造了良好的契机，在很大程度上解决了俄罗斯资金短缺的问题。因此，中国进口俄罗斯的石油2009年较2008年增长了31.5%。尤其是2009年中国与俄罗斯"贷款换石油"战略达成共识，中俄石油运输管道的建设为中俄石油贸易起到极大的催动力作用。从图2可以看出，虽然2012—2013年，中国自俄罗斯进口石油量没有明显的增幅，处于稳定状态，但是2013—2014年，中国从俄罗斯进口石油量大幅度增长，增长率高达35.9%。

表1　2003—2014中国进口俄罗斯石油现状

年份	进口额（万吨）	同比增减额（万吨）
2003	525.4	——
2004	1077.4	552
2005	1277.7	200.3
2006	1596.5	318.8
2007	1452.6	−143.9
2008	1163.8	−288.8
2009	1530.4	366.6
2010	1524.1	−6.3
2011	1972.5	448.4

续表

年份	进口额（万吨）	同比增减额（万吨）
2012	2432.9	460.4
2013	2434.8	1.9
2014	3310.2	875.4

数据来源：根据 http：//comtrade.un.org/db/ce/ceSearch.aspx. 网站整理。

根据表中 2003—2014 年中国从俄罗斯进口石油量来看，俄罗斯可能在未来的几年内超越伊朗，成为中国石油进口来源地第三位的国家，甚至超越安哥拉所占的供给份额，成为中国石油进口来源地位居第二位的国家。综合以上分析，中国与俄罗斯的石油贸易举足轻重，有其重要的战略意义。

1.1.2 俄罗斯出口中国石油现状

俄罗斯石油资源丰富，石油储量居世界第七位，是世界上唯一不需要从国际市场进口资源而能够独立发展经济的国家。2013 年俄罗斯石油年产量约 5 亿吨，位居世界第二位，占世界石油总产量的 12.9%，加之雄厚的工业基础，使其成为世界上主要的石油生产国与出口国。俄罗斯是世界第二大石油输出国，仅次于沙特阿拉伯，由于俄罗斯的石油输出路线集中于欧洲，所以，通过地域来看，欧洲是俄罗斯主要的石油贸易市场，俄罗斯对中国出口的石油量远不及欧洲国家。乌克兰变局后，美欧联手孤立并制裁俄罗斯，作为回应，俄罗斯开始更加积极推动与亚太地区在石油等领域的合作，中国石油消费市场在俄罗斯石油出口市场中的地位明显提升。据统计，2006 年俄罗斯出口中国的石油量增长 2.1%，当时中国在俄罗斯出口对象国中位居第五。根据（美）石油信息管理局透露（图 1），时隔 6 年，到 2012 年中国一跃成为俄罗斯石油出口对象的第三大国，位居第一位的为德国，位居第二位的为新西兰。预计中国与俄罗斯石油贸易在将来几年内仍会持续升温，从图 1 来看，中国很有可能在未来几年内成为俄罗斯第二大石油出口对象国。

1.2 中俄石油贸易的特点

1.2.1 中俄石油贸易的互补性

一方面，从中国石油资源的供给来看，中国石油的储备量远低于俄罗斯

thousand barrels per day

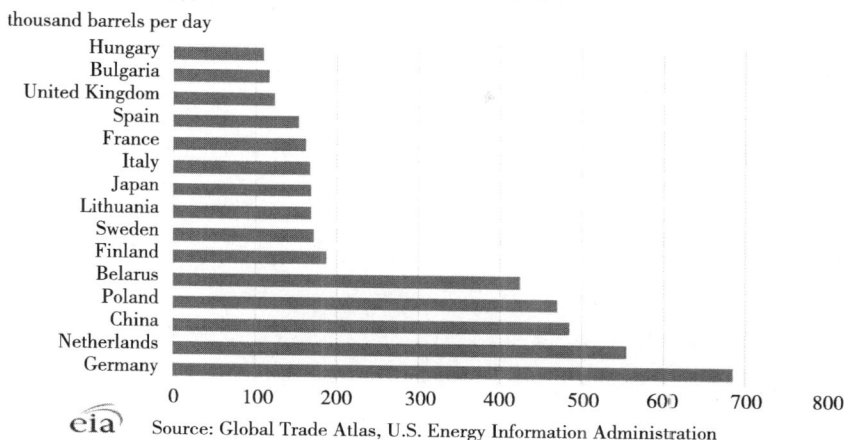

图1　2012 年俄罗斯石油出口对象统计

资料来源：http：//www.eia.gov/countries/cab.cfm? fips = RS.

的石油储备量。长期以来，中国能源消耗结构主要是以煤炭资源为主，相对
而言，石油占比很少，且居于世界平均水平之下。据统计，2014 年中国石油
探明储量持续跳跃式增长，石油勘查新增探明地质储量 10.61 亿吨，处于稳
定增储期。在勘查市场不景气、国内找油难度不断加大的情况下，国内的储
油量仍保持了高位增长，但是远远低于俄罗斯储备水平。根据 2013 年《BP
世界石油统计年鉴》的数据显示，截至 2012 年年底，俄罗斯石油探明储量为
119 亿吨，远远高于中国的石油储量。另一方面，从中国石油资源的需求来
看，随着中国经济的迅猛发展，中国对于石油的需求也在日益渐增，而中国
生产的石油量远不及其需求量，两者之间的矛盾只能依靠进口石油来弥补。
俄罗斯有着极其丰富的石油资源，其丰裕的石油储量占世界总量的 5.2%，因
此是国际上的石油输出大国。中国虽然石油资源远低于俄罗斯的储量，但中
国有大量的外汇，可以通过外汇购买的方式助力于俄罗斯的石油贸易。2009
年，中国与俄罗斯签署了"贷款换石油"项目，充分体现出中国资金状况与
俄罗斯石油资源的互补性，即俄罗斯相对丰裕的石油资源和中国充裕的外汇
储备之间呈现互补性。具体而言，中国对石油的需求量远远大于国内的产量，
石油对外依赖度持续加大，俄罗斯对中国大量的石油出口有利于双方的经济
增长，中国与俄罗斯在石油资源上的互补推动了中俄石油贸易的不断升温。

可见，中俄两国石油贸易的持续合作结果是，双边均受益较大，满足各自经济发展的需求。

1.2.2　中俄石油贸易的增长性

纵观中俄石油贸易发展的历史，中俄之间的石油贸易开始于 20 世纪 90 年代，主要形式是，中国开始从俄罗斯进口石油，该时期正处于俄罗斯单边资金需求层面。在 20 世纪 70 年代之前，中国石油基本上是自给自足，石油贸易更是少之又少，中国石油出口从 70 年代的部分输出转变为 1989 年的大量出口，出口的方向主要是波罗的海国家。在此期间，中俄双方在石油进出口贸易领域仍然没有真正的合作。据统计，1992 年，中国从俄罗斯进口的石油总量仅仅为 0.8 万吨，直至到了 1996 年才出现跳跃式增长，中国从俄罗斯进口的石油总量直接飙升到了 31.9 万吨。在 1992 年之前，中国石油需求基本处于依靠本国石油产量供给的状态，石油贸易较为有限。因此，中俄石油贸易大量进出口正式起步于 1996 年，当时两国石油进出口贸易量也仅仅处于较低状态。自 1999 年开始，中俄石油贸易才呈现逐渐递增的趋势。尤其是进入新世纪以来，中俄石油贸易整体呈现大幅增长状态。2014 年年底，中俄石油贸易量已经高达 3310.2 万吨，两国石油贸易数据显示，双边石油贸易呈现出跳跃式的大幅增长。

1.2.3　中俄石油贸易运输方式的多样性

在国际石油贸易市场中，运输方式主要有铁路运输、海运及管道运输。相比而言，每种运输方式都存在着自己的优势与不足之处，不能完全规避风险。三种运输方式均需要有不同的基础设施及安全性能的保障。目前，中国进口俄罗斯石油主要以海运渠道为主，海运进口量约占从俄罗斯进口总量的 50%，主要途经黑海、波罗的海等港口。除海运以外，1991—2010 年，中国与俄罗斯的石油贸易运输方式主要为铁路运输。一直以来，俄罗斯的石油出口在很大程度上依赖于其他国家的石油管道运输工具。中俄石油管道建设早在 2003 年就已提上议程，2003 年达成的中俄石油管道协议"安大线"因为日本的介入而夭折，后续又提上议程。2007 年，中俄远东石油管道一期工程修建完毕。根据计划安排，该工程已于 2011 年正式交付使用，其输油能力达 3200 万吨。2011 年至今，中国与俄罗斯双方在石油贸易运输方式上，已经转变成以管道运输为主、铁路运输和海洋运输为辅的多样化运输方式共存的局面。

2 中俄石油贸易存在的问题

2.1 中俄石油贸易合作水平较低

目前，中俄石油贸易合作还处于较低水平，主要体现在贸易规模小、水平低。并且在实际的贸易活动中，还表现出极度的不确定性和政策的不稳定性。虽然中国现阶段是资本较为充裕的国家，俄罗斯又是中国石油进口的重点国家之一，中国对俄罗斯投资开发石油是中国石油战略的重要组成部分，但是，总体来看，俄罗斯的投资环境尚无实质性改善。以石油方面的税制为例，俄罗斯税收制度复杂，并且税收负担比较大，直接导致一些投资于石油贸易的新项目难以得到预期的收入。俄罗斯的税制设计特点是，石油税占石油销售价的46%以上，这种高负担的税收制度对中国投资者来说缺乏足够的吸引力。因此，虽然中俄历经了近二一几年的石油贸易发展历程，但是中俄石油贸易合作项目仍然处于较低水平，未来发展前景依然存在较大的障碍。

2.2 中俄石油贸易运输效率低下

中俄两国石油贸易量虽然处于增长趋势，但和其他石油贸易大国比较，中俄石油贸易运输效率仍处于较为低下的水平。铁路运输方式，是俄罗斯向中国出口石油的主要运输方式之一。但是，由于俄罗斯国内勘探程度低，基础设施条件差，设备老化，事故发生率较高，同时由于科技水平落后，市场机制不健全，以及铁路自身的先天缺陷，因此，铁路运输方式的石油贸易交易效率低下。在铁路运输基础上，虽然两国积极寻求石油出口的多种渠道，但都存在较多不确定性的运输风险。在海运运输方面，虽然两国采取了海上运输方式，但近几年海上溢油事件频发，不但污染海洋生态环境，还导致石油资源的浪费，进而造成运输效率低下。并且，海上通道存在着严重的航线安全问题，影响了中俄正常的石油贸易往来。中俄石油运输管道建设项目建设至今，由于地形地貌等多种原因，进展缓慢，影响了中俄石油运输效率。

2.3 中俄石油贸易缺乏互信机制

2.3.1 俄罗斯对中国的政治信任不足

目前中国经济正在飞速发展，世界市场的占有率正在逐渐扩大，经济往来更加频繁密切。在这种发展背景下，相当一部分俄罗斯民众认为迅速发展的中国必将与美日甚至俄罗斯来争夺亚太地区的主导权。俄罗斯一些政治上的精英甚至认为，中俄两国社会制度大不相同，双方在意识形态上存在较大分歧，再加上俄罗斯受到远东地区以及金融危机的巨大影响，因此，"中国人口扩张论"从俄罗斯民众之中诞生。近些年来，在中俄贸易合作中，俄罗斯一直处于逆差地位，并且在贸易结构上，出口产品中石油等原材料占据了很大的比重，在大国经济崛起的预期下，俄罗斯对中国的政治信任更加不足。"中国威胁论"的影响始终制约着中俄政治互信的发展，虽然近几年在战略协作伙伴的关系框架下，中俄两国的政治互信有了一定改善，但复杂的历史原因和不同的历史文化仍严重影响了两国在石油领域的正常合作。

2.3.2 中国对俄罗斯的石油政策信任不足

当前的俄罗斯正处于转型期，国内许多经济制度、法律法规尚未健全，特别是对外贸易领域，法律法规缺乏连续性和正规性。从不同的事件上，反映出目前俄罗斯正处于经济和政治同时转轨阶段，社会动荡、政局不稳，投资石油领域的所有权没有真正意义上的法律保障。在这种特殊时期，合作的不确定性不断增加。以中国中石油集团竞标项目为例，在俄罗斯拉夫石油公司的竞标项目中，俄政府根据自身的需要临时对法律进行修改，导致中石油直接退出竞标。这一事件激化了中俄两国在石油政策上的矛盾，也充分证明俄罗斯石油贸易政策缺乏稳定性和连续性，变动过于频繁。与此同时，中俄石油运输管道铺设过程中的一波三折，表明俄方在制定石油贸易政策上带有明显的政治倾向。正因为这些不确定因素的出现，使得中国对俄罗斯的石油政策信任不足，直接导致了两国合作项目进展缓慢，尤其是落实层面极为困难。

3 促进中俄石油贸易发展的对策

3.1 战略层面发展中俄石油贸易

中俄两国应制定石油贸易长期合作战略。应分析中俄双边政治变化的趋势，全面了解俄罗斯石油发展战略及其对外政策，在保障中国石油安全体系的大框架下，进行全方位、多角度的深入剖析。针对石油贸易，制定出有据可查的长期合作发展战略规划。保证中俄石油合作的稳定发展，在对俄石油贸易的谈判、合作、投资、商贸、开发、交流等领域，都应融入战略规划，实现合作共赢。

中俄石油贸易合作对中俄双方都具有重要意义，我国应该以改善中俄关系为战略出发点，为中俄石油贸易合作创造条件，推动石油企业通过各种途径与俄罗斯开展石油贸易和投资，最终扩大中俄石油贸易合作水平。巩固中俄石油贸易合作在地缘上的战略优势，并实现互利互惠的大好局面。

3.1.1 加强中俄多层次的交流合作

应从民间交流和政府交流两方面增强中俄之间的交流。对于中俄的民间交流，中俄两国在文化领域已开通"国家年"这种交流方式，让俄罗斯的民众和相关企业能够充分了解和加深对中国的认识，消除对中国的偏见和顾虑，从而逐渐引导俄罗斯民众和企业成为中俄石油贸易合作的参与者和支持者，为中俄石油贸易合作打下坚实的基础。对于政府交流层面，中国应学习和借鉴俄罗斯与欧洲地区的石油贸易模式和对话机制，加强中俄双方的高层对话，实现谈判之外的良好沟通。双方还可以建立专门的协调机构，负责处理日常沟通造成的障碍性问题，实现互利共赢。

3.1.2 建立中俄石油战略对话机制

搭建中俄两国商贸往来的"桥梁"，解决双方语言和信息的不通畅难题。在重大问题领域，应构建两国政府之间的交流机制。尤其应重视非官方外交，如通过专门机构设立专项基金、建立交流论坛，通过各种渠道向俄罗斯宣传中国社会的正面形象，宣传对俄的优惠政策，增加互信基础。

3.2 多渠道促进中俄石油贸易

3.2.1 加强中俄多领域投资合作

中国政府正在积极推行"走出去"的战略，积极融入世界经济全球化进程中。鼓励中国有实力的企业对俄投资，充分利用当地的资源优势和雄厚的科技基础，在当地生产、销售。加大对俄罗斯的投资，还可以规避俄罗斯对石油的出口限制，并节约生产成本。同时也可以带动当地人民的就业，化解俄罗斯民众对中国商品的抵触情绪。针对对俄投资，政府应制定相应的优惠政策，以此促进中俄企业间的合作与交流。

3.2.2 改善中俄石油的传统运输方式

传统的中俄石油贸易运输方式是铁路运输和管道运输。对于铁路轨道的基础设施，中俄双方应建立长期维护和保养的制度体系。对于管道运输，由于中俄双方处于刚刚起步运行的状态，因此，中俄两国应借鉴管道运输方式较为成熟的国家，以此来建设、维护中俄石油管道运输。尤其是在中俄石油贸易不断升温的态势下，完善石油运输基础设施的建设，有利于双方建立全面、长期、稳定、互利的石油合作关系。

3.3 增强政府层面互信合作

中俄石油贸易应增强政府之间的互信合作。根据实际情况，制订中国对俄罗斯投资换管道计划，以及以中国国内市场或项目换管道的多种战略方案。积极扩大经济上的合作，来增强两国政府间的互信。政府层面的互信合作是中俄石油贸易的重要推动因素，可以弥补中俄石油贸易战略目标与石油贸易利益诉求的差异性，寻求中俄石油贸易的契合点，为石油贸易发展奠定良好的政治基础。在政策保障机制方面，应本着互谅互让、合作共赢的原则扩大新技术、新能源领域的合作，尤其要致力于构建中俄石油贸易伙伴的长期合作关系。从政府的推动层面上，不断巩固两国石油贸易合作基础。

4 结论

中俄石油贸易具有不可替代的战略地位。中俄双方在石油领域应开展更多的贸易合作，凭借两国的地缘政治优势进行经济与文化的多方位交流。发挥中俄石油贸易的合作潜力，对双方石油贸易的可持续发展有着重要的战略意义。

参考文献：

［1］党帅，刘养洁，贾文毓. 地缘政治视域下的中俄油气贸易分析［J］. 山西师大学报（社会科学版），2013（03）：31－33.

［2］刘乾. 中俄石油贸易的背后［J］. 能源，2013（07）：72－73.

［3］程春华. 中俄油气合作：现状、问题与思路［J］. 俄罗斯学刊，2013（04）：13－20.

［4］瞿立强，韩玉军. 中俄石油贸易中的障碍因素与策略选择［J］. 对外经贸实务，2015（01）：32－35.

［5］徐洪峰，施佳敏. 中俄能源合作综述［J］. 俄罗斯学刊，2014（06）：85－92.

［6］王云凤，张晓晴. 中国进口石油地理集中度问题研究［J］. 税务与经济，2014（04）：9－13.

从选秀节目看中国文化产业化发展

林小燕 等❶

摘要： 目前国内对文化产业的需求发生了很大的变化，不仅在文化产品需求量上明显增加，而且对文化形式的要求也越来越多样化，在市场需求的刺激下，文化产业开始走上了产业化发展道路。近几年，选秀节目在全国风生水起，选秀节目产业化发展已经成为中国文化产业化发展的典型表现。本文对目前选秀节目产业化发展的现状、问题及原因进行了探讨，并且为中国文化产业化发展提出了相应的对策，旨在促进中国文化产业化健康发展。

关键词： 选秀节目；"超级女声"；"中国好声音"；文化产业化

由于文化产业具有投入少、产品附加值高的特点，因此成为 21 世纪最有前途的产业之一。《2011 年中国文化产业发展报告》指出，当前我国文化产业占世界文化市场的比重不足 4%，而美国占 43%，欧盟占 34%，日本占 10%。在世界文化产业市场上，文化贸易以发达国家为主导，中国在世界文化贸易中长期处于逆差状态。根据国家统计局统计数据显示，中国电视节目进口总额 2010 年为 43 046.75 万元，2011 年为 54 098.62 万元，2012 年达到 62 533.52 万元；中国电视节目出口总额 2010 年为 21 010.5 万元，2011 年为 22 662.45 万元，2012 年则达到 22 824.19 万元。根据以上数据可知中国在电视节目文化贸易中长期处于逆差地位。要想摆脱逆差状态，在世界文化产业的"大蛋糕"中分得较为理想的份额，中国文化产业必然要走产业化发展道

❶ 作者简介：林小燕（1992— ），女，北京联合大学商务学院国际经济与贸易专业 2011 级学生。本文为 2014 年北京市"启明星"大学生科技创新项目："从选秀节目中看中国文化产业化发展"阶段性成果。项目组成员：林小燕、张茜茜、王晓娟、杨璐妹、周洁；指导教师：崔玮。

路。然而文化如何进行产业化发展呢？近几年，选秀节目产业化发展不仅在全国形成一定影响力，而且获得了巨额利润。选秀节目产业化发展是中国文化产业化发展的典型表现，选秀节目的产业化发展为中国文化产业化发展探索出了一条可行之路。

1　选秀节目产业化概述

1.1　文化产业化定义

根据国家统计局《文化及相关产业分类（2012）》文化产业分为十大类，分别是：新闻出版发行服务、广播电视电影服务、文化艺术服务、文化信息传输服务、文化创意及设计服务、文化休闲娱乐服务、工艺美术品的制造、文化产品生产的辅助生产、文化用品的生产、文化专用设备的生产等。电视选秀节目作为文化产业之一，不仅具有文化价值，更具有商业价值。

文化产业化作为过程解释是指：文化进入市场成为商品，文化的生产流通等遵循市场经济规模和现代化产业标准并形成市场化、商业化等文化的生产和运行方式；作为结果解释是指：文化产业和文化产业群的兴起，是企业文化、消费文化、传媒产业、文娱产业等新的文化经济现象和产业形式的兴起和发展。

1.2　选秀节目产业化含义及发展历程

电视选秀节目的产业化运作就是以选秀节目为中心，借助选秀节目的品牌影响力开发多种营销模式，建立多种与选秀节目相关的机构，多维互动，扩大影响，多渠道盈利。在产业化的运作中，选秀节目可以通过出卖版权、音像制品、衍生开发其他产品、项目或服务等形成多次收益，进而形成一个完整的产业链。

中国的选秀节目经历了五个阶段，分别是：萌芽阶段（1984—2002 年）、成长阶段（2003）、高潮阶段（2004—2007 年）、速朽阶段（2008—2011 年）、再发展阶段（2012 年至今）。中国选秀节目在萌芽阶段仅限于纯歌手比赛，在成长阶段和高潮阶段则开始出现了产业化发展的趋势，而在 2008 年国家广电总局的限娱令下，选秀节目产业化进程被阻断，选秀节目进入了速朽阶段。2012年"中国好声音"的开播为选秀节目产业化发展注入了活力，选秀节目进入了再发展阶段。

2 以选秀节目为代表的中国文化产业化发展现状

2.1 选秀节目产业化发展方式

我国选秀节目产业化是从2004年"超级女声"的产业化运作开始的，2004—2014年这十年来中国选秀节目产业化的方式在选秀节目的不同阶段逐渐增多，选秀节目产业化方式正朝着多样化的趋势发展，但产业化方式的多样化仍须加强。

表1 选秀节目从高潮阶段到再发展三个阶段的产业化方式

		超级女声 （2004—2007）	快乐女声 （2009、2011）	中国好声音 （2012至2014）	声动亚洲 （2012至2014）
广告及冠名权		有	有	有	有
艺人经纪		有	有	有	有
音像制品及图书		有	有	有	有
短信增值服务		有	有	有	有
商业演出	国内商业演出	有	有	有	有
	国际商业演出	无	无	有	有
移动彩铃下载		无	有	有	有
网络公司合作		无	有	有	有
版权买卖	国内版权买卖	无	无	有	有
	国际版权买卖	无	无	无	有
节目销售网站经营		无	无	无	无

资料来源：根据选秀节目相关资料整理。

分析表1的内容可知：选秀节目产业化方式从2004年只有五种到2014年

增加到十种，2014 年产业化方式是 2004 年的两倍。选秀节目产业化方式在高潮至再发展这三个阶段中在不断增多，从第一阶段仅限于广告及冠名权、艺人经纪、音像制品及图书、短信增值服务、国内商业演出等方式到第二阶段加入了移动彩铃下载、网络公司合作等方式，再到第三阶段加入了国内外版权买卖等方式。

中国选秀节目产业化方式在第一阶段没有运用与互联网有关的方式是因为中国在 2008 年之前互联网普及率还不高，网民规模不够大，随着中国互联网的普及率提高和网民规模的扩大，选秀节目产业化方式和互联网的关联越来越紧密，在第二、第三阶段都加深了与互联网的合作。

中国选秀节目产业化方式多样化趋势在 2004—2014 年这十年不断加强，并且通过十年的努力，选秀节目已经离不开网络，网络视频、微博营销、电子杂志等手段增加了中国文化产业的市场竞争力。

2.2 选秀节目产业化发展环节

2.2.1 专业制作公司逐步崛起，制播分离趋势加强

目前中国选秀节目的开发制作最突出的特点是制播分离，制播分离是选秀节目产业化发展的标志。2004 年湖南卫视天娱有限公司的成立为选秀节目制播分离奠定了基础，但是 2004 年中国选秀节目代表"超级女声"并没有实现制播分离，"超级女声"节目由湖南卫视制作，天娱有限公司只负责对"超级女声"进行品牌运营。2012 年"中国好声音"的制播分离，在国内掀起了选秀节目制播分离的高潮。"中国好声音"制作方是一家名为灿星制作的专业制作公司，灿星制作旗下还有很多档选秀节目，如 2014 年 1 月 3 号开播的"中国好歌曲"、2010 年 7 月 5 号开播的"中国达人秀"等多档节目。2013 年 7 月由广东百合蓝色火焰文化传媒股份有限公司制作的"最美和声"是电视选秀节目制播分离趋势加强的又一个典型例子。总体来说中国选秀节目大部分都由专业的制作公司来制作，制播分离的趋势随着专业制作公司的崛起在不断加强。

2.2.2 地方卫视为争夺收视率，竞争更加激烈

中国选秀节目的播出平台主要是地方卫视，各大卫视为了多赚取广告收入，收视率竞争更加激烈。为了争夺收视率，各大卫视不仅增加了卫视的选

秀节目播出数量，而且还开始重视选秀节目的版权引进、购买和赛制的改变、创新来提高选秀节目质量，希望能够通过选秀节目数量和质量在收视率大战中取胜。湖南卫视从 2013 年年初推出的新节目"我是歌手""中国最强音"等选秀节目都取得了相当不错的收视率。

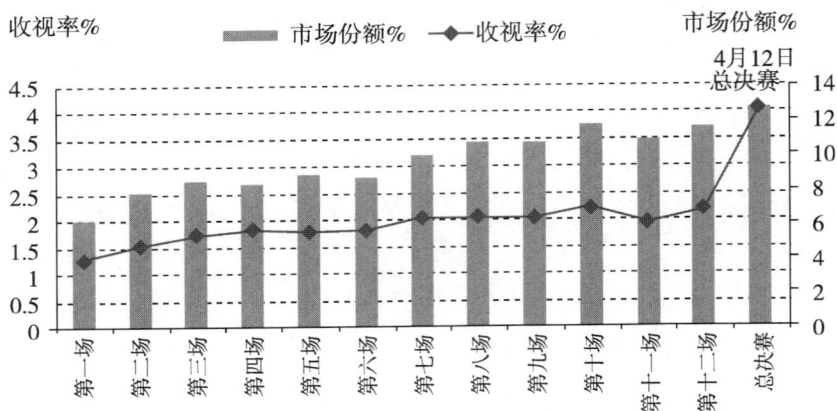

图1 2013 年"我是歌手"每期收视走势（所有调查城市）

数据来源：CSM 媒介研究。

从"我是歌手"的分期走势可以发现，这档节目从第一期开始就呈现平稳上升的态势，在 4 月 12 日总决赛那一期收视率突破了 4%，收视份额也相应达到了最高 12.6%。

湖南卫视为了争夺收视率还在 2013 年推出了由湖南广播电视台研发中心、湖南卫视一线制作团队合力打造并且拥有节目的完全知识产权的大型儿童选秀节目"中国新声代"。"中国新声代"的创新之处在于通过网络平台以视频直播形式对战，选手只需登录繁星网，接通摄像头和麦克风就可以足不出户在家里参赛。这种创新的比赛方式也为湖南卫视带来了高收视率。

浙江卫视为了争夺收视率也做了各种努力，如"中国好声音"第二季节目赛制上的改变，不仅盲选环节由第一季的六期改为五期，而且还增加了导师抢学员的新环节。

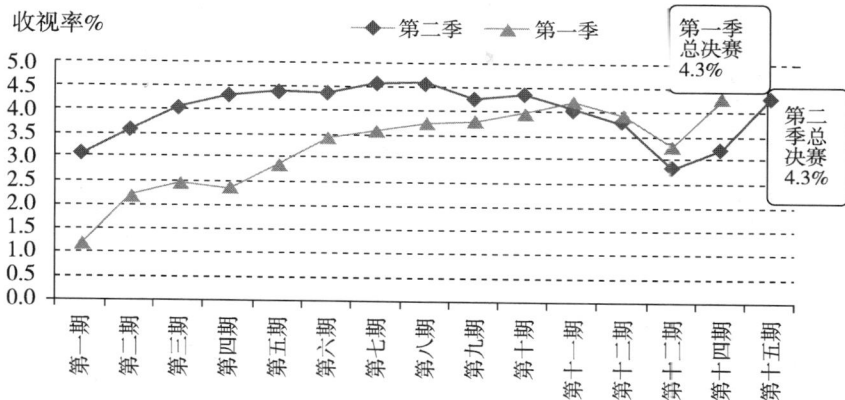

图2 "中国好声音"第一季与第二季每期收视走势（所有调查城市）

数据来源：CSM 媒介研究。

根据图 2 数据分析，相比第一季"中国好声音"收视率，第二季"中国好声音"从第一期开始就赢得了 3.1% 的收视率和市场份额 10.3% 的开门红，之后每期都保持比较平稳的增长，在最后一期的收视达到了 4.3% 的巅峰。

2.2.3 选秀节目产业化市场营销策略朝着多样化趋势发展

2004 年"超级女声"的市场营销策略主要有：一是蒙牛将"超级女声"的 Logo、图像印在投入市场的 25 亿袋酸酸乳包装上；二是 7000 个大型户外节目广告牌。通过这两个市场营销策略让"超级女声"家喻户晓，有了广泛的消费者基础。2004 年雪碧和"我型我秀"也同样运用了类似的市场营销策略。2010 年"中国达人秀"的营销策略包括了传统的渠道，如在电视媒体进行宣传，通过宝洁集团的多场地面活动来拓展自己的知名度。同时，"中国达人秀"还利用新兴的营销渠道互联网提高自己的知名度，如东方卫视通过联合国内各大视频网站推出了"我身边的中国达人"活动，通过网友拍摄并上传他们身边的达人来增加网友对节目的关注度。通过以上例子可以说明中国选秀节目产业化市场营销策略朝着多样化趋势发展，传统和新型营销策略结合更加与时俱进。

3 以选秀节目为代表的中国文化产业化发展存在的主要问题

3.1 选秀节目缺乏原创，节目创新性不足

针对选秀节目产业化发展的问卷调查❶中显示，在观众喜欢收看的选秀节目中"中国好声音"排名第一，"我是歌手"排名第二，"中国达人秀"排名第三，"星光大道"排名第四。通过深入分析可以发现观众喜爱观看的前四档节目中只有"星光大道"是原创节目，其他三档节目均是购买国外节目的版权。

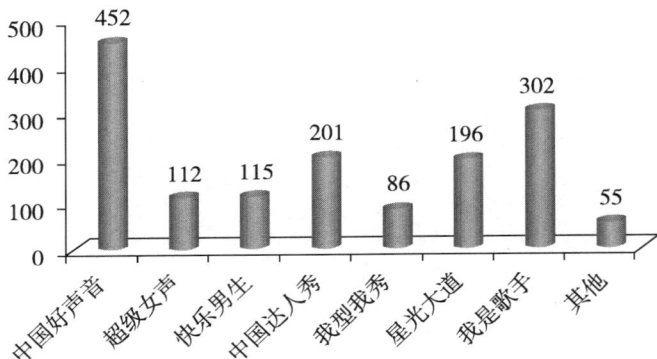

图3 观众平时喜欢收看的选秀节目

数据来源：项目组问卷调查结果。

中国的选秀节目可以分为三类：原创、模仿、购买版权。以"星光大道"为代表的原创的选秀节目不仅在国内影响力不足，而且在国外也难以引起轰动；以"超级女声"为代表的模仿性选秀节目如昙花一现，生命周期短；以"中国好声音"为代表的购进国外版权的选秀节目在国际市场竞争力低。

选秀节目产业化发展的原创性、创新不足的主要原因有二：一是因为中国选秀节目相对于国际选秀节目起步晚，落后于发达国家；二是中国对知识产权的保护力度没有发达国家的大。"美国偶像"之所以能够举办这么多期还

---

❶ 本文选秀节目产业化发展问卷调查数据均来自项目组针对中国部分省市选秀节目观众进行随机拦截式问卷调查结果。

能处于不败之地，正是因为美国拥有高度的知识产权保护，有比较规范的版权出售、节目转播、唱片发行等。而在中国，由于电视行业版权意识的淡薄，大多数电视台可以不支付任何费用直接复制节目的运营模式，盗版者无须承担任何成本就可以获得电视节目版权拥有者的利润，这种不公平的现象导致了中国的电视节目原创者不愿意为了节目的创新性投入更多资金。

3.2 选秀节目生命周期短，品牌难以建立

电视节目的品牌打造是一个长期的过程，这就要求选秀节目有较长的生命周期。根据选秀节目产业化发展的问卷调查数据显示：有32.37%的人认为选秀节目的生命周期只有一至两年，有45.92%的人认为选秀节目的生命周期只有3—5年，只有21.71%的认为选秀节目有5年以上的生命周期。

表2 国内部分选秀节目年表

节目名	举办单位	始办年份	举办届数
"超级女声"	湖南卫视	2004	3
"梦想中国"	中央台电视台	2004	3
"我型我秀"	东方卫视	2004	6
"第一次心动"	重庆卫视	2006	2
"加油！好男儿"	东方卫视	2006	2
"红楼梦中人"	北京卫视	2006	1
"我是歌手"	湖南卫视	2013	至今2
"中国好声音"	浙江卫视	2012	至今3

不管是调查问卷的数据还是表2的数据都揭示了中国有很多选秀节目的生命周期都在五年以下，生命周期短使得目前我国的选秀节目难以形成长期固定的收视群体，这进而影响了一个特点鲜明、价值清晰的选秀节目品牌的建立。选秀节目的生命周期分为四个周期，分别是引入期、成长期、成熟期和衰退期。随着选秀节目的成长和成熟，就会慢慢形成一定规模的收视群体。如果选秀节目的成长、成熟期很短，迅速进入衰退期，选秀节目还没形成足够大的收视群体就退出市场，就难以大范围地建立选秀节目的品牌和扩大选秀节目品牌的影响力。

3.3 电视选秀节目以广告收入为主，产业化手段不完善

中国目前的选秀节目产业化过程中最常用的手段就是广告及冠名收入、音像制品及图书、新媒体业务、艺人经纪，而节目发行、版权、网站经营和网络游戏开发等手段的运用还不成熟。广告是电视节目最原始也是最大的收入来源，选秀节目也不例外。据相关人士透露，"中国好声音"仅凭每期的广告就能带来将近2000万元的收益，"中国好声音"的决赛广告费甚至达到15秒116万元。选秀节目的收视率越高，其广告费也就越高。为了提高选秀节目的收视率，"中国好声音"不惜炒作导师杨坤与丁丁的师生恋。选秀节目为了获得商业利益，在节目播出过程中不停插播广告已屡见不鲜。"超级女声"的整个赛程也是完全从增加广告收入的角度来设计的：长赛期、超长广告时间、高广告费。相较于国外选秀节目稳中求胜的制作策略，我国选秀节目只重视收视率却忽略节目的日后发展，缺乏产业化经营意识。

4 促进以选秀节目为代表的中国文化产业化发展的对策

4.1 政府层面

选秀节目市场上版权意识的缺失，要求政府一方面要健全选秀节目版权贸易立法，加强对电视选秀节目知识产权的保护力度；另一方面政府要严格执法，建立相应的处罚制度。首先，政府要尽快制定选秀节目版权贸易的相关法律法规，特别是要完善合同备案制度和资源登记制度，并将两者结合起来，为我国选秀节目版权贸易活动提供全方位的法律后盾和保证。好的节目一旦版权在手，国内其他电视台就不能制作同类的节目而只能通过购买或者研发其他的电视节目，通过这种做法来确保选秀节目有一个良性的竞争环境。其次，一旦发现市场上有盗版的选秀节目形式则要从严治理，不仅要关停盗版的选秀节目而且要对其进行相应处罚。严惩盗版的行为其实就是在保护选秀节目的原创性，鼓励选秀节目的创新。

4.2 企业层面

4.2.1 选秀节目制作方

只有提高选秀节目的质量才能延长选秀节目的生命周期，而创新则是提

高选秀节目质量的法宝。一方面选秀节目制作方在节目制作上要加强自主创新能力。首先，避免克隆模式，做到不复制外国或者国内其他电视台的节目。在选秀节目的制作中可以加入更多的中国元素，推进选秀节目的原创，保证选秀节目产业化的可持续发展，从"中国制造"过渡到"中国创造"。其次，可以根据不同消费者的需求制作出适销对路的选秀节目，以消费者需求为节目制作导向。另一方面选秀节目制作方可以多公司合作成立环球选秀节目制作公司，通过与其他节目制作方的合作集思广益，打造出高质量原创品牌的选秀节目，提高选秀节目的国际竞争力，将选秀节目的竞争放眼到广阔的国际市场上。

4.2.2　品牌运营商

品牌运营商要树立品牌意识，打造品牌形象，制定一套完整的品牌经营战略。品牌的建立不是一朝一夕的事情，需要不断创新的理念与技术的提升。一提到选秀大家就会想起湖南卫视，这就是品牌效应。

一方面品牌运营商要整合营销推广，扩大品牌影响。目前选秀节目的营销推广方式多种多样，有全媒体联动造势、大规模线下推广、大范围微博营销、恰当的名人效应。随着微信用户的剧增，选秀节目当前应该加入微信营销。品牌运营商通过多种多样的营销推广方式，汇聚广大观众的关注，为选秀节目的品牌塑造注入新的观众源，使观众群体的类型、层次、数量都最大化。

另一方面品牌运营商要深化品牌的纵向延伸，创新商业模式。目前选秀节目品牌纵向延伸不够的地方主要体现在网络经营方面。"美国偶像"开设了节目的专门网站，将偶像们的服装、使用过的水杯、手表、闹钟、CD包等许多产品在线上销售。"美国偶像"的网站就像是一个大型超市，除了以上产品外，网站上还有玩具、糖果、电子游戏、商业卡、图书、杂志、偶像们的个人专辑、集体专辑等。"美国偶像"的网站是互联网时代选秀节目电商经营的成功案例，中国却没有类似的大型选秀节目网站线上产品销售。品牌运营商可以学习"美国偶像"等国外先进的网络经营方法，加入本国特色对品牌进行网络运营。中国目前最大的电商是阿里巴巴，选秀节目可以考虑与阿里巴巴合作开发网络运营。

4.2.3　电视台

首先，电视台要合理控制插播广告的时间。针对选秀节目产业化发展的问卷调查显示，观众对选秀节目的忍耐度在15秒以内的居多（具体情况见图4），说明15秒是电视台节目插入广告的黄金时间。当电视台将广告时间控制在15秒以内不至于引起观众的反感，也可以收到较高的广告费。广告时间的合理安排有利于电视台形成稳定的观众，增加电视台的收视率。

其次，电视台要改变以往依靠广告为主的收入模式，多渠道开发收入来源，从而完善选秀节目产业化体系。电视台可把传统的出售广告时段转变为把媒体作为产业发展主体，对广告经营、网络经营、资本经营、衍生产业进行深度开发与挖掘。

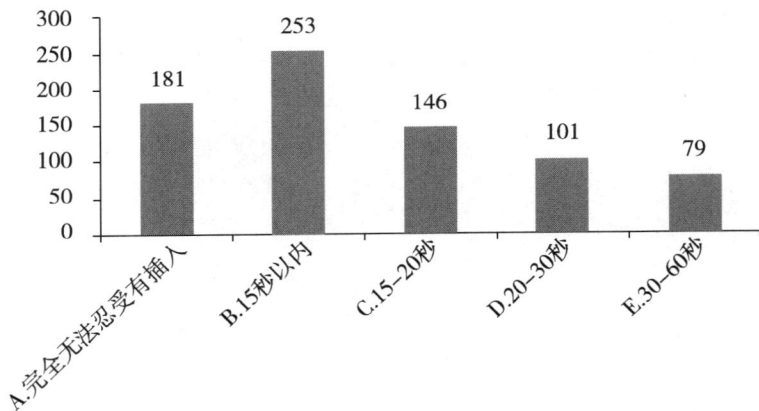

图4　观众对选秀节目插播广告的忍耐度

数据来源：项目组问卷调查结果。

5　结论

综上所述，选秀节目作为中国文化产业化发展的典型表现，不仅促进产业自身财富的增长，而且激活相关产业的财富，可以产生巨大的经济效益和社会效益。现阶段选秀节目产业化手段逐渐增多，选秀节目产业化各个环节涉及的主体如制作商、品牌运营商、电视台等都在不断推进选秀节目产业化发展的道路，但仍存在选秀节目创新性不足、选秀节目产业化体系不够完善等问题，这主要归因于我国选秀节目产业化发展与发达国家相比起步晚、节目版权保护意识薄弱等因素。基于此，政府应该加强版权保护，为选秀节目创新性提供有效法律保障；企业要提高选秀节目质量，勇于创新，完善选秀节目产业化体系，引领选秀节目从"中国制造"走入"中国创造"，这样才能够提高我国选秀节目的国际竞争力，推动我国由文化大国向文化产业强国转变，增强我国文化软实力。

参考文献：

［1］梁景丽. 从文化产业的视角看中国电视选秀节目产业化的发展［D］. 保定：河北大学，2007.

［2］黄洪雪. 对电视节目产业化经营的思考［J］. 青年记者，2009（2）：8 – 9.

［3］闫方洁，宋德孝. 媒介时代下的理性缺失——当代中国电视娱乐节目的批判性阅读［J］. 兰州学刊，2011（5）：39 – 41.

［4］卢凯波，卢媛. 我国选秀节目的发展之路［J］. 青年记者，2014（1）：24 – 25.

［5］朱全新. 城市电视台经营存在的问题及对策［J］. 青年记者，2013（7）：11 – 13.

阿里与亚马逊商业模式比较
——探究中国电商如何实现国际化❶

蓝　熙　周　洁　卢文状❷

摘要：本文以阿里巴巴和亚马逊作为中国和美国电商的代表企业，对二者的商业模式进行比较研究。从电子商务模型的六个维度入手，分析这两家电商在商业模式上的差异及共性，探究亚马逊所代表的电子商务未来的发展趋势及阿里巴巴激活美国科技 IPO 市场的潜力所在，探索中国电商实现国际化的有效途径，并提出建设性建议。

关键词：阿里；亚马逊；电子商务；国际化

1　引言

近年来，电子商务与互联网正逐步成为坐拥财富、消费者和大数据的朝阳产业。随着阿里巴巴（以下简称阿里）2014 年 9 月 19 日在纽约交易所上市，中国电子商务企业正逐步揭开面纱走向国际市场，跨越亚马逊和 eBay 成为全球第一电子交易平台的阿里成为中国电子商务业的代表，研究其与美国电商巨头亚马逊在商业模式的异同以及取得的成果，对国内其他电商迈出国门具有不容置疑的重要意义。

---

❶　本文获 2014 年全国高校商业精英挑战赛国际经贸与商务专题竞赛一等奖，并代表内地赴台参加两岸大学生"国际贸易与商务"专题竞赛决赛获一等奖和佳作。指导教师：张宇馨、刘洁。

❷　作者简介：蓝熙（1992—　），女，北京联合大学商务学院国际经济与贸易专业 2011 级学生。周洁（1993—　），女，北京联合大学商务学院国际经济与贸易专业 2011 级学生。卢文状（1992—　），男，北京联合大学商务学院国际经济与贸易专业 2011 级学生。

2　电子商务商业模型比较

本文通过电子商务商业模型的六个维度来对亚马逊和阿里加以比较。

2.1　价值定位

亚马逊侧重于为用户提供最友好体验的电子商务平台，阿里则是为客户创造价值。

在强调注意力经济的今天，电商平台能否增加消费者黏度，提高消费者的品牌忠诚度，最重要的一点就是便利性。亚马逊做到了这一点，它所扮演的角色更像是一个集结了多种商品市场的管理者，产品绝大多数来自它自有的分销中心，甚至还生产自己品牌的智能手机和平板电脑。这种模式给了客户体验的最大控制权和最友好体验的电子商务平台，并树立了良好的消费者口碑。

而作为中国本土品牌，阿里更偏向于经营多元化的互联网业务，在数十年的时间内建立了包含国际化贸易的网上交易平台、网上零售平台、支付平台、网上购物搜索引擎、以数据为中心的云计算服务和互联网资讯、邮箱、搜索等多元的业务架构。根据梅特卡夫定理，一个网络只有在越来越多的人使用它时才会变得有价值，从而进一步吸引更多的人来使用，最终提高整个网络的总价值。庞大的客户也正是阿里的价值体现和成功上市的背后助力。阿里始终秉承着为客户创造价值、增加收入的理念和扶助小微企业的使命，致力于创造便捷的交易渠道。

2.2　市场定位

亚马逊的目标市场是普通消费者和网络商户；阿里不仅仅面向消费者，还对中小型企业和出口导向型企业开放。

阿里最开始的市场定位是指向中国本土的中小型企业和出口导向性企业，作为企业对企业的信息发布平台和促成贸易的 B2B 电子商务网站。但随着时间的推移，阿里渐渐地迈向国际，建立规范而有序的网上市场体系，同时以多语种信息传递为基础，以网络数字认证安全体系为保障，充分实现资源的共享性、安全性、互动性。

而亚马逊也由最开始的"网上书店"，到打造综合电商以形成规模效益的战略转型，再到如今打造以客户为中心的服务型企业，最终转型为综合服务提供商。

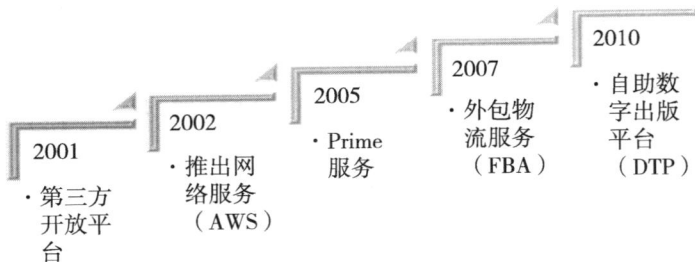

图 1　亚马逊转型过程图

2.3　价值链

如图 2，价值链的构造过程是动态的，包含一系列生产经营活动，这些活动互相区别又相互关联，组合在一起共同创造价值。

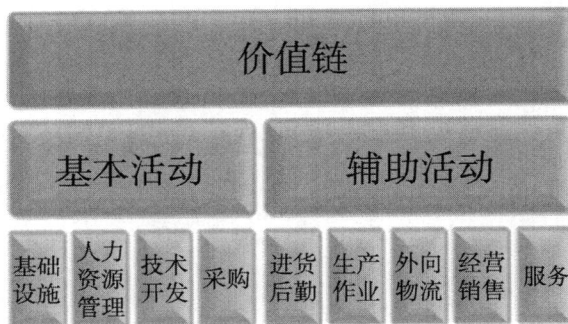

图 2　价值链构成

2.3.1　阿里价值链分析

阿里构造了一条虚拟价值链，通过对信息进行搜集、筛选、合成和分配等一系列流程来创造价值。具体来说，阿里的价值链特点集中表现在以下几个方面。

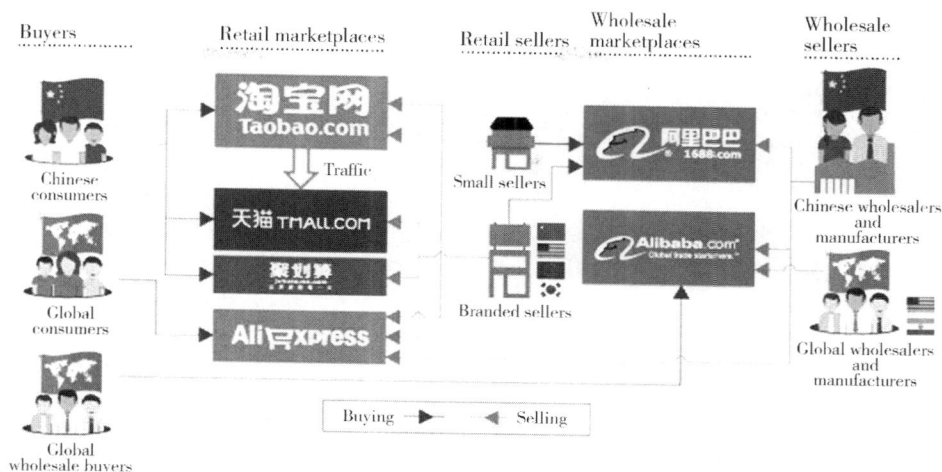

图3　阿里集团核心平台

（1）让天下没有难做的生意。阿里提供了有效的信息服务，通过虚拟平台，令两个彼此有需要信息的交易方得到沟通并相互获利。消费者最为熟悉的淘宝网（C2C）、天猫商城（B2C）、1688批发市场（B2B）和聚划算（B2C）构成阿里旗下的四大支柱虚拟交易平台，是支持阿里运营和服务的核心。

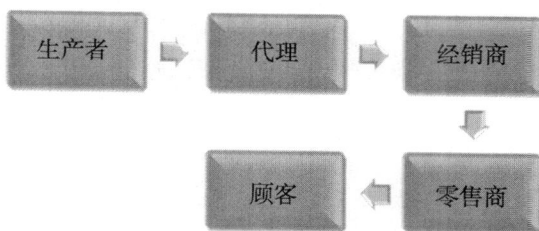

图4　信息传播平台的变迁

（2）让天下没有难买的商品。阿里致力于为买卖双方提供交易所需要的各种信息和服务，让天下没有难买的商品。平台支付宝为交易双方提供便捷的支付服务，余额宝具有金融服务价值，口碑网为商家发布促销信息、消费者口碑营销和消费向导的平台，云计算致力于提供完整的互联网计算服务。

（3）让购物变为一种乐趣。阿里一直致力于为顾客重新创造价值，花样百出的促销活动丰富了消费者的乐趣。

阿里的迅速成长离不开两个关键因素：娴熟地运用网络平台和有效地管理虚拟价值链，从而横向增加买卖服务平台的宽度，增加价值链的宽度，使交易合理有效地完成，最终买卖双方都快速受益。

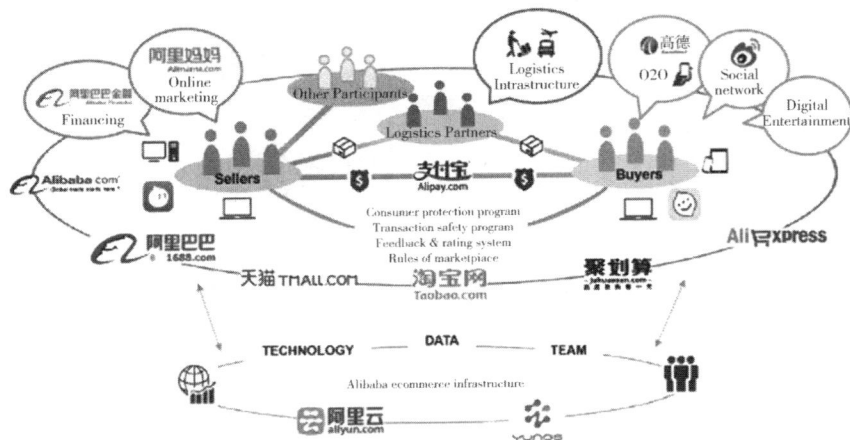

图 5　阿里价值链结构

2.3.2　亚马逊价值链分析

亚马逊的成立早于阿里，深厚的积累和长时间的发展使得其涵盖了交易服务、物流配送及新产品的研发、生产、促销等，大大延长其价值链的长度，如图 6。

通过对亚马逊的运营模式进行分析，其价值链特点包括以下几点。

（1）开创独立品牌。亚马逊致力于打造自己独立的产品，并斥巨资在销售环节推广自己的品牌。其中不乏高科技产品，从智能手机到平板电脑，再到 Kindle 电子阅读器的问世。同时，亚马逊不仅为自主产品提供广泛的销售渠道，也为其他交易者塑造了虚拟的买卖场所，并配有一系列的信息共享、云计算和支付等完整的配套服务业务。

（2）物流服务竞争。亚马逊模式以物流配送为核心竞争优势，甚至采用无人机送货。通过扩建和完善物流系统，达到增加订单需求的目的。与此同时，降低物流成本给竞争对手以强烈的打击。对于消费者来说，低廉的物流服务支出促使其更多地选择亚马逊的网上交易平台，从而使得亚马逊迅速占领大量的市场份额。

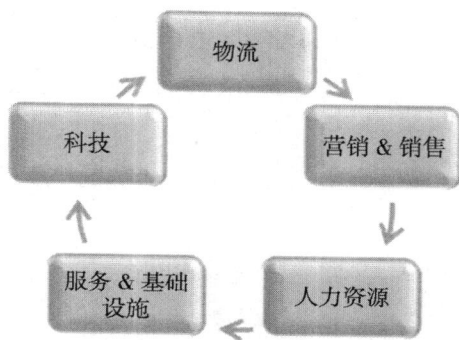

图 6　亚马逊运营模式

（3）服务第一理念。亚马逊致力于帮助消费者实现完美的购物体验，不仅满足购买的需求，而且要争取卖方拥有更高的满意度。亚马逊承诺除部分特殊商品外，自商品送达时间起 30 日内，如商品及包装保持亚马逊出售时原状且配件齐全，将提供全款退货的服务。亚马逊通过发展自身服务能力、提高售后质量、健全服务功能，赢得了服务第一的口碑。

2.3.3　价值链对比

阿里并不是传统的电子商务企业，而是作为中间人，将买卖双方联系起来，本身既不出售商品也不储存商品。相较之下，亚马逊充当市场管理者的角色，在平台上直接出售商品。

阿里致力于横向开发电子商务经营价值链的宽度，而亚马逊则纵向延长其价值链的长度。

2.4　成本与利润

通过比较阿里与亚马逊的成本与利润可清楚认识到其具体运营的效果。

2.4.1　收入来源

虽然阿里和亚马逊都是以经营电子商务平台作为主营业务，向买卖双方提供相关服务收取服务费，但是在附加业务上有一定差别。淘宝网的主要收入来自售卖展示广告和搜索关键词竞价；天猫商城、聚划算和速卖通的主要收入来自商家成交额中的佣金和技术服务费；1688 和阿里国际站的主要收入来自会员费和互联网营销服务费。

亚马逊除了类似于阿里的一些收入以外，还有销售 20 多种自主生产的商品所创造的收入，以及物流业务。

2.4.2 利润及增长率

阿里经营的电子商务平台占据着中国庞大的消费者市场，长时间占据北美和欧洲等地区市场的亚马逊拥有着庞大的资金和生产基础，二者收益如表 2 所示。

表 1　阿里于亚马逊近 3 年财务数据

		2011 年	2012 年	2013 年	平均增长率
阿里	税前利润（百万美元）	892	1630	4320	120%
	总收益（百万美元）	3330	5567	8463	59.4%
	利润率（%）	26.8	29.3	51	
亚马逊	税前利润（百万美元）	934	544	506	− 26.4%
	总收益（百万美元）	48077	61093	74452	24.4%
	利润率（%）	1.9	0.9	0.7	

数据来源：阿里及亚马逊财务报表。

从近 3 年的财务数据来看，2012 年和 2013 年均高于亚马逊的利润值。在增长率方面，阿里 3 年的平均增长率为 120%，而亚马逊呈现负增长趋势，增长率表现为 − 26.4%。在公司总收益方面，阿里的收益总量比亚马逊少，但增长率达到 59.4%，而亚马逊近 3 年的平均增长率只有 24.4%。

从获利能力的角度分析，阿里 2011—2013 年的利润率分别是 26.8%、29.3% 和 51%；而亚马逊在 3 年中的利率均小于 2%，企业可支配资源获得利润的能力更强。原因在于阿里只提供了一个买卖双方交易的平台，充当中介的角色，既不购买产品也不存放商品，甚至不用支付物流费用，收入来源于高产出的信息及技术服务。相对而言，亚马逊年营业收入额巨大，源自其庞大的仓储物流和大量产品研发的资金消耗。

2.4.3 资产及其增长率

资产作为企业控制的资源具有带来收益的潜力，分析企业的资产可以侧面分析其在以后的经营活动中获得收益的能力。

表2　阿里与亚马逊的流动资产和总资产对比表（单位：百万美元）

年份	阿里		亚马逊	
	总流动资产	总资产	总流动资产	总资产
2011	4500	7615	17490	25278
2012	6962	10288	21296	32555
2013	10912	17944	24625	40159

数据来源：阿里及亚马逊财务报表。

亚马逊2011—2013年的资产总额分别是252.78亿美元、32.555亿美元和401.59亿美元，而阿里2013年的资产总额才达到179.44亿美元，可见亚马逊具有创造更多资金流入的潜力。这是因为其起步早，已经积累了大量的资金，进入相对成熟的发展阶段。

但阿里营收增长速度已经快于亚马逊，总资产正以两倍于亚马逊的速度增长，流动资产增长率则为6倍。阿里如此快速增长得益于中国广大的消费者和快速发展的电子商务市场。随着越来越多的电商加入，网络外部性随之凸显。由于网络交易边际成本递减和信息价值的累计增值，网络经济边际收益呈现出规模递增的趋势。

总之，亚马逊庞大的资金规模也证明了电子商务的普及，但低利润也预示着电子商务发展到了一个较为成熟的阶段。同时，阿里紧紧抓住中国市场，在快速增长的同时具有强大的盈利能力。

2.5　价值网络

价值网络是一个覆盖了信息流、资金、顾客和供应商的合作系统。亚马逊是一个整合了硬件设备、后勤管理、IT设施和电子商务服务的B2C交易平台；阿里则从一个网络公司一跃成为社会化供应链服务平台。本文从数据、资金、物流链和供应链四个方面分析阿里的价值网络变迁。

2.5.1 数据收集的提升

阿里收购新浪微博有助于打通新浪微博与淘宝天猫的接口，获得了巨大的移动流量入口，更易于向客户推送相关消息。

与此同时，通过应用软件获取从搜索到浏览再到支付的大数据，给阿里带来无法估量的财富和潜在优势。其中淘宝只通过注册用户获取数据，分析更精确，可进行精准推送，还能预测下一年或下一季流行的风向。

2.5.2 资金金融的延伸

从 2004 年 12 月成立"支付宝"，到 2013 年 6 月推出"余额宝"，阿里所涉猎的金融领域已经不再局限于第三方支付平台，已经延伸到可以提供小额贷款的阿里金融。至此，阿里已经具有了银行的一系列功能和业务。

支付宝为消费者提供了便捷而高效的移动支付平台。现在，支付宝不仅可以支付阿里旗下任何一个网站所产生的订单，更是作为大多数网购企业或电商平台首选合作的支付平台，还实现了网上缴电话费、水电费、留学缴费等便民功能。

数据：	资金：	物流：	供应链：
收购微博、入股地图、各平台	支付宝、余额宝、阿里金融	整合菜鸟网络、投资日日顺	淘工厂

图 7　阿里价值网络

余额宝从推广之初就引起国内金融界的轰动。用户仅需将钱转入余额宝便可按收益率每天获得收益，实现资产的升值且增值率远高于银行的活期利率，导致了大量银行资金的流动。截至 2014 年 3 月，已经有超过八千万的客户选择使用余额宝并实现了 75 亿人民币的收益。除此之外，阿里还推出了理财和保险功能。

而阿里金融是阿里旗下面对小微企业提供贷款的事业部，其具有严格且科学的贷款流程。得益于大数据加平台监测、贷款周期至多六个月、贷款金额小于一百万的审核和监控体系，阿里金融的不良率甚至不足 1%。

2.5.3　物流链的拓充

2013 年"双十一"，天猫销售额高达 350.19 亿元，比 2012 年同期涨幅高达 83.35%。除了提升用户体验、社交网络造势和把握移动电子商务之外，最重要的成功因素就是马云对旗下物流链的高度重视。

2013 年 5 月 28 日，菜鸟网络科技有限公司成立，旗下拥有阿里、银泰、富春、顺丰和三通一达等公司。复星建仓库，银泰管仓储，富春做干线物流，"三通一达"做支线物流与最终配送，阿里管理信息和资金结算，全面打通了整个物流链。菜鸟网络很大程度上保证了阿里对大量订单的处理能力。2013 年 12 月 6 日，阿里投资海尔电器旗下的日日顺物流。日日顺的物流网络覆盖全国，可送达三四线城市甚至更为末梢的乡镇中。

至此，阿里已经实现了整个物流网络的改善和提升，甚至具备了拿下农村电子商务市场的能力。

2.5.4　供应链的改良

淘宝卖家们经常抱怨找工厂试工难、多款小批量下单难、原料备货难等问题。众所周知，淘宝和天猫 B2C 的成功很大程度上取决于大量卖家的进驻。为了解决卖家所面临的生产供应链上的难题，2013 年 10 月，淘工厂开始试运营。这是阿里通过整合制造加代工的虚拟工厂供应链模式来推动 C2B 的战略。

2.6　竞争战略

亚马逊通过提升服务来为客户创造最好的购物体验，稳定并增加客户流量，提高科技服务在整体业务中的比例；阿里则侧重于帮助客户创造价值和获取收入，提供更有效的服务。

2.6.1　亚马逊竞争力分析

亚马逊进行了三次定位的转型，从最初的成为地球上最大的书店，到最大的综合网络零售商，最终定位成以客户为中心的服务型企业成为亚马逊的发展方向。通过在 2010 年发布自助数字出版平台，亚马逊成功向综合服务提供商转型。

亚马逊以"最以客户为中心的公司"为企业未来的发展方向，于 2010 年 3 月 15 日发布"网络购物诚信声明白皮书"，主要针对商品是否为正品和售后退换问题进行了解答，阐述了诚信保证的相关措施。与此同时，给出了"天天低价、正品保证"的承诺。

2.6.2 阿里的竞争力分析

近年来，一些知名品牌、具备一定实力的制造商及有规模的零售商都逐渐开展电子商务业务，或是开发网络营销渠道，或是自建平台，或是与第三方合作。但电商平台需要巨额的资金注入和技术储备，进入壁垒较高，新进入者短时间内不具备威胁阿里绝对优势地位的能力。本文利用波特的五力模型对其竞争环境进行简要分析。

对于各类企业而言，在平台内寻求商机、借助平台扩大业务、实现更多交易才是根本，因此基本没有议价能力。与此相反的是物流快递行业，物流企业由于服务成本上升和自身发展的需要，不断提高服务价格，具有较强议价能力。

目标客户主要是中小企业和网络消费者。对于中小企业，一方面需要借助平台来开展电子商务活动，另一方面对于服务的需求很高很复杂。对于注册会员企业，放弃所带来的沉没成本、机会成本和转换成本过于高昂，转换所获得的收益增加无法超过转换所带来的成本，从而达到了锁定效应。相反，对于消费者，在面对优秀的替代平台的时候容易选择放弃，转换成本低，议价能力相对较强。

传统的商务服务模式虽然有高成本、小受众面和效率低的弊端，但在某种程度上更接近消费者，仍是当前商品贸易的主要交易形式。

京东商城作为国内 B2C 电子商务市场最大的 3C 产品网上销售平台，因为商品种类丰富、价格低廉、物流配送体系日益完善而成为具有一定竞争力的对手。拍拍网是 C2C 网络零售的电子商务平台，得益于庞大的 QQ 客户群，用户数量轻松跨越三亿；而旗下的财付通作为第三方在线支付平台来支撑整个网站的运行。

门槛较高。短时间内，仍具有绝对优势

潜在进入者：
传统企业
或品牌商

企业议价能力弱；物流议价能力强

供方：
各类企业和物流快递

竞争对手：
京东、拍拍网、亚马逊、当当网

买方：
中小企业和消费者

企业议价能力弱；消费者议价能力强

替代品：
传统商务

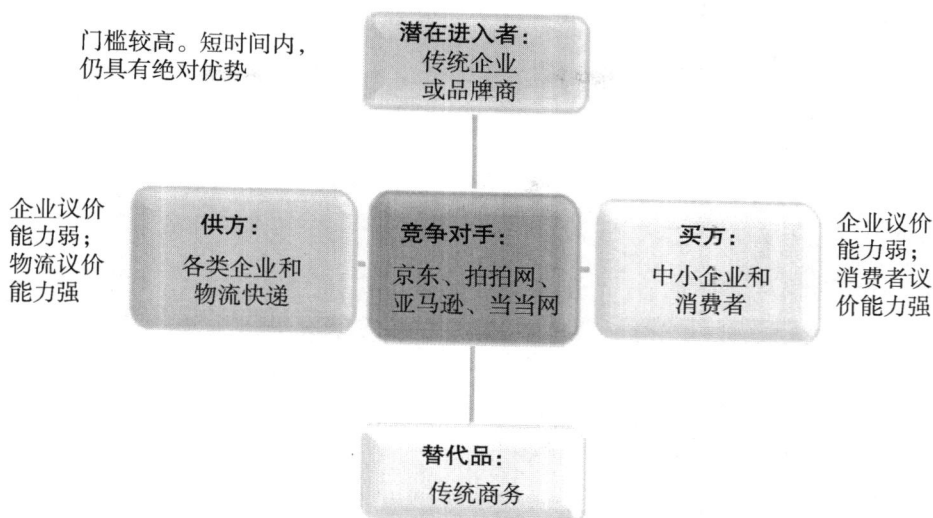

图8　阿里的波特五力模型

2.6.3　交易费用比较

将阿里集客户体验、设计网络、物流网络及移动电子商务为一体的新模式与亚马逊传统 B2C 模式进行比较。阿里模式中，网络仅仅作为信息交流的平台，消费者的订单将转交至当地零售商的手上，零售商就近调配货品并及时送货上门，利润来自收取的服务费。

在传统直销模式中，定义厂商到消费者之间的交易费用为 T，厂商出厂价为 p，厂商直系网站到消费者的物流费用为 d，亚马逊赚取的毛利率为 $r\%$，阿里服务增值费为 z，零售商赚取的毛利率为 $r'\%$。

则厂商到消费者的交易费用：$T_1 = p_1 + d_1$

在亚马逊模式下：$T_2 = (p_2 + d_2) \times (1 + r\%) + d'_2$

在阿里模式下：$T_3 = (p_3 + d_3 + z) \times (1 + r'\%) + d'_3$

从采购价格看，阿里是生产商和零售商的信息和交易平台，促使零售能与最优商品供应商进行交易，降低了商品采购成本。从物流费用看，亚马逊自行采购本身就已经花费了大量的物流费用；而阿里的零售商就近联系供应厂商，既节约了物流费用，又降低了配送服务的价格。

综上所述，当 $r = r'$，$p_3 + d_3 + z \leqslant p_2 + d_2$ 与 $d'_2 > d'_3$ 同时成立，即 $T_3 < T_2$。

这意味着，阿里模式下的交易费用比亚马逊要低。

2.6.4 竞争力比较

阿里与亚马逊涵盖同样的产品线及品牌，它们的核心资源是网站所汇集的庞大用户数据库。

网络经济是一种典型的非摩擦经济，遵循的是边际收益递增机制，企业占领的市场份额越大获利就越多。中国电子商务研究中心发布的《2013 年度中国电子商务市场数据监测报告》显示，中国 B2B 电子商务服务商营收份额中，阿里以 44.5% 的市场份额排名首位；天猫商城以 50.1% 占据 B2C 网络零售市场第一，而亚马逊中国份额仅有 2.7%；与此同时，淘宝在 C2C 网络零售市场占有率高达 96.5%。这意味着不论在任何一种电子商务模式下，阿里在中国电子商务领域都已经是独领风骚。

阿里已经完成了横跨 B2B、B2C 及 C2C 三大业态的布局，而亚马逊更多地专注于传统 B2C。

传统电子商务企业多是依靠赚取进出货差价来盈利，消费者并不是最大收益的获得者。但阿里选择了将差价直接让利给消费者，转向厂商或零售商收取服务费，获得了大量消费者的青睐和支持。

阿里成功在纽交所上市，投资者估算的市值为 2150 亿美元，基本为亚马逊和 eBay 二者的市值总和。大量资金的融入，将促使经费预算远大于亚马逊。

3 对中国电子商务企业的建议

通过对亚马逊和阿里几个方面的综合比较，为中国电商企业提供了很好的发展模式和学习目标。

3.1 加快建设中国电商核心竞争力

首先，完善内部管理机制，培养专业管理人员，提高物流运行效率，严格落实各海外分支机构的经营目标。其次，要有科学的客户管理体系，完善平台管理，提高交易促成率。再次，加强优势建设，网络越大，所收集的数据也就越多，在商业决策和市场行情上就更有主动权。最后，B2B 与 B2C 融合，促成 B2B2C 平台，实现产业链上渠道的进一步延伸。

最重要的是把握自身的优势和核心竞争力，不断将国际市场带来的机遇和自身优势相结合。

3.2　精确定位品牌，提高服务水平，发展专业性网站

越来越多的资金进入电子商务行业，竞争亦会变得越来越激烈，企业的精确价值定位和市场定位显得格外重要。服务水平的提高将是必备条件，及时反馈和处理，提高客户满意度水平，可为网站的发展提供忠实而广泛的客户基础。

3.3　慎重选择海外发展区位

外国电商在中国发展之所以能够如此稳定地发展，很大程度上取决于其一直坚持适度稳健的发展政策，实行经营管理优势整合，通过并购当地企业和采用"随行就市，入乡随俗"的战略，迅速靠拢当地市场。根据邓宁折中理论中的区位优势理论，我国电商企业在开拓海外市场的时候，一定要摸准海外市场的各项政策和市场情况，通过综合分析劳动力成本、市场潜力、贸易壁垒、政府政策等多项影响因素决定是否进入该市场。与此同时，选择一些电子商务渗透率较低的国家，或者是具备良好市场潜力的国家，在这些区域推行重点发展战略。

3.4　建立战略伙伴关系

一些小型的、后起的电商网站常常面临着和自己定位相同或相近、业务内容趋同的网站的竞争，但每个网站的资源都是有限的，为了避免同类网站的重复性建设，全方位满足客户的不同需求，可以对这类网站进行兼并，提高自身的综合竞争实力。

3.5　积极进行跨国并购

海外收购目标一般指向那些在资源、品牌、客户规模诸方面具备相对优势且处于领先地位的当地电商企业。对于市场集中度较低的国家，可通过并购当地电商达到减少海外投资成本并利用已建立的市场进行业务的开展。但是在并购的过程中要有完善的风险预防机制。

由于中国电商国际化进程起步较晚，还未具备跨国电商品牌的管理优势和人才优势，可以采用海外机构员工本土化的办法。

3.6 关注注意力经济及网络关系营销

信息的极大丰富往往导致注意力的严重稀缺，因此，通过相关联、顾客参与、共有性和便利性这四个策略来提高消费者黏性是现代电商必不可少的战略部分。

不仅如此，网上市场调查、消费者购买行为分析、网络营销策略的制定等网络营销也对企业的发展有显著的影响。网络整合营销通过满足消费者的需求和欲望、了解消费者愿意付出的成本、给予消费者方便和与消费者沟通的4C策略来调整企业经营的出发点。网络关系营销则通过锁定目标顾客群体、建立顾客档案、完善售后服务等与顾客建立和维持长期关系。网络体验营销提供了从感觉感受到思维行动的全新体验模式。

3.7 利用科技为电商企业提高价值，尝试网站品牌硬件产品的开发

网络经济和技术发展与应用创新是既分立又统一的一对双螺旋，双螺旋模式可催生比较稳定的商业模式和新经济热点。

阿里和亚马逊的接连转型意味着单纯经营网络平台的企业已经不再具有竞争力。中国的电商企业即使不能像阿里一样全面覆盖各个领域，也应当向亚马逊学习，提升自身的科技研发水平，增加高利润服务在整体业务中的比例。研发接近日常生活的智能化产品也不失为一个方向。

3.8 创造属于自己品牌的标志性文化

据相关统计数据，2014年"双十一"共有194个国家和地区参与。当天12点58分，天猫成交额已经超350亿。仅11月11日当天成交额就为751亿，近乎为上一年全年的销售额。阿里已将"双十一"进行注册。对于普通消费者来说，想到网购就想起"双十一"，提起"双十一"就联想到阿里，已经形成了条件反射。"双十一"已经不仅仅是阿里的自有活动，更是形成了一种网上购物的风潮和文化，阿里从中获益匪浅。

参考文献：

［1］迟晓英，宣国良．价值链研究发展综述［J］．外国经贸与管理，2000（1）．

［2］高雷．阿里集团发展战略研究［D］．哈尔滨：黑龙江大学，2012.

［3］何燕．中美电子商务商业模型比较研究——以阿里和亚马逊为例［J］．东方企业文化，2010（12）．

［4］梁燕君．电子商务物流新旧模式之比较［J］．铁路采购与物流，2007（9）．

［5］王晶．阿里——从最大网络公司到最大社会化供应链服务平台［J］．互联网周刊，2014（21）．

［6］郑丽，付丽丽．电子商务概论［M］．北京：清华大学出版社，2013.

欧盟拟征航空碳税对
我国航空运输服务业的影响

张宜弛　蓝　熙　陈　斌　陈成冉　高文佳❶

摘要： 2012 年 12 月结束的德班气候大会上，欧盟重申将把航空运输业纳入欧盟排放交易系统，对欧盟境内及进入欧盟空域的国际航班征收碳排放税。该项政策一旦实施，将对我国航空贸易的发展、货物贸易的往来，甚至是国内经济环境造成不可估量的影响。本研究通过剖析欧盟拟出台的航空碳税的背景及具体方案，结合我国航空运输服务发展现状、国际竞争力及发展规划，深入探究欧盟拟征航空碳税对我国航空运输服务业和航空产业竞争力的影响，并分析欧盟征收航空碳税的合理性与合法性。以此为基础，为我国航空运输服务业如何应对欧盟航空碳税提出建设性意见。

关键词： 航空碳税；欧盟；航空运输；服务业

1　欧盟拟征航空碳税概述

2011 年 3 月 8 日，欧盟正式通过将航空产业纳入其碳排放交易体系的决议。该决议规定，自 2012 年 1 月 1 日起，欧盟将对往返其境内的各国航班根据航空碳排放量征收碳排放费，即使是在欧盟中转的航班也需要缴纳碳排放费。此决议随后得到切实执行，2015 年年初，德国碳排放交易局公布了 2012 年共有 44 家被罚的航空公司，根据最新消息，沙特航空被罚碳排放罚单 140 万欧元，是最大的航空罚单。

---

　　❶ 本文作者均为国际经济与贸易专业 2012 级本科生，项目是 2015 年大学生"启明星"科技创新项目北京市级立项"欧盟拟征航空碳税对我国航空运输服务业的影响"的成果，项目号：42205991501113。指导老师：郑春芳。

1.1 使用范围

欧盟碳排放交易体系规定对所有在欧盟境内机场起飞或降落的航班征收碳税，除特定航班之外（包括军用飞机，以及以维修、培训、科研为目的的飞机）。另外，碳排放交易体系只纳入了航空业排放的二氧化碳，不包括排放的其他温室气体。而且，被纳入该体系的航空公司要为每个航班从开始飞行到最终降落之间所排放的所有的二氧化碳付费。例如，一架从美国洛杉矶飞往欧洲伦敦的航班，需要为全程所排放的二氧化碳埋单，尽管只有仅仅 10% 的行程在欧盟境内。2009 年 8 月，欧盟正式公布了 2000 多家被纳入欧盟碳排放交易体系的航空公司名单，中国共有 33 家航空公司在名单上，包括国航、东航、南航、深航、海航等。

1.2 配额分配

据商务部数据显示：自 2011 年起，航空运输业二氧化碳的限制排放总额不超过 2004—2006 年平均水平的 97%，2013—2020 年降为不超过 2004—2006 年平均水平的 95%。欧盟公布了 2004—2006 年的二氧化碳平均年排放量约 2.19 亿吨，因此，2012 年和 2013 年后的航空二氧化碳年排放量应该分别不超过 2.13 亿吨与 2.09 亿吨。

根据 2010 年各航空公司的碳排放量占总量的比例，欧盟分配给各航空公司相应的年排放配额。具体而言，2012 年欧盟免费发放给航空公司 82% 的碳排放配额，航空公司需在碳交易市场中购买 15%，剩下的 3% 分配给特定的航空公司。如果航空公司的排放总量低于配额，可以出售其剩余部分，若排放总量高于配额，则必须购买超出的部分，即相当于缴纳所谓的"航空碳税"。2012 年以后，免费配额将逐年递减 3%，预计到 2020 年，将完全取消免费配额，航空公司必须自行从碳交易市场购买所需的全部配额。

1.3 责罚机制

如果航空公司不遵守该指令而擅自超配额排放，则欧盟将对超过免费配额的部分按照每吨二氧化碳 100 欧元进行罚款。如果航空公司拒绝缴纳罚款，则欧盟将不再对该航空公司发放免费配额，甚至禁止该航空公司在欧盟各成员国境内航行。近期消息称，由于违反欧盟碳排放规定，沙特航空被罚 140 万欧元，成为最大的一笔碳排放罚单。

1.4　欧盟征收航空碳税的意图

一方面，欧盟希望通过此举解决国内的债务危机，制定其在航空碳税方面的标准，主导全球碳市场，并通过航空业的产业链延伸到各国对欧洲的贸易和运输业，对货物贸易建立起绿色壁垒。另一方面，欧洲征收航空碳税的确推动了环境保护和低碳减排。

2　我国国际航空运输服务业现状

航空运输服务指由飞机提供的所有运输服务，包括航空客运和航空货运。其中有三项不属于航空运输服务的范围：一是与航空运输相关的运费保险；二是出租无工作人员的运工具；三是机场设施的修理。改革开放以来，随着我国经济的高速发展，中国国际航空运输服务展现出迅猛的发展势头，旅游市场规模的不断扩大为航空运输服务的发展起到助推作用。

2.1　中国国际航线旅客和起降架次逐年增加

近年来，我国公民出境旅游人次基本保持 20% 左右的速度增长，2014 年出境游总量超过 1 亿人次。国际航线飞机起降架次也从 40 万架次增长到 60 万架次。见图 1。

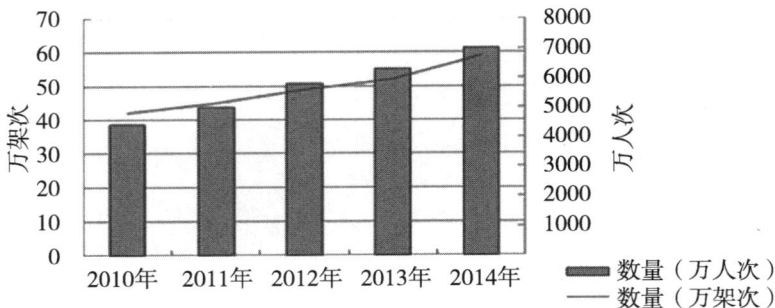

图 1　2010—2014 年我国国际航线旅客发送人次和飞机起降架次情况

数据来源：《中国民航报》。

但是，目前我国航空旅行人均次数仅 0.18 次，低于美国的 2.5 次、日本的 0.8 次、世界平均水平的 0.5 次。按中国民航目前发展速度估计，2015 年我国航空人均出行次数将达到 0.35 次，旅客运量将达到 4.5 亿人次，这将是 2014 年的两倍。即便如此，仍低于世界平均水平。

2.2 中国机场规模较小

中国航空市场的快速增长遭遇基础设施保障的瓶颈。目前，我国机场规模还不够大，服务范围还不够广，机场密度每万平方公里仅 0.18 个，低于美国、欧盟，美国每万平方公里 0.42 个，欧盟每万平方公里 1.57 个，甚至低于印度等发展中国家。

2.3 中国航空运输服务业迅速扩张

与此同时，国内航线则在整个国民经济集约化发展的背景下，出现市场增量与收益率双双下滑的态势。以四大航空集团为主导的大型航空公司，以及一些具备一定规模的地区性航空公司，都纷纷向国际市场开发与航线开辟的道路迈进。这一点，完全可以从航空公司机队结构调整趋势看出（如表 1）。

表 1 2012—2014 年主要航空公司宽体机数量

	2012 年	2013 年	2014 年	宽体机新增	合计
海南航空	1	7	3	11	22
四川航空	1	2	1	4	6
中国东方航空	6	8	7	21	48
中国国际航空	13	12	8	33	80
中国南方航空	5	12	9	26	52

数据来源：中国行业咨询网（http://www.china - consulting.cn）。

表 1 显示，自 2012 年开始，航空公司引进大型飞机的步伐明显加快。其中，2013—2014 年间，国航有 20 架 B777—300ER 加入，宽体机规模达到 80 架，已占机队总体规模的 1/4；就连坚守在"西南三角"的四川航空，也先后租赁 6 架 B330—200、B330—300 的机型，加入了国际航空市场开发的阵营；厦门航空则通过直接购买 B787—8 加入国际化阵营。

据中国报告大厅发布的航空行业分析及市场研究报告显示，2014 年，民航业积极开拓国际市场。2014 年，国内航空公司新开国际航线 146 条，中美航线美方一家独大的局面被打破。东航牵头成立了我国第一个跨境电子商务的专业协会；春秋航日本公司成为我国大陆第一家在海外营运的低成本航空公司；中航材共签署和交付 259 架飞机，为航空公司降低成本 10 亿美元；中航油海外供油业务扩展到 17 个国家 33 个机场。未来 10 年内，中国国内航空市场将成为全球最大的航空市场。

3 航空碳税对我国航空运输服务业的影响

中国航空运输业迅速发展，其中，欧洲市场是中国航空运输服务的主要出口地，欧盟航空碳税方案的实施将会对我国航空运输服务业的发展带来深远的影响。

3.1 挤占我国航空运输服务的利润空间

目前，我国航空运输企业在欧盟的 12 个成员方中拥有航权，我国内地及港澳地区共有 33 家航空公司被纳入征收范围，受影响最大的将会是中国国际航空、中国东方航空、中国南方航空及海南航空。我国往返欧盟成员国的航班总量每周高达 247 班，征税后我国航空运输服务业将为这些飞机的碳排放量购买配额，从而支付大量的资金。

以中国航空公司为例，中国航空公司的经营成本由可控制成本和不可控制成本两部分组成。可控制成本大约占 20%，包括工资、福利等费用。其中的劳动力成本与美国等西方国家相比要低很多，但是因为占比很低，劳动力成本低的优势并不能很好地发挥。不可控制成本易受国家政策的影响，它主要包括航空燃料的成本、飞机起降的花费、机场的修复和飞机的维修费用。而在西方发达国家中，这部分支出只占总成本的 30% 左右。

中国航空公司国内的竞争很激烈，但航空运输供给不平衡。有些航线运力过剩，另一些航线运力却明显不足，严重影响了客机的使用率，拉高了人均客运的成本。具体来看，对于飞机的进口，中国航空企业须缴纳 6% 的增值税和最高 5% 的进口关税；进口航空器材须缴纳 17% 的增值税以及最高可达 20% 的进口关税。国际上大部分国家对进口飞机及航空器材基本已经实现了零关税，对于进口飞机的租赁这一业务，中国会征收相当于进口飞机租金额8%左右的预提税，而西方发达国家对这一业务收入已经不再征税。另外，中国航空公司还要承担较高的航空燃料税，这使得中国航空公司的航空燃料成本占到了其主营业务成本的30%左右，远高于国际航空企业10%的平均值。过高的税费使中国航空运输公司在国际竞争中始终处于劣势。另外，高油价、销售网络效应差造成的高销售成本和维修经验缺乏导致的高维修成本都增加了航空公司的成本负担。

3.2 降低我国航空运输服务的竞争力

航空碳税开征以后，势必会造成部分航空公司因成本过高而削减飞欧盟航线。此外，还会有放弃欧盟而选择在其他国家的机场进行中转的情况。和直线飞行的方式相比，境外中转无疑会降低航空运输的效率及服务质量。相对于欧盟及其他发达国家而言，我国的航空公司正处于增长较快的发展阶段，我国航空碳排放的总量在短期内会持续上升。欧盟征收航空碳税的举措将对我国航空公司产生的负面影响要远大于对发达国家航空公司的影响，很大程度上会削弱我国航空公司的国际竞争力，使其在国际竞争中处于弱势地位，对现有的国际航空运输服务市场竞争格局产生影响。

欧盟严重失衡的配额机制形成"绿色贸易壁垒"，大大影响我国航空业国际竞争力。由于免费配额遵循"祖父原则"，欧盟27个国家进港和出港的航空公司只需要付15%到18%的碳排放税，我国航空公司历史排放量少，获得的免费配额也会较少，远远低于欧洲的竞争对手。而我国航空业正高速发展，飞往欧洲的我国航企需要购买超过60%的配额，高出欧盟企业的四倍左右。如此我国航空企业运输效率较高，未来减排潜力小。而欧盟完成减排指标比较容易，我国则相对难度大，这都会降低我们的竞争力。

3.3 波及其他相关产业

首先，航空票价会因为欧盟航空碳税的征收而出现一定幅度的上涨，这会抑制消费者的购买需求，这种负面影响沿着产业链转移，最终将不利于旅游业的发展。其次，航空运输业是一个与飞机制造、租赁及航空投资有紧密联系的产业。航空碳税的征收在给航空运输公司带来冲击和挑战的同时，也会间接影响到相关领域产业的发展。再次，航空运输业的碳交易可能会给金融衍生品的发展、碳排放权的拍卖和航空贷款带来一定的机遇，但是对航空运输的上下游产业却会产生不利影响。最后，货物贸易和环保科技领域也会受到间接影响。航空碳税征收增加的航空运输的成本会部分转移给货物生产和贸易企业，增加它们的成本及生存压力，其中受影响最大的是需要通过航空运输的方式将周期短的高科技产品迅速投放到市场的企业。

3.4 倒逼效应推动航空运输服务业绿色转型

从长期来看，欧盟征收航空碳税将会推动我国航空运输服务业的转型。

近年来，航空运输已经成为日渐重要的运输方式，在国民经济建设和人民生活中的作用日益突出。我国航空运输服务业自 2003 年以来，民航运输总周转量的平均增长速度高达 14.4%，高于世界平均增长水平。与此同时，航空运输业的发展促使整个行业的温室气体排放量不断增加。

欧盟规定其航空业在 2012 年的碳排放限额是 2.13 亿吨，2013 年为 2.09 亿吨。而根据欧盟碳排放交易体系，其他国家的航空公司可获取的免费碳排放配额仅仅为每年 1 万吨，超出免费排放配额的部分，欧盟将根据其超出的额度向其收取高额的"过路费"。1 万吨碳排放配额仅能供一架波音飞机从上海至伦敦航行 11 个往返，这个限额显然远远不够任何一家航空公司的正常运营。

按照 2011 年中航空公司抵离欧盟的航班次数及欧盟碳排放交易体系公布的碳税收取方法计算，欧盟开征碳税将导致南航当年损失 3.26 亿元，而全国航空公司的损失额度可达 7.43 亿元。预计到 2020 年，中国航空业的该项损失将扩大到 30.8 亿元，累计损失 176 亿元。据中国航空运输业协会估计，欧盟碳排放费一旦按照上述标准收取，其结果是高额成本将转移至乘客身上，每张飞往欧盟的机票价格需上调 300 元左右，且上调幅度还可能根据实际情况发生增长。在此背景下，中国 2010 年两会提出许多低碳经济的提案，航空业这种与煤炭消耗高度相关的高能源消费行业的发展就将受到来自发达国家碳排放规制的制约。在航空贸易发展的过程中，中国一方面要面临促进贸易增长的难题；另一方面又要合理有效地控制碳排放，即在航空贸易受碳排放规制的同时，还要不影响贸易发展。

因此，欧盟航空碳税的支付会形成一种倒逼效应，转变我国航空运输业的发展，大大增强我国航空公司的绿色服务意识，并促进航空运输服务产业结构升级，航空公司势必要改进现有航空运输工具，加大投入研发新型清洁能源，减少化石燃料的使用量。我国航空公司需要引进、研发更先进的机型，更加有效率地降低飞机的能源消耗问题，进一步吸引国外资金，通过直接投资、技术合作等方式购买国际上先进的低碳技术，升级运输服务产品的低碳技术，进一步缩小国内和国际上的差距，为产业的进一步发展带来新的机遇。

以上这些改变将使碳关税成为增加中国运输服务行业国际竞争力的契机。长此以往，未能适应变化并成功升级改造的排放量相对较高的航空公司将失去市场竞争力甚至遭到淘汰，而拥有较低温室气体排放量的绿色技术的航空公司将被推上产业结构的高端，推动低碳航空运输服务业的建立，为中国低碳经济的发展提供更多机遇。

4　对策建议

4.1　正确看待欧盟拟征的航空碳税

欧盟的航空碳税一经宣布，就遭来一片反对声。对于中国来说，开征航空碳税不排除经济上可能产生的一定影响，但是我们也应该看到危机背后可能带来的某种机遇。例如，带动国内碳排放标准的设立，迫使航空运营商通过技术改革从根本上降低运营成本，在价格升高的同时提高服务等软环境建设，促使航班线路的进一步优化等积极效应，利用现有的优势，取得对国际环境的话语权，参与国际标准的制定。

4.2　采取谈判而非诉讼方法应对

通过法律途径解决似乎并不是一个好的办法。从诉讼对象上，中国航空公司面临比美国更复杂的程序问题。目前欧盟公布的 33 家在其范围内起降、停留的中国航空公司分属 10 个不同的欧盟成员国管理。其中，中国航空、东方航空、南方航空和海南航空分别由德国、法国、荷兰和匈牙利管理，而不像美国起诉的 3 家航空公司归属地都在英国。

从诉讼理由上，中国并不拥有比美国更多更合理的诉讼理由，而且即使提出"共同但有区别的责任"原则，但该原则的利用也不是一个没有争议的理由，欧洲法院采信的程度低。所以如果诉讼，从法律上解决好这个问题的难度很大。

谈判虽不是一个最好方法，但可能是唯一的方法。由于国际社会对欧盟的压力，或许欧盟在某个时间点就会做出让步。这也是中国和欧盟谈判的最佳时机。试图提出"共同但有区别的责任"原则，并且明确这一原则的适用范围，在力争获得更多的免费排放额以外，尽可能要求欧盟对中国进行节能减排的技术援助、航空新能源的开放和降价使用、提供更科学的航班管理方法等。毕竟短期的免费配额无法带来更长远的利益，而欧盟目前更先进的科学和管理水平才更值得我们去聚焦和学习。

4.3　建立并完善制度

"碳税加碳交易"的国内制度构建应该是个较为有效并且彻底的方法。前文已经介绍了多国航协将联合多家航空公司诉欧盟征排放交易税的碳税实践，碳税更主要的目的不是增加政府收入，而是在坚持税收中性原则的前提下补贴低收入群体、支持环保科技的研发和创新、鼓励企业经济结构转型进入良性发展循环等，更可以规避国外对中国货物征收碳关税。配合国内碳排放配额和交易体系，通过市场来调节二氧化碳等温室气体的排放问题。

参考文献：

[1] 乔晗，宋楠，高红伟. 关于欧盟航空碳税应对策略的博弈模型分析 [J]. 系统工程理论与实践，2014（1）：158 – 167.

[2] 李永波. 欧盟航空碳税对我国航空产业竞争力的影响研究 [J]. 价格理论与实践，2012（4）：71 – 72.

[3] 曾静静，曲建升. 欧盟航空碳税及其国际影响 [J]. 气候变化研究进展，2012（4）：292 – 296.

[4] 颜士鹏. 欧盟航空碳税之合法性质疑及中国的法律应对 [J]. 江苏大学学报（社会科学版），2012（6）：15 – 17，26.

[5] 田甜. 航空碳税法律问题研究 [D]. 烟台：烟台大学，2013.

[6] 张迪. 欧盟航空碳税对我国航空运输业出口的影响研究 [D]. 青岛：中国海洋大学，2014.

［7］胡晓红．欧盟航空碳排放交易制度及其启示［J］．法商研究，2011（5）：145－151．

［8］李占五．我国应对欧盟拟征航空碳税的举措［J］．中外能源，2011（11）：20－24．

［9］王培培．欧盟航空碳税对中国航空运输服务的影响［D］．大连：东北财经大学，2013．

［10］张志慧．欧盟航空碳排放交易指令的挑战及其对策［D］．大连：大连海事大学，2013．

北京雪莲集团营销战略研究

谢林宇　蓝　熙　周　洁　刘莎莉　石露畅❶

摘要：北京雪莲集团是中国第一家全能生产羊绒制品的纺织企业，其羊绒制品备受国内外消费者的青睐。近年来，公司进入转型期，尽管其占有完整的产业链，能供应优质的原料，且拥有先进的技术与强大的研发能力等，但同时面临一些问题与挑战，如销售渠道较窄、产品线不足、品牌推广欠缺。因此，雪莲集团应从产品、渠道及促销三方面同时入手，寻求利润增长点，明确品牌定位，推动品牌转型。

关键词：北京雪莲集团；产品策略；渠道策略；促销策略

北京雪莲集团是一家立足于毛纺、针织和服装领域的贸、工、技一体化的国有独资公司，2010 年被评为"企业信用评级 AAA 级信用企业"。公司资产总额 15.12 亿元，年销售收入 13.73 亿元，年出口创汇近 4000 万美元。以"做精服装纺织制造、做大流通贸易、做强自主品牌、做优现代都市服务"为主线，以羊绒制品原料供应和成品渠道建设为核心方向，整合资源，打造适度规模制造和产业链竞争优势，形成服装纺织制造、流通贸易、现代都市服务三大板块的发展格局。

---

❶ 本文作者均为北京联合大学商务学院国际经济与贸易专业 2011 级学生，本文为第十一届（新加坡）国际市场营销大赛中国区选拔赛暨第八届全国商科院校技能大赛市场营销专业竞赛一等奖、2014 年全国商科院校技能大赛国际贸易专业竞赛总决赛三等奖。指导教师：张宇馨。

目前，集团拥有"雪莲"牌羊绒衫一个中国品牌、中国驰名商标和国家质量免检产品；"埃姆""坦博""红莲""奥托米拉""欣泰时""星"等羊毛衫、羊绒衫品牌在国内外市场已具有一定的影响力。

1 中国羊绒衫市场情况（波特五力模型分析）

由于行业内、产业内产能过剩，因此供应商议价能力较强，雪莲对渠道的管理控制能力较弱，零售商和渠道商占据渠道优势，议价能力较强。兔毛、驼绒、混绒类等不仅具有羊绒的保暖、轻柔的特质，而且价格较低，更易保养与打理的材质的使用使得替代品对羊绒产品的威胁较大。羊绒行业具有地域性且其经济特征具有垄断性。羊绒行业内竞争激烈，行业内市场竞争集中度高。尽管羊绒行业进入门槛不高，但是对于资金、专业经验要求高，因此新进者威胁较小。

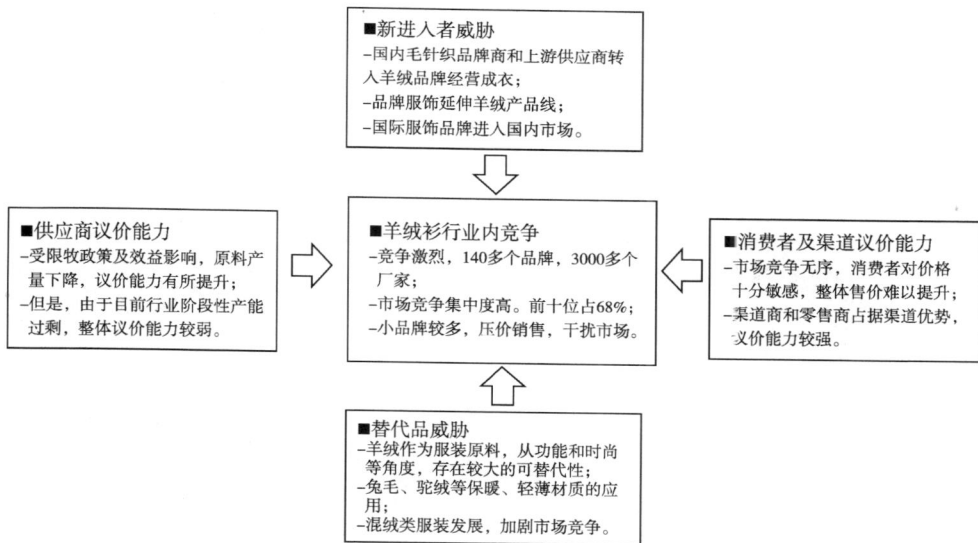

■新进入者威胁
-国内毛针织品牌商和上游供应商转入羊绒品牌经营成衣；
-品牌服饰延伸羊绒产品线；
-国际服饰品牌进入国内市场。

■供应商议价能力
-受限牧政策及效益影响，原料产量下降，议价能力有所提升；
-但是，由于目前行业阶段性产能过剩，整体议价能力较弱。

■羊绒衫行业内竞争
-竞争激烈，140多个品牌，3000多个厂家；
-市场竞争集中度高。前十位占68%；
-小品牌较多，压价销售，干扰市场。

■消费者及渠道议价能力
-市场竞争无序，消费者对价格十分敏感，整体售价难以提升；
-渠道商和零售商占据渠道优势，议价能力较强。

■替代品威胁
-羊绒作为服装原料，从功能和时尚等角度，存在较大的可替代性；
-兔毛、驼绒等保暖、轻薄材质的应用；
-混绒类服装发展，加剧市场竞争。

图1 中国羊绒衫行业五力模型

2　北京雪莲集团的 SWOT 分析（见表1）

表1　雪莲集团 SWOT 分析

	机会：收入提高及品质生活的理念深入人心为羊绒衫产品拓宽市场；国宾礼品的概念塑造了产品良好的形象；完整的产业链有助于缩减成本，提高价格竞争力	威胁：品牌宣传的不足使得雪莲丢失市场份额；羊绒行业结构性矛盾日益突出，价格存在恶性竞争；同类品牌（鄂尔多斯、鹿王）的战略威胁
优势：优质原料供应；原绒市场占有率；品牌历史 & 卓越品质；先进的技术 & 强大的研发能力；完整的产业链	SO 战略：利用自身优势获取国内服装行业的发展机会	ST 战略：推动品牌业务转型，细分市场
劣势：销售渠道较窄；产品线不足；品牌推广欠缺	WO 战略：寻求利润增长点；明确品牌定位，提升产品开发能力	WT 战略：谋求高端市场并依据情况进行调整

（外部因素 / 内部因素）

3　战略定位

3.1　市场定位

3.1.1　目前的市场定位

目标市场：目标市场设定为 35—45 岁的中高端人群。

战略定位："时尚纺织、科技纺织、服务纺织"以品牌服装、功能性精品面料、高性能产业用纺织品及配套内外贸易为主业、服务业为辅。

雪莲现有消费群体穿衣风格为含蓄优雅、休闲舒适型，表现自信、亲和、含蓄。调研数据显示，雪莲消费者家庭月收入为5000—10000元，有稳定的工作和收入，重视家庭，渴望分享与沟通，注重生活品质。雪莲女装的产品风格应尽量延续固有消费群体，通过时尚元素的加入补充部分年轻消费人群。

3.1.2 最终享用人群

（1）35—45岁的女性；

（2）中高收入且较注重生活质量的女性、商务型男性；

（3）女性或中老年员工较多，员工福利较好的公司或企业；

（4）50岁以上的老年人等。

此类代表人群注重生活质量与品质，有固定且稳定的收入，羊绒衫属于服装行业中的奢侈品，软黄金，一定程度上反映收入水平和生活品位，雪莲羊绒衫一直致力于塑造积极、潇洒、乐观、充满活力的品位和价值观，与此类人群的需求相契合。

3.2 目标受众分析

目标群体：有一定经济实力并且有意向购买高品质羊绒衫的家庭和对家庭中采购服装起建议和决策作用的相关人员。

群体特征：熟悉网上购物方法、追求高品质的生活、对服装尤其是羊绒衫的挑选比较在意的人。他们是在工作闲暇会浏览网站挑选网络商品的人，对羊绒衫有一定的了解。

采购心理：企业采购或许会更加注重供应商品牌、企业资质与产品质量选择，能够满足他们在短期的年终完成员工物资采购，重点是品牌责任意识和物资到达的及时性。个体客户和家庭会更加看重成本与质量优势，需求量、周期往往不稳定。

3.3 营销目标

（1）帮助"雪莲"进行产品的延伸，让产品更加年轻化、时尚化，以吸引更多的潜在客户；

（2）帮助"雪莲"扩宽渠道，尤其是线上部分与南方地区渠道的扩展；

（3）帮助"雪莲"产品的促销，减少产品库存；

（4）帮助推广"雪莲"品牌，加强品牌影响力。

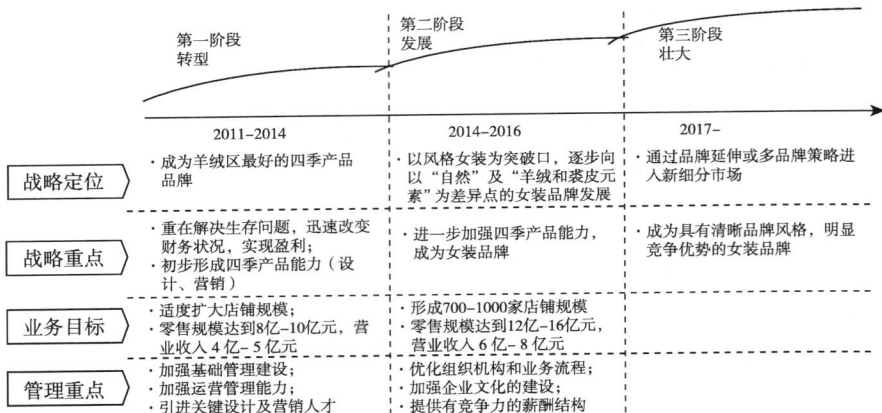

	第一阶段 转型	第二阶段 发展	第三阶段 壮大
	2011-2014	2014-2016	2017-
战略定位	·成为羊绒区最好的四季产品品牌	·以风格女装为突破口，逐步向以"自然"及"羊绒和裘皮元素"为差异点的女装品牌发展	·通过品牌延伸或多品牌策略进入新细分市场
战略重点	·重在解决生存问题，迅速改变财务状况，实现盈利； ·初步形成四季产品能力（设计、营销）	·进一步加强四季产品能力，成为女装品牌	·成为具有清晰品牌风格，明显竞争优势的女装品牌
业务目标	·适度扩大店铺规模； ·零售规模达到8亿-10亿元，营业收入4亿-5亿元	·形成700-1000家店铺规模； ·零售规模达到12亿-16亿元，营业收入6亿-8亿元	
管理重点	·加强基础管理建设； ·加强运营管理能力； ·引进关键设计及营销人才	·优化组织机构和业务流程； ·加强企业文化的建设； ·提供有竞争力的薪酬结构	

图 2　品牌业务发展规划

4　战略举措

4.1　产品策略

雪莲羊绒涉及绒山羊养殖、原绒收购、加工和销售、染色纺纱及销售、羊绒服饰加工、贴牌批发销售和品牌零售 7 个方面。本文主要针对品牌零售来制定相关营销策略。雪莲产品以常规产品为主，另外以功能产品、旅游产品、老年关爱产品为辅。雪莲羊绒衫各类产品线见图 3 所示。

4.1.1　产品线延伸

雪莲产品的深度与宽度与标杆企业相比严重失衡。雪莲应根据品牌风格和店铺面积等实际情况决定开发 SKU 数量；与此同时，在设计过程中要注意多款不是目的，而畅销款多才是衡量标准；同时要注意紧跟时尚，保持一定比例的时尚款。

目前消费者对羊绒衫的认知不再局限于其卓越的保暖功能与轻柔的材质，更注重羊绒衫——"软黄金"所代表的社会地位等附属价值。对于目前许多都市白领来说，他们拥有较高的收入，同时还希望通过一些高端服饰来提高自己的品位与形象，因此都市年轻白领成为雪莲羊绒未来的主要客户群。但是与雪莲目前的客户群不同的是，这些年轻客户群在注重品质的同时更注重羊绒衫的设计感与时尚感，因此为了这些目标客户群，雪莲羊绒的产品线应向更年轻时尚的方向延伸，以求吸引住这些拥有一定购买力的年轻潜在客户。

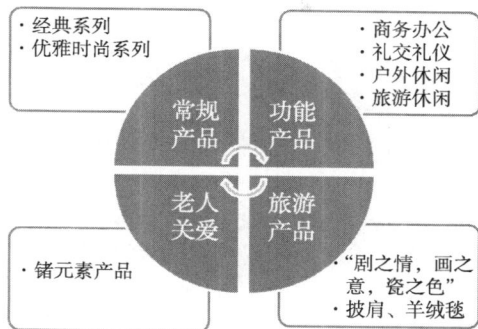

图3　雪莲集团产品线

目前产品线主要针对35—45岁的中高端人士，而忽略了年轻一代甚至是儿童产品的开发。尽管羊绒衫在服装行业属于高端产品，但是就国民经济与收入来看，羊绒衫拥有许多年轻一代的潜在客户群。这些年轻潜在客户群集中在都市白领和青少年儿童两块区域。第一，目前中国父母为孩子们花钱是十分慷慨的，因此我们可以把握住这一契机，将羊绒衫与科技相结合，制造有利于孩子健康的产品等。例如，现在青少年儿童用电脑、手机等辐射电子设备的时间显著增加，如果可以制造儿童款且可以防辐射的含锗元素的羊绒衫相信销量应该不错。第二，因为现在雪莲主要的目标客户群年龄是35—45岁的中高端人士，而这些年龄客户大多是有孩子的且时间较为匆忙。因此如果延伸出青少年儿童产品，则可以让这些目标客户在雪莲实现"一站式"购物，即在雪莲可以为全家人包括孩子买到称心如意的羊绒衫。这样，向青少年儿童方向延伸产品线，既可以挖掘潜在客户，又可以留住更多的现有客户群。第三，现在中国市场上青少年儿童服装品牌尽管很多，但大多数品牌影响力较小，质量也参差不齐，高端青少年儿童羊绒衫品牌则更少。因此，雪莲应把握时机进入市场。

此外，应加强春夏产品的开发，实现单季产品向四季产品的过渡。在产品开发过程中以女装全系列产品为主，逐步减少羊绒产品及男装的比例。开发新客户、新店铺，新客户以成熟女装客户为主，加快品牌的转型。同时，完成专卖店、租金店铺向女装品牌的转型，通过对代理商的引导及品牌新定位的宣传，引导客户由羊绒楼层转入女装楼层，完成品牌的最终转型。

4.1.2 品牌延伸

品牌延伸的优势在于，品牌与品牌间相互独立，一个品牌遭遇公关危机并不会影响其他品牌的正常运行。

在进行品牌延伸之前应当有一定的策略研究，对现有品牌生命力进行调查并分析调查结果，从而有效评估品牌的价值与市场地位。

对于雪莲集团来说，旗下已经具有足够多的子品牌，并且不同品牌定位不同，目标客户也不同，不存在自相残杀的情况。比起品牌延伸，更应采取品牌更新策略。

首先，要进行形象更新。品牌创造新形象以适应消费者的心理变化，从而形成新印象。其次，实施定位修正。从商业、经济和社会文化的角度对消费者的意识和观念、社会文化、经济水平等变化进行再认识和重新把握，最终扩大经验范围、提升产品质量、提升品牌实力，以限制对手竞争。

4.2 渠道策略

雪莲的渠道初具规模，占据了大部分国内高端商场，但主要分布在一、二线城市，三线城市进入率较低。同时，雪莲的市场分布与羊绒服饰的区域市场贡献率分布有较大差异，华北和华东市场贡献率达到25%，华东市场达到20%，华南、西北、西南则不足10%。羊绒服饰的消费重点市场主要集中在东北、华北等北方市场以及华东市场，而雪莲在羊绒贡献率较低的华南地区销售较好，这充分说明雪莲市场开发不均衡，未来的发展空间较大。

4.2.1 要紧跟行业发展的脚步巩固主流地位

雪莲的终端业态主要集中在百货、Mall 和街铺。

4.2.1.1 百货

经过30余年的发展，由于其经营面积、购物环境大小的限制逐渐在竞争中处于颓势，但近期不会迅速消失，且不少商家在进行有针对性的改良；由于其店铺资源最容易获得，百货业态将会是现阶段雪莲快速扩张的主体。

4.2.1.2　Mall

近 5 年才开始大规模出现的零售业态，超大的经营面积、良好的购物环境、全方位休闲娱乐服务等，未来必将成为主流；但由于经营面积较大，竞争品牌强势，运作起来对雪莲稍显艰难，但雪莲必须紧跟行业趋势，及时跟进，尽可能把终端开在 Mall 里。

4.2.1.3　街铺

二、三线城市的主力业态。雪莲尽可能开出大面积街铺，提升消费者购物环境，树立品牌。

4.2.2　从整盘生意的角度考虑把控合理的店铺角色结构

从生意角度考虑——有合理的店铺角色结构。

店铺角色分级：形象店、主销店、网络店、折扣店。

公司对店铺的管理要做到心中有数，对各类店铺的作用要清晰，相对应的管理方法、人员配置、考核指标都要逐渐区分，以达到更科学的管理、更高效的运营。

形象店：树立品牌形象、培养团队。

主销店：不论是直营店铺还是客户的店铺，它们是真正能为品牌创造利润的店铺，需要最强的资源投入。

网络店：运营商基本维持盈亏平衡，做大盘面、摊薄固定成本，完成网络布局的终端。

折扣店：清理公司合理库存的店面，实现打折而不影响品牌。

总部需要对这四类门店结构占比有清晰的认识，形象店占比低，可能公司投入不足；形象店、主销店占比高可能扩张保守；网络店占比高说明精耕细作迫在眉睫、门店质量亟待改善；折扣店多了很有可能货品有问题等。

4.2.3　渠道管理其他途径

不仅是"开新店""开好店"，"老店业绩提升"也是相当重要的途径，具体途径见图 4。

4.3　促销策略

由于雪莲羊绒具有以下特点：①市场较集中，分销渠道短，销售队伍大；②产品具有很高的单位价值；③有充分资金用于广告；④对产品的初始需求已呈现出有利的趋势，市场需求日渐上升。因此应使用推式策略与拉式策略相结合的促销策略。而在整体营销策划中，我们将分别从线上、线下对雪莲羊绒进行产品的促销与品牌的推广。

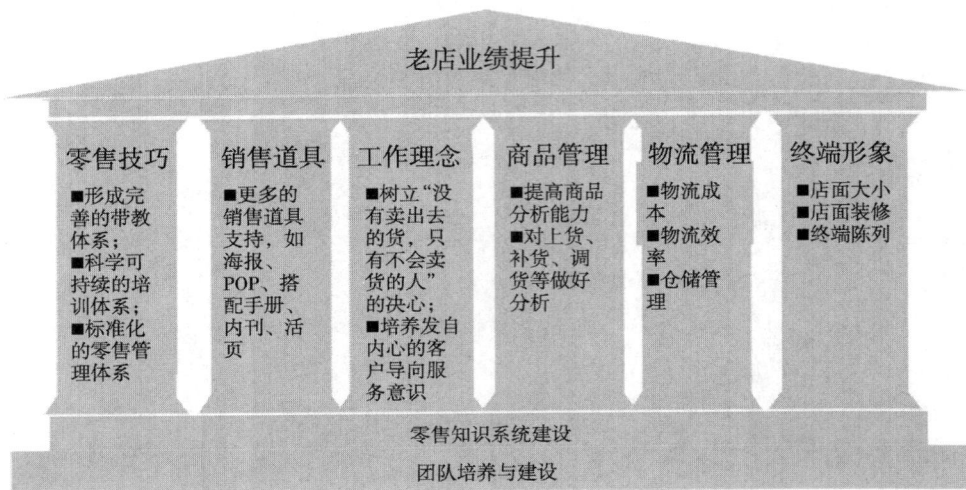

老店业绩提升

零售技巧	销售道具	工作理念	商品管理	物流管理	终端形象
■形成完善的带教体系； ■科学可持续的培训体系； ■标准化的零售管理体系	■更多的销售道具支持，如海报、POP、搭配手册、内刊、活页	■树立"没有卖出去的货，只有不会卖货的人"的决心； ■培养发自内心的客户导向服务意识	■提高商品分析能力 ■对上货、补货、调货等做好分析	■物流成本 ■物流效率 ■仓储管理	■店面大小 ■店面装修 ■终端陈列

零售知识系统建设

团队培养与建设

图4 提升现有店铺的策略分析

4.3.1 产品的促销

4.3.1.1 线上促销

根据推广方案召开会议研讨，针对讨论结果进行修改并确定最终执行方案；依据执行方案，成立网络推广小组，进行合理分工，按照执行步骤对照执行并及时反馈执行结果，确保推广方案富有成效。

（1）搜索引擎推广——百度百科、企业网站、百度贴吧等。

建立雪莲品牌相关的百度、网络问答网络推广，让客户无论从哪个角度入手都能进入网站主页，重点是通过羊绒衫的百科形式及软文将雪莲信息插进去，做无形的美誉度广告；做好雪莲品牌的官方网站，体现出雪莲羊绒的时尚性、年轻化、品质化、购物的便捷性、服务的全面性。

（2）交易平台推广——如天猫、京东、唯品会等网站信息发布。

电子商务日益成为现代商务贸易的主战场，而且具有发布信息简洁方便、传播快速、受众吻合程度高等特点，因此，有效利用电子商务平台进行网络推广，可以实现产品服务直达目标受众的视野，从而达到事半功倍的效果。使用企业账号在阿里巴巴、京东、唯品会、1 号店等电子商务平台进行信息发布，可以达到有效推广的目的。

（3）微博主题推广——建立商城微博或与行业内知名博主进行合作。

微博具有庞大的使用群体，可以利用其群众基础进行商城互动。找专门的文案、大 V 发布有关雪莲品牌羊绒衫的段子。制造微博话题，互相转发。同时可以进行网上购买羊绒衫的宣传。时刻发布品牌最新商品打折优惠活动的信息，适当加上系列产品的介绍。

（4）百度竞价排名——目标客户搜关键词时，雪莲品牌的羊绒衫能率先呈现于眼前。

（5）网络广告投放——在一些大型的采购网站和关于服装及精品服饰的论坛等客户出现之地投广告。

定期在一些门户网站发布雪莲产品的相关广告。抢占先机，让消费者对雪莲羊绒有一个很深的印象，潜移默化带动销售。

（6）网络媒体营销——利用网络传播的力量策划一些出现公司名字的新闻。

有新闻要报，没有新闻制造新闻也要报。我们不断挖掘行业新闻关注点，并巧妙结合雪莲品牌进行捆绑宣传，在各大贴吧、博客或者论坛发表，当然，有条件的情况下加强与媒体合作，通过新闻发布会等新闻形式报告商城最新的动向和活动。

（7）电子邮件营销——收集目标客户的信息进行有目的、有针对性的资料投递，可以和已经与雪莲品牌合作的实体商城进行合作，发布雪莲产品在该卖场兜售的消息。同时可以现场办雪莲的会员卡，发放个人资料情况单，重点是填写邮箱地址，然后在每一次活动期间发邮件告知买家活动信息和后期商城新的销售活动动向。

（8）实体广告投放——如一些人流量比较大的卖场、地铁站、车站、机场、学校、电影院等。

以北京为出发点，将北京各大城区以及郊区县城以各六商圈划为不同的调研区域，确定调研主体。例如，城区居民可能因为工作和生活习惯，对他们最有影响的宣传媒体是每日发行的报纸、地铁站的大幅广告、车站的广告、当地的电视台和小区前的宣传栏。

（9）街边问卷发放——收集不同人群对羊绒衫的购买欲的情况，为之后对目标人群发放商城邮件进行邮箱地址的收集。

（10）微信营销——建立雪莲公共微信账号，定时发布雪莲相关打折和优惠活动。

4.3.1.2　线下促销

（1）启动服务计划做营销

目前，尽管中国有很多卖羊绒产品的服装，但大多只是流于快速销售产品而没有提供很好的售后服务。而羊绒产品又具有价值高、难清洗、难保养等特点，因此我们将启动服务计划做营销，以优质的售后服务来吸引消费者。该售后服务主要包括销售时告知消费者清洗与保养羊绒产品的方法并发送一张含有这些信息的宣传单；消费后三年内每年可凭购物凭证为"雪莲"消费者免费清洗与保养三次；定期向消费者进行电话回访等。

（2）分层定价，快速周转库存

众所周知，服装行业卖的就是时机，服装款式的更新换代速度非常快，稍有不慎就会造成大量的库存积压。因此，我们可以利用分层定价战略来缓解库存压力。分层定价的具体操作方法是将品牌的服装价格跨度加大，将当季的、新款的服装定价适当调高，而将过季的、库存积压的服装定价调低，而这些价格相差较为悬殊的服装均在同一个高端、时尚的环境中出售。借助"雪莲"这一经典品牌的吸引力和店铺里高端的销售氛围把积压的产品以较低的价格处理掉，以此来缓解库存的压力，使资金得到快速周转，同时可以节省一些仓库租赁费用。

（3）拓展新型羊绒衫消费模式

拓展新型羊绒衫消费模式，让普通大众也能够用合适的价钱买到优质的羊绒衫。普通的羊绒衫因为其材质的珍贵性，普遍都有较高的价格。所以实体店的设立一般都在很高档的商城或者百货大楼。雪莲公司可以为一些较为大众的卖场生产一批次款式时尚同时在一定的成本范围内比较物美价廉的雪莲羊绒衫，让羊绒衫更加亲民。

（4）开展羊绒衫私人定制计划

可以为一些高端客户制定属于他们自己的羊绒衫，在款式上、羊绒织数、大小和一些小细节上面做足功夫。

4.3.2 品牌的推广

由于单季品牌效益较低，终端店铺受店铺面积、季节变化影响大，形象设计相对简单。对此，可以从线上和线下两个渠道进行品牌推广。

4.3.2.1 线上推广

（1）完善"雪莲"集团官网的建设

进一步完善雪莲集团官网的建设，及时发布更新关于集团及品牌的最新情况与信息，让消费者与渠道商能更加快速、明确地了解公司。由于公司的商标是黑白的，因此可以将公司官网建成以雪莲水墨画为背景，官网应包括的信息有：品牌历史、品牌故事、品牌理念、品牌使命、品牌愿景、品牌规模、公司最新动向、品牌渠道、加盟办法、产品系列及介绍、本季主打产品及价格等。同时可以在官网上建立直销品牌商品的网络商销。

（2）利用微信平台进行"微营销"

"雪莲"集团与微信合作，上线"雪莲羊绒"的微信订阅平台，推出特惠二维码活动。本次活动以微信二维码为基点，消费者通过扫描二维码关注"雪莲羊绒"的官方微信号即可获得"雪莲"门店的优惠券，成为"雪莲"的VIP会员。届时，"雪莲羊绒"的微信订阅平台将定期发布雪莲公司介绍、最新产品介绍及打折情况，以及一些关于羊绒、服装搭配的生活常识，并在会员生日发送电子优惠礼券。同时，还可以在微信平台上建立"雪莲"的官方旗舰店。

（3）"幸运雪莲花"网络排队活动

网络媒体的进步，已经允许我们以较低的成本与极大的便捷性让互动在营销平台上大展拳脚。目前在中国，关于服装的营销创意主旨比较有限，主要是围绕价格，要么是折扣降价，要么是买送活动。为推广雪莲的线上平台，我们可以将品牌推广与线上渠道相结合，围绕网络新媒体，开展一次主旨为"全民参与"的将虚拟现实的互动与社会化媒体的有效结合的网络互动营销。公司可以与新浪微博等新媒体合作开展"幸运雪莲花"的网上排队活动。网友在雪莲网站虚拟的"雪莲"店铺里排队购物，并有机会获得礼物。注册"雪莲"集团官方微博，同时利用新浪微博提出"幸运雪莲花"的话题，发送一些关于雪莲羊绒的历史及产品信息的微博，转发话题及微博亦可以有机会参与抽奖。由于目前"雪莲"品牌的主要客户群集中于年长者，而目前年轻人及都市白领等都具有较强的购买力，是巨大的潜在客户群，也是"雪莲"品牌发展的趋势。用当下年轻人与白领所喜爱的微博、网上商铺等新媒体平台可以增加其对"雪莲"品牌的亲切感与熟悉度。

（4）雪莲品牌网络广告的投放

在一些比较大的网站门户播放雪莲的广告，同时可以为一些时下比较受大家喜爱的节目做赞助商或者冠名，加深普通大众对雪莲品牌的印象。

4.3.2.2　线下推广

（1）"关爱老人"，树立健康的品牌形象

利用消费者关爱老人的"情感诉求"的方式来吸引消费者，推广"雪莲"羊绒关爱老人、人文温暖的产品理念。结合本季"雪莲"的"关爱老人"系列产品，以"关爱老人，从身边做起"为卖点，号召消费者送"雪莲"羊绒产品来表达对亲友的关爱，同时可以送自己"雪莲"高科技含锗元素的商务羊绒套装来关注照顾自己的健康，为自己未来的老年生活打下良好基础。同时，我们还可以开展"关爱空巢老人"的活动，即消费者在"雪莲"羊绒每买一件羊绒衫便捐2元钱给中国红十字会用于帮助中国的空巢老人与孤寡老人。我们将用"关爱老人"这一系列活动来树立"雪莲"健康的品牌形象，让"雪莲"羊绒成为传递关爱的载体。

（2）通过一些比较高端的纸媒发布一些雪莲品牌的广告

与一些高档酒店、机场、免税店、私人会所合作，定期免费发放有关雪莲品牌的宣传手册。以高档、品质作为吸引人眼球的要点。

（3）以重阳节为契机推广老人关爱系列产品

借助重阳节以"关爱老人"为契机，从而将雪莲产品的关爱老人系列深入市场，打造"温情雪莲"的品牌知名度和客户对羊绒衫的普遍认知，并且传达"温暖、温情、回报"的雪莲新形象。通过网络推广的方式，增加客户对雪莲品牌的了解，使雪莲深入人心，成为目标客户选择购买羊绒衫的第一选择。

对大学满意度的调查

——基于问卷调查结果的讨论

周维信❶

摘要：本文以对学生和家长的近200份调查问卷结果为依据，讨论大学生对大学满意度的调查，结果表明，大多数学生将大学教育视为其人生必须接受的教育环节，是其人生发展的重要基石，对大学教育是否满意，取决于学生的专业选择和自身对学习的态度，以及大学四年的学习生活费用的合理安排。

关键词：高等教育；大学满意度；学习态度

1 研究背景

高等教育作为推动国家经济发展、科技进步、综合国力提升的原动力，一直以来都是人们关注的社会热点问题。一个国家想要持续发展、提高国际竞争力，就必须重视教育、培养人才，就必须注重高等教育的发展。

目前，我们国家的高等教育已从精英化教育转为大众化教育，2012 年我国参加高考人数 915 万，录取人数 685 万，录取率 74.86%。然而，随着毕业人数的大幅增加，大中专毕业生就业日益困难。因此，教育部对学校和专业的考核体系中，学生就业成为一项重要考核指标。对学生和家长而言，是否接受高等教育，选择何种专业都与将来的就业密切相关。从经济学角度来看，人们接受教育的重要动机之一就是满足自身就业期望，人们选择接受教育是在教育成本和期望收益之间进行比较后做出的决策。

---

❶ 作者简介：周维信（1994— ），男，北京联合大学商务学院国际经济与贸易专业 2012 级学生，本文为 2014 年北京市"启明星"大学生科技创新项目阶段性成果。指导老师：张宇馨。

在这种背景下，社会上出现了一股"大学无用论"的反高等教育思潮。持有这种观点的人认为，将大量的时间、金钱、精力投入到高等教育中，已无法带给他们预期的收益，他们或许会选择提前进入社会或其他方式生存发展。这些人中不乏在校大学生和他们的家长。

2　文献回顾

在高等教育上投资是否有利于个人发展？国内外已经进行了大量的研究。西方经济学家李斯特（Friedrich List，1789—1846）强调财富的生产力比财富本身更重要。他认为，人是生产财富的核心，而获得高收入并受到重视的首先是天才，其次是技巧，再次是体力。精神"方面的成就越大，物质财富的产量越大"。他把人的才智包括体力视为"精神资本"，即现代意义上的人力资本。

到了 20 世纪中期，人力资本发展的黄金时期，经济学家们通过大量实证分析证明：无论是在发达国家还是在发展中国家，人力资本特别是教育具有经济上的重要性。教育程度高或技能好的人总能获得比其他人更高的收入，没有哪个国家能够在不对劳动力进行大量投资的情况下保持经济的持续发展。

学者们通过计算教育收益率观察一个国家或地区的教育投入—产出情况。明瑟收益函数计算的教育收益率如表 1 所示，发展中国家的教育收益函数最高，新兴国家次之，发达国家最低，利用明瑟收益函数计算的中国教育收益率也明显为正。

3　问卷调查及分析

本调查最初设计了两类问卷，一类针对父母，一类针对孩子，但在调查过程中发现，小孩要接受教育的观念已深入人心，孩子自身的意见也得到充分尊重。有些家庭的孩子学习成绩差，达不到上大学所需要的分数线，所以家长让孩子从事其他行业；有些贫困家庭，孩子在接受了九年义务教育后，无法负担高中和大学教育的高额花费，所以家长也让孩子提前工作。但这些都不是出于家长本身的意愿，都不是主观因素。以目前中国的情况而言，如果孩子能上大学，家庭又可以提供上大学所需的一切条件时，阻止孩子上大学的家长已经极为少见。

表 1　部分国家和地区的教育收益率

国家或地区	社会收益率			私人收益率			明瑟收益率
	小学	中学	大学	小学	中学	大学	
非洲	26	17	13	45	26	32	13
亚洲	27	15	13	31	15	18	11
拉丁美洲	26	18	16	32	23	23	14
地中海国家	13	10	8	17	13	13	8
发达国家	NA	11	9	NA	12	12	9

资料来源：Psacheropoulos，Returns to Education：A Further International Update and Implications The Journal of Human Resources，Vol 20（40），1985.

因此，本调查研究工作重心主要集中在学生上。为了确保调查数据具有代表性、科学性，我们的调查地点选择了五个省份，调查对象的范围也包括城市和农村、文理科、本专科、艺术生等各专业各学校学生。

3.1　样本概况

本调查历时两月，由小组成员向其所在城市、学校发放问卷，发出问卷 200 份，最终回收 156 份有效问卷，男性被调查者 62 名，女性被调查者 94 名。其中，高中及高中以下学历者 11 人，大学学历者 143 人，大学以上学历者 2 人。

3.1.1　学生专业分布

学生专业分布如图 1 所示，所有被调查者中，受过文科专业教育的人数占了一半，艺术类占了 31%，工科类 19%，且只有 1 人没受过专业教育。

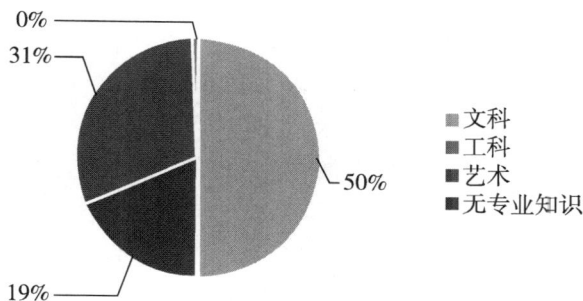

图 1　被调查者专业分类

在被问及有关专业选择时，问卷显示：58.33%的人是"自己的选择"，"家长的选择"和"被迫的选择"各占13.46%，有14.74%的人在选择专业时没有经过认真考虑。而在所有人里，又有75.64%的人喜欢自己的专业，24.36%的人不喜欢自己的专业。

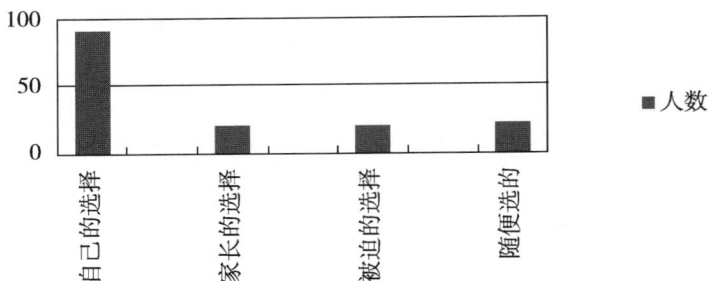

图2　被调查专业选择

从上述分析来看，大部分接受调查的学生都受过专业训练，且约有3/4的学生喜欢自己的专业。

专业无高低，每个专业在社会里都各自分工，学生能够选择自己喜欢的专业固然好，但应有一个正确的就业观念。近几年我国大学生热衷于经管专业，工科专业报考人数较少，但就业时，一些热门经管类专业却是严重供大于求，作为学生来讲，可以选择自己喜欢的专业，但也要承担就业市场上的严酷竞争局面，不能将责任完全推给学校和社会。

3.1.2　学习情况统计

在是否喜欢大学生活的问题上，有85人表示喜欢，占总人数的54.5%，26人表示不喜欢，占总人数的16.7%，另有45人没有发表意见。喜欢大学生活的学生普遍认为大学生活很丰富，能够学到很多东西；不喜欢大学生活的学生认为很无聊，浪费时间，学不到想学的知识。

这些学生中，成绩排在班级前30%的有76人，占总人数48.7%；成绩排在班级30%—60%的有70人，占总人数44.9%；成绩排在班级60%以后的有10人，占6.4%。

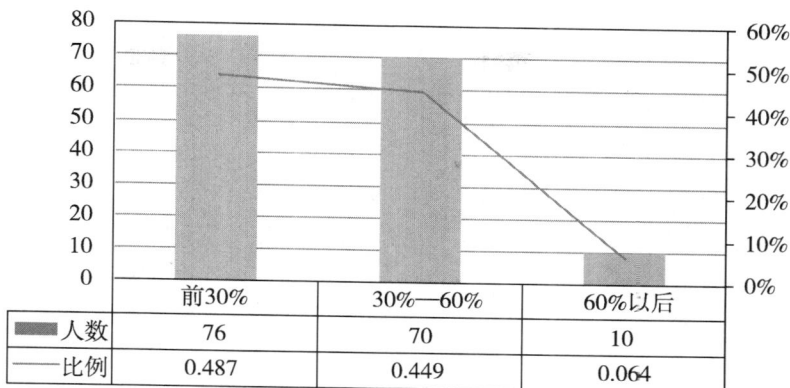

	前30%	30%—60%	60%以后
人数	76	70	10
比例	0.487	0.449	0.064

图3　被调查学生学习成绩班级排名

因为学生多为一年级或二年级的学生，所以有64.1%的人尚未取得英语资格证书，只有22.44%的人取得了四级证书、13.46%的人取得了英语六级或者专业四级证书。

学生中有64.1%的人具备特长或者才艺，34%的人取得资格证书，44.2%的人获过校级以上奖励，59.6%的人担任过学生干部，75%的人有过实习兼职经历。

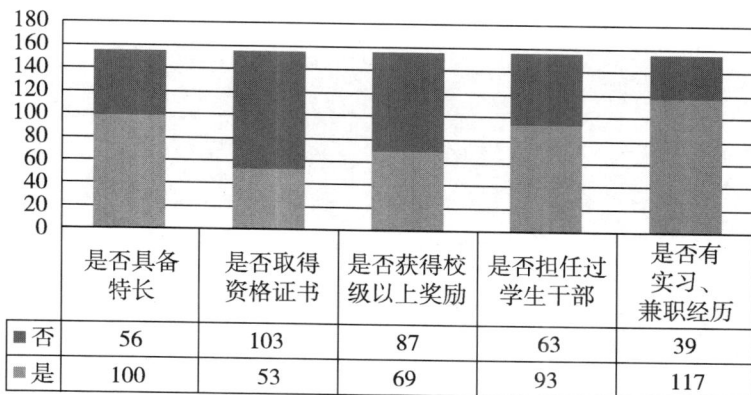

	是否具备特长	是否取得资格证书	是否获得校级以上奖励	是否担任过学生干部	是否有实习、兼职经历
否	56	103	87	63	39
是	100	53	69	93	117

图4　被调查学生学习情况

3.1.3 在校花费

本文按照以下公式计算学生平均每年的在校花费，总花费 = 学费 + 住宿费 +（生活费×12）+ 大学里其他培训或教育花费 + 海外交流学习，见表2。

表2 被调查学生年平均花费（元）

项　目	花　费
学费	8145.45
住宿费	1405.45
生活费	12×2203.64
大学里其他培训或教育花费	1191.36
海外交流学习	1045.45
总计	38231.39

数据来源：根据学生调查问卷整理得出。

从上表可以看出，学生的花费主要是每年的学费8000多元和较高的生活费用，后面的两个选项，其他培训和海外交流学习费用并不是每个学生都必须支出的费用，因此，对大部分学生来讲，每年的支出约36 000元，四年支出约14万元。

在这些费用中，弹性较大的是每月的生活费用，由于学生所处城市不同，平均生活水平不同，因此无法准确评价其高低。但就北京的生活水平来讲，2014年北京应届本科毕业生的人均工资为3019元，还要包括其住宿和交通费用，因此，每月2200多元的生活费，对一个普通大学生来讲，未免太奢侈。

3.1.4 上学原因

问及被调查对象上大学的原因时，选择最多的是"学习更多的知识"，其次为"改变命运""父母要求""锻炼自身能力""高中毕业后没事做，顺其自然上大学"等，具体结果见表3。

表3　被调查学生上大学原因

选　项	小　计	比　例
学习更多的知识	107	68.59%
改变命运	85	54.49%
父母要求	66	42.31%
高中毕业后没事做，顺其自然上大学	49	31.41%
锻炼自身能力	59	37.82%
其他	10	6.41%

数据来源：学生调查问卷整理得出。

3.1.5　大学教育满意度

调查大学教育是否满足个人期待时，约39%的人回答"满足了"，36%的人觉得勉勉强强，还有25%的人认为没有满足。同时，有66.67%的人愿意支付费用来接受更高的教育或额外的培训；在所有的被调查学生里，40%的人不赞成"大学无用论"，认为上大学是有价值的，51.92%的人认为学历是影响收入的关键。18%的人赞同"大学无用论"，觉得上大学是在浪费时间；另有42%的人对"大学无用论"不置可否，态度模糊。

同时，学生们也意识到影响其就业的因素中，最重要的因素是其自身具备的能力、其拥有的学历水平和学科门类。

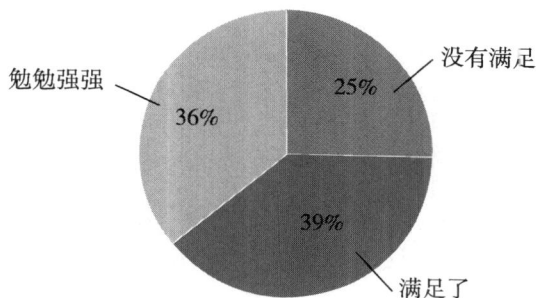

图5　大学教育满足度

本文对问卷数据的出生地、专业、父母职业、学习成绩、英语能力、具有特长、取得资格证书、获得校级以上奖励、拥有学生干部经历、有兼职和实习经历等变量，利用 SPSS 软件进行数据分析，看看这些变量之间是否存在联系。

表4　变量相关性

	满足个人期望	赞同"大学无用论"	学历影响收入
出生地	不相关	不相关	不相关
所属专业	相关	相关	不相关
父母职业	相关	不相关	不相关
喜欢自身专业	相关	相关	不相关
学习成绩	不相关	不相关	相关
英语能力	不相关	不相关	不相关
具有特长	不相关	不相关	不相关
取得资格证书	不相关	相关	相关
获得校级以上奖励	不相关	相关	不相关
有学生干部经历	不相关	相关	不相关
有兼职、实习经历	不相关	不相关	不相关

资料来源：根据学生调查问卷整理得出。

由上表可知：

（1）受调查学生的所属专业、父母职业、是否喜欢自身专业与大学教育是否满足个人期望相关；

（2）被调查学生的专业、是否喜欢自身专业、是否取得资格证书、是否获得校级以上奖励、是否拥有学生干部经历与其是否赞同"大学无用论"相关；

（3）学生学习成绩、是否取得资格证书与其觉得学历影响收入有关。

从上述结论中，我们可以发现一个有趣的现象：在不喜欢自己专业的人里面，觉得大学教育没有满足自身期望的比例远远高于喜欢自己专业的人；学习成绩越好，越赞同学历是影响收入的关键；学习成绩越差，认为学历不是影响收入的关键的人越多。可见，学生对于自身专业的态度、大学学习的态度，直接影响了学生对于高等教育的看法。

4 措施与建议

经过上述分析，本文大致找出了"大学无用论"风潮出现的原因，既有主观因素，也有客观因素。

首先，主观方面，学生的专业选择和就业观念是一个重要因素，学生在选择专业时不够科学，既有可能使得学生进入大学后失去对本专业的兴趣，也有可能为将来毕业"就业难"埋下伏笔。

再者，学生对于大学学习生活的态度也对高等教育满意度产生重要影响。如果在大学里一直消极被动学习，缺乏进取心，没有充分利用大学时间和资源锻炼自己，自然会觉得大学教育没有满足期望。

最后，学生对大学期间的花费偏高，亦是其认为上学成本太高，有些得不偿失的原因之一。大多数孩子是独生子女，父母尽全力满足其要求，但许多孩子根本不知人间疾苦，只是盲目攀比，造成花费较高。进入社会后的生存压力才使得其认识到赚钱的困难和工作的辛苦，自然认为四年大学生活不值得付出。

客观上，由于我国目前正在进行经济结构调整，经济增长率放缓，创造的就业人数偏少，而且由于部分专业大学生供过于求，企业在有较多选择时，既会提高用人门槛，也会降低薪水，使得学生难以找到满意的工作。

鉴于以上几点原因，本小组觉得可以采取下列几项措施：

（1）帮助学生树立正确的择业观念

考虑到大学生的实际情况及新的严峻的就业形势，当代大学毕业生必须改变狭隘的就业观，只要在某种岗位上能通过劳动取得合法收入即视为就业。同时要做到转变"专业一定要对口"的观念，树立"发展适应"的就业观念。如果一个学生固执己见，目标只局限于自身专业，他将会错失很多就业机会和发展良机。

（2）端正大学学习态度

大学生应该最大限度地利用教育资源，使个人的能力与潜力得到最大限度的促进与提高。生活上要自理，学习上要求高度自觉。大学里很多知识是需要由学生自己去攻读、理解、掌握的，大部分时间是留给学生自学的，学生在课外需要不断地充实自己，不断提高自己的能力，不虚度时光，为自己将来的职业生涯打下良好的基础。

参考文献：

［1］加里·德斯勒. 人力资源管理（第六版）［M］. 北京：中国人民大学出版社，1999.

［2］舒尔茨. 人力资本投资：教育和研究的作用［M］. 北京：商务印书馆，1990.

［3］加里·S. 贝克尔. 人力资本理论［M］. 北京：高等教育出版社，2007.

［4］贝克尔. 家庭经济分析［M］. 北京：华夏出版社，1987.

［5］朱舟. 人力资本投资的成本收益分析［M］. 上海：上海财经大学出版社，1999.

［6］许轲. 中国教育经费支出比例首次"达标"［N］. 新华网，2013 - 1 - 5.

［7］MARTIN CARNOY. 教育经济学国际百科全书［M］. 北京：高等教育出版社，2000.